KB160413

아두이노 입문자에게
필요한 모든 것

아두이노
101

지은이 서영배

블루투스 관련 모바일 어플리케이션과 펌웨어 개발을 본업으로 삼고 있으며 틈틈이 아두이노를 이용한 테크 DIY 강좌와 워크샵을 개최하고 있다. 테크 DIY에 필요한 아두이노와 프로그래밍 기초, 센서 및 각종 프로젝트 정보를 제공하는 홈페이지 하드카피월드(hardcopyworld.com)를 운영하고 있다. 필자 역시 아두이노를 통해 테크 DIY에 입문한 아두이노 키드이다.

아두이노 101 : 아두이노 입문자에게 필요한 모든 것

초판 1쇄 발행 2016년 10월 15일
초판 6쇄 발행 2020년 10월 5일

지은이 서영배 / **펴낸이** 김태헌
펴낸곳 한빛미디어(주) / **주소** 서울시 서대문구 연희로2길 62 한빛미디어(주) IT출판부
전화 02-325-5544 / **팩스** 02-336-7124
등록 1999년 6월 24일 제25100-2017-000058호 / **ISBN** 978-89-6848-478-0 93000

총괄 전정아 / **기획** 정희 / **편집** 홍혜은 / **진행** 김선우
디자인 표지·내지 강은영 / **조판** 이은미 / **일러스트레이터** 이혜연
영업 김형진, 김진불, 조유미 / **마케팅** 박상용, 송경석, 조수현, 이행은, 고광일 / **제작** 박성우, 김정우

이 책에 대한 의견이나 오탈자 및 잘못된 내용에 대한 수정 정보는 한빛미디어(주)의 홈페이지나 아래 이메일로 알려주십시오. 잘못된 책은 구입하신 서점에서 교환해 드립니다. 책값은 뒤표지에 표시되어 있습니다.
한빛미디어 홈페이지 www.hanbit.co.kr / 이메일 ask@hanbit.co.kr

Published by HANBIT Media, Inc. Printed in Korea
Copyright © 2016 서영배 & Hanbit Media, Inc.
이 책의 저작권은 서영배와 한빛미디어(주)에 있습니다.
저작권법에 의해 보호를 받는 저작물이므로 무단 복제 및 무단 전재를 금합니다.

지금 하지 않으면 할 수 없는 일이 있습니다.
책으로 펴내고 싶은 아이디어나 원고를 메일(**writer@hanbit.co.kr**)로 보내주세요.
한빛미디어(주)는 여러분의 소중한 경험과 지식을 기다리고 있습니다.

Project DIY

아두이노 **입문자에게**
필요한 모든 것

아두이노

서영배
지음

101

IB 한빛미디어
Hanbit Media, Inc.

지금은 아두이노 초급서를 쓰고 있지만, 불과 몇 년 전까지만 해도 전자회로를 다루는 작업은 멀게만 느껴졌습니다. 본업으로 소프트웨어 관련된 일만 해왔기 때문에 머릿속은 추상적인 코드의 흐름에만 익숙해져 있었습니다. 그래서 전자회로를 이용해 물리적인 움직임을 만드는 작업은 경외의 대상이자 전문적인 교육을 받은 사람들만을 위한 영역이라고 생각하고 있었습니다.

이런 고정관념을 탈피하게 된 계기가 바로 아두이노였습니다. 정말 배우기 쉽다며 친구가 소개해 준 아두이노 보드를 처음 손에 쥐었을 때도 사실 반신반의했었는데, LED를 켜는 첫 예제를 실행해 보는 순간 직감했습니다. "이거라면 해볼 만하다!"

물론 아두이노를 처음 배우는 과정이 순탄치만은 않았습니다. 브레드보드 사용법부터 생소한 개념과 단어, 회로이론 그리고 아두이노의 특징 등 새로 배워야 할 것도 많았고 구글 검색으로 찾을 수 있는 정보들은 파편화되어 있었습니다. 전자회로를 다루고 싶은 이들이 처음 아두이노 배울 때 참고할 수 있는 체계적인 정보가 필요하다고 느꼈습니다. 그래서 제가 아두이노를 배우는 과정에서 참고했던 자료를 정리해서 홈페이지를 통해 공유해 왔습니다.

이 책은 홈페이지를 통해 해 온 작업의 연장선에 있습니다. 그동안 배워온 과정을 바탕으로 수집하고 정리한 자료를 체계화한 결과물이라고 말할 수 있을 것 같습니다. 하지만 이 책으로 그간의 작업이 끝난 것은 아닙니다. 아두이노 세계도 다른 IT 트렌드처럼 빠르게 변화하는 만큼 꾸준히 지금까지 해 온 활동을 이어가면서 책에도 반영할 계획입니다.

아두이노에 한창 빠져들 무렵, 운이 좋게도 학창시절을 함께했던 친구들과 아두이노를 이용한 테크 DIY 소모임을 할 기회가 있었습니다. 뇌파 제어, RC 자동차와 컨트롤러, 드론 등 다양한 작품을 만드는 Wired Factory 프로젝트 그룹을 꾸려 2년간 활동했습니다. 비록 진행 속도는 느리지만 꾸준히 공통의 관심사를 함께할 수 있어 재미있었을 뿐 아니라 기술적 시야를 넓히는데도 많은 도움이 되었습니다. 현재는 각자의 본업과 육아 문제로 지속하지 못하지만 그간 함께한 박일용, 김병규, 이상원, 정경부 팀원에게 이 자리를 빌려 감사를 표합니다. 책이 출간될 즈음에 한 번 모여 그 때의 추억을 되새길 것 같습니다.

그리고 테크 DIY 관련된 활동의 장을 마련해 준 단체와 지인들에게도 감사의 인사를 드립니다. 크리에이터 플래닛, 한국과학창의재단, 블로터닷넷, 국립과천과학관, 아트센터 나비, 시드스튜디오, 넥슨, 코오롱베니트, 서울문화재단, 한국콘텐츠진흥원, 메이커 페어와 한빛미디어에서 마련해 준 많은 기회는 큰 경험이 되어 남았고, 그때의 내용이 원고에도 상당 부분 녹아 있습니다.

물론 가장 큰 감사는 가족의 몫이겠지요. 원고를 쓰고 실습 과정을 테스트하는 긴 작업을 함께해줬을 뿐 아니라 물심양면으로 지원해 준 사랑하는 아내에게 첫 책을 바칩니다. 그리고 아들 시우에게는 먼 훗날의 일이긴 하겠지만, 시우가 스스로 배움을 터득할 수 있는 나이가 되었을 때에도 이 책이 함께 할 수 있기를 바랍니다.

이 책의 내용

이 책은 두 파트로 구분되어 있습니다. 1장~3장은 첫 파트인 '아두이노 시작하기'이고, 4장~9장은 두 번째 파트인 '아두이노 사용하기'입니다. 파트 1는 아두이노와 친해지는 과정입니다. 즉 아두이노가 어떤 것인지 어떻게 쓸 것인지와 프로젝트를 시작하기 전에 필요한 기본 정보를 다룹니다. 그리고 파트 2에서는 본격적인 아두이노 이론과 실습을 진행합니다.

새로운 세계에의 첫걸음으로는 기본적인 정보와 이해가 먼저겠지요. 아두이노 보드에 대한 기본적인 설명, 그리고 아두이노 세계에서 상식처럼 통용되는 정보와 도구에 대한 내용이 첫 파트에서 다뤄집니다. 입문, 그리고 아두이노를 사용하다 보면 자주 마주치게 되는 상황에 대한 사전 지식이 파트 1에 담겨 있습니다.

1장

이 책이 다루는 핵심인 아두이노에 대한 소개와 아두이노의 종류, 아두이노 개발환경 설치 방법을 설명합니다. 1장의 내용은 당장 머릿속에 기억해야 할 정보라기보다는 아두이노를 다루다 보면 하나씩 터득하게 될 내용입니다.

2장

아두이노는 하드웨어 절반, 소프트웨어 절반이라고 할 수 있습니다. 아두이노를 뜻대로 제어하려면 초급 수준의 프로그래밍 지식이 필요합니다. 2장에서는 아두이노 제어를 위해 필요한 최소한의 프로그래밍을 다루고 있습니다.

3장

아두이노를 이용해 실습하기 전 알아둬야 할 정보를 담고 있습니다. 아두이노의 전원 핀 배치, 브레드보드 사용법, 아두이노 스케치의 기본 구조, 라이브러리 사용법, PC와의 통신 방법이 수록되어 있습니다.

파트 2는 아두이노의 기본 동작 방식에 대한 이론과 실습 예제를 포함하고 있습니다. 크게 4장~6장, 7장~9장 두 부분으로 나눌 수 있습니다.

4장~6장에서는 아두이노의 기본 동작 원리인 디지털 입력, 디지털 출력, 아날로그 입력, 아날로그 출력을 설명합니다. 그리고 아두이노를 제어할 때 마주치게 되는 시간 관리 문제와 해결법을 알려줍니다. 4~6장에 포함된 내용은 아두이노의 기본 이론이라 할 수 있습니다.

4장

가장 기본 소자인 LED와 버튼을 이용해서 디지털 입력과 출력 방법을 실습합니다.

5장

포텐셔미터와 LED를 이용해서 아날로그 입력과 출력 방법을 실습합니다.

6장

아두이노에서 여러 작업을 동시에 수행할 때 부딪히게 되는 시간 관리 문제를 설명하고 해결법을 제시합니다.

7~9장은 앞서 배운 아두이노의 기본 기능을 바탕으로 다양한 소자와 센서, 모듈을 사용하는 방법을 살펴보는 응용 실습 부문입니다.

7장

기본 디지털 입출력, 아날로그 입출력 기능을 이용한 센서 사용법을 설명합니다. 버저, 모션 센서, 초음파 센서, 조이스틱, 가스 센서, RGB LED, 서보 모터 예제가 들어 있습니다.

8장

아두이노가 지원하는 시리얼(Serial), I2C, SPI 통신의 원리를 설명하고 실습 예제를 통해 사용법을 확인합니다. 예제에서는 온습도 센서, LED, 가속도-자이로 센서, 이더넷 모듈을 사용합니다.

9장

아두이노는 별도의 디스플레이가 없기 때문에 아두이노가 가진 데이터나 상태를 확인하고 싶은 경우 별도의 디스플레이 장치를 연결해야 합니다. 9장은 아두이노와 함께 자주 사용되는 16x2 캐릭터 LCD, 8x8 LED 매트릭스, I2C OLED 디스플레이 사용법을 소개합니다.

그리고 책 후반부의 부록에서 아두이노 및 부품 구매 방법, 아두이노 주요 함수, 본문에 사용된 예제 스케치 다운로드 방법을 찾아볼 수 있습니다.

4장부터 본격적인 아두이노 실습 예제가 제공됩니다. 각 예제는 실습 내용 소개, 회로 연결 방법, 사용할 스케치 분석, 테스트 방법의 순서로 정리되어 있습니다. 예제의 흐름에 맞춰 회로를 구성하고 아두이노 스케치를 작성해서 업로드 한 뒤, 동작 결과를 확인하면 됩니다. 예제 실습을 시작하기 전에 '연결 방법' 부분에 소개된 부품을 미리 준비해두세요.

본문에 활용한 예제는 최대한 '아두이노 스타터 킷'에 공통으로 포함되는 소자, 센서, 모듈을 사용하려고 노력했습니다. 하지만 응용 실습에 해당하는 7장~9장에서는 별도로 구매해야 하는 센서, 모듈이 사용됩니다. 모션 센서, 초음파 센서, 가스 센서, 서보 모터, 가속도−자이로 센서, 이더넷 모듈, 8x8 LED 매트릭스, I2C OLED 디스플레이 등이 여기에 해당합니다. 부록으로 수록된 '아두이노 및 부품 구매 방법' 편을 참고해서 별도로 구매하시길 바랍니다.

예제 및 회로도 사용 관련

책에 쓰인 모든 소스코드는 http://www.hanbit.co.kr/exam/2478 또는 https://github.com/godstale/ArduinoBasicExample에서 내려받을 수 있습니다. 그리고 책에 사용된 회로도는 소프트웨어 툴인 프릿징(fritzing) 프로그램을 이용해서 작성되었습니다. http://fritzing.org에서 프릿징 프로젝트에 대해서 볼 수 있으며, 직접 다운로드 받아 써볼 수 있습니다.

저자 웹사이트

책에 실린 내용을 포함한 저자의 다양한 프로젝트를 hardcopyworld. com에서 확인하실 수 있습니다.

목차

지은이의 말 · IV

서문 · VI

PART 01
아두이노 시작하기

 Chapter 01 **나의 첫 아두이노** · 3

01 아두이노(Arduino)란? · 4

02 아두이노의 종류와 특징 · 7

03 아두이노 준비 과정 · 14

04 아두이노 개발환경 · 16

05 LED 깜빡여보기 · 21

 Chapter 02 **프로그래밍의 기초** · 29

01 스케치와 프로그래밍 · 31

02 함수 · 32

03 변수 · 45

04 배열 · 50

05 조건문 · 54

06 반복문 · 57

07 전역 변수와 지역 변수 · 62

08 클래스와 라이브러리 · 65

09 문자열 · 68

 Chapter 03 **프로젝트 준비** · 73

01 아두이노 전원 핀 · 74

02 브레드보드 사용법 · 76

03 아두이노 기본 함수와 동작 순서 · 78

04 라이브러리 · 80

05 아두이노 시리얼 통신 · 84

PART 02
아두이노 **사용하기**

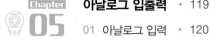

Chapter 04   **디지털 입출력** · 93

01 디지털 출력 · 96

02 디지털 입력 · 105

03 내부 풀업 저항 · 115

Chapter 05   **아날로그 입출력** · 119

01 아날로그 입력 · 120

02 아날로그 출력 · 127

Chapter 06   **작업 시간 관리** · 135

01 delay() 함수의 덫 · 136

02 millis() 함수를 이용한 시간 관리 · 140

03 인터럽트 이해하기 · 145

04 인터럽트를 이용한 예제 완성 · 150

Chapter 07   **기본 입출력 응용** · 155

01 버저 · 156

02 모션 감지 센서 · 166

03 초음파 센서 · 174

04 조이스틱 · 180

05 가스 센서 · 187

06 RGB LED · 194

07 서보 모터 · 203

Chapter 08   **센서 통신** · 213

01 기본 통신과 온습도 센서 · 215

02 시리얼 통신과 LED 제어 · 225

03 I2C 통신과 가속도-자이로 센서 · 235

04 SPI 통신과 이더넷 모듈 · 247

목차

Chapter 09

디스플레이 · 259

01 16x2 캐릭터 LCD · 260

02 8x8 LED 매트릭스 · 271

03 I2C OLED 디스플레이 · 285

Appendix

부록 · 299

01 아두이노 및 부품 구매 방법 · 300

02 아두이노 주요 함수 · 305

03 예제 스케치 다운로드 · 316

찾아보기 · 318

PART
01

아두이노
시작하기

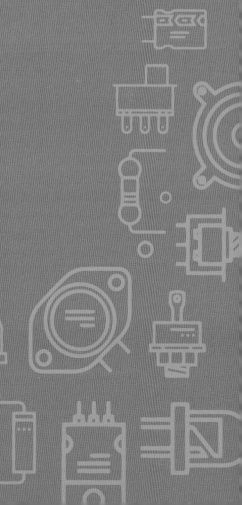

나의
첫
아두이노

천 리 길도 한 걸음부터라 했습니다. 아두이노라는 긴 여정을
시작하는 첫걸음에 필요한 아두이노 기초 자료를 소개합니다.

아두이노가 무엇인지, 아두이노를 이용해 창의적인 프로젝트
를 만든다면 어떤 것이 필요하고, 어떤 과정을 거쳐야 하는지
소개합니다.

01 | 아두이노(Arduino)란?

그림 1-1 *아두이노*

아두이노(Arduino)의 세계에 발을 들이신 것을 환영합니다. 위에 보이는 작은 보드가 바로 아두이노 보드입니다. 손바닥에 들어갈 만큼 작은 크기 때문에 아두이노와 이와 비슷한 보드를 '손바닥 컴퓨터'라고 부르기도 합니다. 이 작은 보드를 컴퓨터라고 부를 수 있는 이유는 바로 데이터를 넣거나 출력할 때 연산을 처리할 수 있는 능력이 있기 때문입니다. 생긴 것은 장난감처럼 보이지만, 실제로는 어엿한 컴퓨터 기능을 수행할 수 있다는 것이지요. 이 보드는 무엇이며, 이 보드로 어떤 것을 할 수 있을지 천천히 확인해봅시다.

사전적인 의미로 보면 아두이노는 오픈소스를 기반으로 한 단일 보드 마이크로컨트롤러입니다. 센서를 연결해서 주변 환경의 변화를 감지하게 할 수도 있고, 모터나 LED를 달면 사물을 움직이거나 빛을 만들어내기도 하는 작은 신경계라고 할 수 있습니다. 흔히 이렇게 부품을 붙여서 사물을 다루는 작업을 피지컬 컴퓨팅(Physical computing)이라고 부르는데, 아두이노는 이런 전자적인 제어를 하는데 특화되어 있습니다.

하지만 아두이노가 피지컬 컴퓨팅을 위한 유일한 도구는 아닙니다. 사람들은 이전부터 AVR이라고 부르는 것을 써왔는데, 대학에서 가르칠 정도로 전문적인 도구라고 할 수 있습니다. AVR은 상대적으로 가격도 비싸고 다루기 까다로우며 프로그래밍을 하기도 어렵습니다. 전문적으로 다루기 위한 사람들을 위한 것이었지요. 이것을 쉽게 배울 수 있도록, 아무나 사용할 수 있게 만든 것이 아두이노입니다.

아두이노는 이탈리아 이브레아 스쿨에서 피지컬 컴퓨팅을 가르치던 마시모 반지(Massimo Banzi)가 시작했습니다. 학생들에게 쉽게 가르치기 위한 도구로 고안을 한 것이지요. 2005년에 첫 아두이노가 개발되었으니 이미 10년 넘게 쓰인 셈입니다. 그동안 아두이노는 학생들, 학교, 각 기관으로 퍼져나갔고 전 세계로 급속히 확산되어 현재는 가장 사랑받는 마이크로컨트롤러 중 하나가 되었습니다.

아두이노가 확산된 결정적인 이유는 어디에 있을까요? 여러 가지를 생각해볼 수 있겠지만, 가장 중요한 이유는 바로 쉽기 때문일 것입니다. 아두이노로 하드웨어(물리적인 장치, 대부분 전자부품) 제어를 하려고 할 때는 추가적인 장비나 설정이 필요 없습니다. 아두이노와 USB 케이블, 그리고 PC 한 대만 있으면 됩니다. PC에 아두이노 개발환경(Arduino IDE, Integrated Development Environment)이라는 프로그램을 설치하고 USB로 아두이노를 연결하면 바로 마음껏 가지고 놀 수 있습니다. 개발환경에서 프로그래밍을 한 후에 USB로 아두이노 본체에 옮기면 실행이 되거든요.

프로그래밍을 하기도 쉽습니다. 아두이노가 가지고 있는 핀(전기신호 입력, 출력에 사용)을 쓰기 위해 복잡한 제어구조와 방법을 배울 필요가 없습니다. 프로그램 전문가가 아니더라도 쉽게 배워서 쓸 수 있게 되어 있기 때문입니다. 간단한 함수 몇 개로 이전에는 수십, 혹은 수백 줄 코드가 필요하던 하드웨어를 작동시킬 수 있습니다. 그러니 소프트웨어, 혹은 하드웨어의 전문가가 아니라도 아두이노를 이용해 다양한 작업을 시도해

볼 수 있습니다. 아마도 이 글을 읽는 분은 아두이노의 이런 부분에 매력을 느껴 이 책을 펼쳤으리라 생각합니다.

한 가지 더 중요한 아두이노의 특징이 있는데, 바로 오픈소스 하드웨어라는 점입니다. '오픈소스'라는 말은 크게 해석하면 '지식을 공유한다'의 의미입니다. 하드웨어의 구조가 공개되어 있으므로 누구나 사용할 수 있고, 다양하게 발전시키고, 이를 다시 다른 사람들과 공유할 수 있습니다.

좀 전에 언급한 아두이노 개발환경 같은 경우도 프로세싱(Processing)이라는 오픈소스 개발환경에 기반하고 있습니다. 프로세싱은 일반인이 시각화를 쉽게 하기 위해 고안된 개발환경인데, 아두이노와 지향점이 거의 같지요. 프로세싱 개발환경과 아두이노 개발환경은 거의 유사한 형태를 가지고 있습니다.

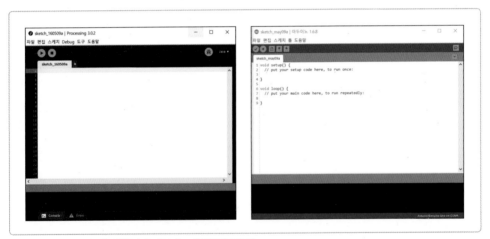

그림 1-2 **프로세싱 개발환경(왼쪽)과 아두이노 개발환경(오른쪽)**

아두이노 공식 홈페이지(arduino.cc)에 들어가면 아두이노 보드의 회로도가 공개되어 있습니다. 누구나 이 회로도를 보고 부품을 사서 직접 아두이노 보드를 조립해볼 수도 있고, 또는 호환 보드를 제작할 수도 있습니다. 심지어는 판매도 할 수 있습니다. 오픈소스 하드웨어의 힘이지요. 아두이노 이후에도 수많은 손바닥 컴퓨터가 출시되었지만, 이런 점이 아두이노가 여전히 왕좌를 차지하고 있는 이유겠지요.

아두이노의 이런 장점 덕에 전 세계 수많은 DIY 프로젝트가 아두이노에 기반하게 되었습니다. 이러한 프로젝트에 사용된 소스코드(프로그램, 코드)와 지식은 온라인을 통해 공유되어 아두이노 데이터를 더욱 풍부하게 만들어줍니다. 뭔가 좋은 아이디어가 떠올라 아두이노로 만들고 싶어질 때, 우리가 가장 먼저 할 수 있는 일은 이미 유사한 프로젝트가 있는지 검색하는 것입니다. 그만큼 방대한 자료가 오픈소스로 이미 누적되고 공개되어 있기 때문에 우리는 가능한 시행착오를 줄이고 빠르게 아이디어를 구현할 수 있습니다.

일이든 취미든 필요에 의해 어떤 분야를 배우다 보면 배움의 과정에서 목적을 잃어버리기도 합니다. 아두이노는 배우는 과정을 단순화시켜 줌으로써 아이디어와 목적에 더욱 집중할 수 있도록 해줍니다. 이 점이 아두이노의 가장 큰 강점입니다.

02 | 아두이노의 종류와 특징

그럼 아두이노의 종류를 살펴볼까요? 십 년이 넘는 시간 동안 아두이노는 발전해왔으며, 이 과정에서 여러 버전이 출시되었습니다. 똑같은 모양에 성능이 개선된 경우도 있었지만, 대부분은 특정한 쓰임에 골라서 쓸 수 있도록 약간씩 다른 기능을 가지고 있게끔 설계되었습니다. 전부 아두이노라고 부르긴 하지만, 단종된 보드까지 합하면 아두이노에서 정식 출시된 모델만 이십여 가지 이상이며, 아두이노 회사(팀에서 회사가 되었습니다)가 아닌 다른 업체에서 제작한 호환 보드까지 감안하면 그 수는 급격히 늘어납니다. 이 많은 보드 중에 어떤 것을 선택해야 할까요? 수많은 아두이노 보드 앞에 처음 선 사람은 통과의례처럼 하게 되는 질문입니다.

답은 간단합니다. 아두이노가 익숙해질 동안은 아두이노 우노(UNO) 보드를 사용하면 됩니다. 이유는 아두이노 우노 보드가 아두이노의 표준 보드이기 때문입니다. 표준 보드의 의미는 바꿔 말하면, 레퍼런스 스마트폰(구글 넥서스 시리즈)처럼 공식적으로 기준이 되는 보드라는 뜻입니다. 인터넷상에 공유되는 많은 참고자료가 표준 보드인 아두이노 우노 보드를 기준으로 하고 있습니다. 따라서 공유된 소스코드, 라이브러리(특정 기능을 구현해주는 소스코드 묶음)는 대부분 우노 보드를 기준으로 하며 다른 보드를 쓰면 예상치 않은 문제가 발생할 수도 있습니다.

하지만 프로젝트에 따라서 아두이노 우노 보드만으로는 부족한 경우가 있습니다. 이럴 때는 기능이 다른 아두이노 보드 사용을 고려해볼 수 있습니다. 이런 경우를 위해 아두이노 공식 보드 중 주요한 몇 가지를 소개하려고 합니다.

아두이노의 종류별 설명을 보기 전에 기억할 것이 하나 있습니다. 아두이노의 기능 대부분은 모두 칩 하나 안에 들어가 있습니다. 따라서 아두이노 보드에 어떤 칩이 사용되었는지가 가장 중요한 요소입니다. 같은 칩을 사용하는 보드라면 외관이 다르더라도 같은 특징을 공유하는 형제 관계라고 보면 되는데, 형제 관계인 보드끼리는 소스코드나 라이브러리도 대부분 호환이 된다고 생각하면 됩니다.

아두이노 우노(UNO)

현재 아두이노의 표준 보드입니다. 온라인상에 있는 예제와 강좌, 소스, 라이브러리 대부분이 우노 보드에 맞춰져 있기 때문에 아두이노 입문자라면 바로 우노 보드를 선택하면 됩니다. 현재 Revision 3 버전까지 나와 있기 때문에 Arduino UNO R3라고 표시합니다. 아두이노 우노 보드는 ATmega328P 칩을 탑재하고 있습니다.

아두이노 나노(Nano)

아두이노 우노 보드의 소형화 버전이라고 생각하면 됩니다. 아두이노 우노 보드와 같은 계열의 ATmega328 칩을 탑재하기 때문에 우노 보드의 특징을 똑같이 가지고 있습니다. 잘 사용하지 않는 외부 전원용 어댑터 소켓 등이 빠져서 크기가 작고 가격도 상대적으로 저렴합니다. 흔히 빵판('브레드보드'라고도 부릅니다)이라 불리는 구멍 송송 뚫린 핀 확장용 도구에 꽂아 사용할 수 있어서 편리한 부분도 있습니다. 우노 보드의 형제 격인 보드라 할 수 있습니다.

아두이노 프로/프로 미니(Pro/Pro Mini)

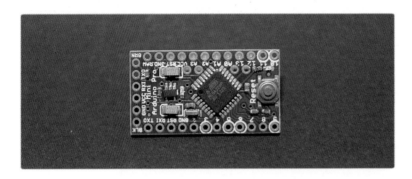

아두이노 우노 보드가 허리를 졸라매고 다이어트를 한 버전입니다. 우노 보드와 같은 심장(ATmega328)을 가졌지만 USB 통신 칩(FTDI 칩) 마저도 빠져있어 별도의 USB 통신 모듈을 이용해서 PC와 연결해야 합니다. 아두이노 우노는 5V의 전압에서 동작하는데 반해 3.3V/5V용이 별도로 존재하는 것이 특징입니다. 그래서 3.3V 동작 전압이 필요한 경우나 리튬폴리머(LiPo) 배터리를 이용하는 경우 궁합이 좋습니다. 최소한의 부품으로만 구성되어 있어서 저렴하고 소형이지만 초보자가 다루기엔 조금 어렵습니다.

아두이노 메가(Mega, Mega2560)

아두이노 우노 보드보다 덩치도 크고, 제어할 수 있는 핀도 훨씬 많고, 더 빠르고, 메모리와 저장용량도 더 큰 보드입니다. 로봇처럼 제어해야 할 하드웨어가 많고 복잡한 작업을 처리해야 할 경우에 어울립니다. 하지만 단순히 기능(스펙)이 좋다고 메가 보드를 선택해서는 안됩니다. 메가 보드는 ATmega2560 칩을 사용하기 때문에 일반 핀과 특수 기능 핀 배치가 우노 보드와는 다릅니다. 우노 보드에 맞춰진 예제가 제대로 동작하지 않을 수 있으며, 이 경우 초보자는 문제 지점을 찾기 힘듭니다.

아두이노 릴리패드(LilyPad)

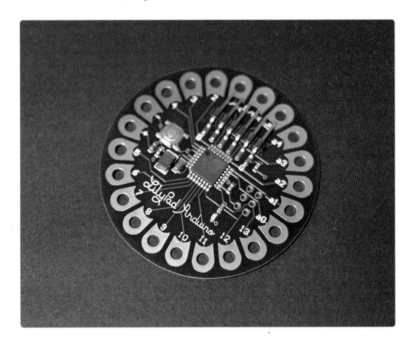

웨어러블, 전자 바느질 등에 쓰기 편하게 변형된 아두이노 보드입니다. 예쁜 꽃 모양이라 패션 쪽에 사용하게끔 만들었다는 것을 알 수 있습니다. 비슷한 모양의 여러 가지 전용 악세사리 장치도 함께 선보이고 있습니다. 아두이노 우노 보드와 같은 계열의 칩을 사용하므로 사용법은 크게 다르지 않지만, 변형된 보드가 많아서 주의가 필요합니다.

아두이노 레오나르도(Leonardo)

많이 쓰이지는 않지만, 나름의 쓰임새가 있는 보드입니다. 레오나르도에 탑재된 ATmega32U4 칩은 USB 통신 기능을 자체 내장하고 있어서 통신 칩 없이도 PC와 연결할 수 있습니다. 덕분에 PC와의 통신에 사용되는 핀을 아껴서 다른 모듈과 통신하는 용도로 사용할 수 있습니다. 그리고 PC는 레오나르도 보드를 마우스, 키보드와 같은 입력 장치로 인식하기 때문에 나만의 입력 장치로도 만들 수 있습니다. 하지만 주의하세요. 우노 보드와는 특수 기능 핀 설정이 다릅니다.

아두이노 마이크로(Micro)

우노 보드의 소형화 버전이 나노 보드라면, 레오나르도 보드의 소형화 버전은 마이크로 보드입니다. ATmega32U4 칩을 사용하기 때문에 부가적인 소켓 등을 제외한 나머지 특징이 레오나르도 보드와 동일하지만 공간을 적게 차지해서 유용합니다.

아두이노 프로 마이크로(Pro Micro)

우노 - 나노 - 프로 미니 보드의 관계가 레오나르도 - 마이크로 - 프로 마이크로 보드라고 생각하면 됩니다. 프로 마이크로 보드는 3.3V에서 동작이 가능하기 때문에 충전용 배터리와 궁합이 좋으며 크기도 가장 작은 축에 속합니다. 프로 미니 보드와는 달리 PC와 직접 연결이 가능하기 때문에 더욱 유용합니다(위에 설명한 것처럼 ATmega32U4 칩은 별도의 USB 통신 모듈이 필요 없습니다). 이 보드는 아두이노의 공식 보드로 소개되어 있진 않습니다만 해외 쇼핑몰을 통해 비교적 저렴한 가격으로 구매할 수 있습니다.

기타 보드

이 외에도 다양한 보드가 있지만 당장 모든 특징을 알 필요는 없습니다. 현재 사용하는 보드가 부족하다고 생각될 때쯤 아래 링크로 들어가 용도에 맞게 다음에 사용할 보드를 찾아보면 됩니다. 아두이노 개발환경과 호환이 된다면 서드파티 업체(정식 업체가 아니지만 호환되는 물품을 만드는 업체를 '서드파티'라고 지칭합니다)에서 나온 보드를 사용해도 좋습니다.

🔗 https://www.arduino.cc/en/Main/Products

아두이노 스타터 킷

아두이노를 시작하기 위해서는 아두이노와 몇 가지 부품을 준비해야 합니다. 저항, LED, 브레드보드, 점퍼선 등등 자잘한 부품이 필요한데 이 모두를 각각 구매하기는 굉장히 번거로운 일입니다. 그래서 아두이노 입문자에게는 초급 과정에서 필요한 부품들이 모두 구비되어 있는 '아두이노 스타터 킷'을 추천합니다. 스타터 킷도 종류가 많은데 기본 부품은 공통으로 포함하고 있으므로 자신의 예산에 맞춰 선택하면 되고, 사용하다가 부족한 부품은 나중에 추가로 구매하면 됩니다. 이 책에서도 아두이노 스타터 킷에 공통적으로 들어가는 부품을 최대한 활용할 것입니다. 아두이노 및 부품을 구매하는 방법은 책 뒷부분에 있는 부록에서 확인할 수 있습니다.

03 | 아두이노 준비 과정

아두이노의 가장 큰 장점인 '바로 시작하기'로 넘어가 볼까요? 뭐부터 시작하는 것이 좋을까요? 남들이 다 한다는 'LED 깜빡이'부터라도 해보고 싶은데... 어떻게 할까요? 'LED 깜빡이'를 한다고 가정하고, 먼저 순서가 어떻게 되는지 살펴봅시다.

1 아두이노와 원하는 부품(LED, 저항 등)을 연결한다.

2 아두이노를 USB 케이블로 PC에 연결한다.

3 아두이노 개발환경 프로그램을 실행한다.

4 아두이노에 연결된 LED가 동작하도록 코드(스케치)를 작성한다.

5 코드, 즉 스케치를 컴파일하고, 컴파일한 바이너리를 아두이노 보드에 업로드한다.

6 아두이노가 스케치대로 동작하는지 확인한다.

모르는 개념이 몇 개 나왔는데, 하나씩 뜯어보겠습니다.

가장 먼저 할 것은 부품을 연결하는 일입니다. 우리가 원하는 부품을 아두이노에 연결해야겠지요. 그리고 이렇게 연결한 상태로 아두이노와 PC를 USB 케이블로 연결합니다. 이 단계를 부품을 물리적으로 연결하는, 즉 하드웨어 세팅 단계라고 할 수 있습니다.

그리고 연결된 부품을 제어할 수 있도록 소스코드를 작성해야 합니다. 하드웨어를 동작시킬 소프트웨어를 작성하는 것인데요. 아두이노 개발환경을 PC에서 열면, 화면에 바로 코드를 작성할 수 있습니다. 이때 작성하는 소스코드를 아두이노에서는 스케치(Sketch)라 부릅니다. 아두이노가 기반한 프로세싱 언어에서 사용하던 단어인데, 코드 덩어리, 즉 작성한 프로그램을 지칭합니다. 여기서 말하는 'LED 깜빡이'의 경우는 바로 시험해볼 수 있도록 개발환경에 내장되어 있습니다. 처음에는 코드를 한 줄도 안 쓰더라도 예제 코드로 바로 실행해 볼 수 있습니다(아두이노 개발환경 프로그램을 설치하지 않았다면 실행할 수 없겠지요? 아두이노 개발환경 프로그램 설치는 이어지는 '04 | 아두이노 개발환경'에서 설명합니다).

하드웨어, 그리고 소프트웨어 준비가 끝나면 소스코드를 아두이노가 인식할 수 있는 형태로 바꿔주는 컴파일 과정을 거쳐야 합니다. 코드는 컴퓨터가 쓰는 언어이지만, 그래도 사람이 더 알아보기 쉽게 구성되어 있습니다. 이 컴파일 과정은 사람이 쓴 코드를 컴퓨터가 더 쉽게 이해할 수 있게 바꿔주는 과정입니다. 코드를 작성하고 있는 화면 위쪽의 '확인' 버튼 하나를 누르면 컴파일이 진행되는데, 이때 나오는 결과물을 바이너리 혹은 펌웨어라 부릅니다. 컴퓨터의 언어지요. 이 과정에서 만약 소스코드에 문제가 있다면 오류 메시지가 뜨면서 어디가 문제인지 알려줍니다.

결과물이 나왔으니 아두이노에 컴퓨터 언어를 전달해야겠지요? 이 과정이 업로드입니다. 긴 과정처럼 설명했지만 컴파일 및 업로드는 '업로드' 버튼 하나를 누르면 연결해서 자동으로 진행됩니다. 중간에 문제가 있다면 오류 메시지를 보고 오류를 수정하는 작업이 필요하겠지만, 그렇지 않다면 아두이노 보드에 탑재된 자그마한 LED가 깜빡거리면서 바이너리 코드가 업로드되고 있다는 것을 보여줍니다.

LED가 꺼지면, 그때부터 아두이노는 작성한 소스코드대로 동작하기 시작할 겁니다. 만약 준비(하드웨어 연결, 소스코드)가 치밀하지 못했다면 무언가 제대로 안 되는 것이 있겠지요. 오류와 부딪칠 때는 단계별로 하나씩 돌아가서 각 단계를 점검하고, 문제를 찾아 수정하는 과정을 반복하면서 진행을 합니다.

이제 살짝 감이 왔나요? 이제 직접 아두이노를 테스트해볼 시간입니다. 테스트를 위해 아래 준비물을 챙겨주세요.

- 아두이노 우노 보드
- LED, 스위치, 저항, 점퍼선 등(아두이노 스타터 킷을 사면 들어있는 기본 부품)
- PC
- 아두이노 개발환경

세 번째까지 준비했다면, 아두이노 개발환경은 웹사이트에서 내려받을 수 있습니다. 아두이노 개발환경을 설치해봅시다.

04 | 아두이노 개발환경

아두이노 개발환경은 아두이노 공식 홈페이지에서 배포하는 아두이노 개발 도구입니다. 개발환경은 축약해서 IDE(통합개발환경의 약자)라고도 하는데, 프로그래밍을 하는 소프트웨어 도구를 부르는 말입니다. 프로그램을 만드는 프로그램이라고 할 수 있겠지요. 아두이노 개발환경은 아두이노를 동작시키는 스케치 작성과 컴파일, 업로드, 디버깅(문제 해결)을 위한 도구를 모두 포함하고 있기 때문에 소프트웨어 작업은 대부분 이 도구를 이용하게 됩니다.

아두이노 개발환경은 아두이노 공식 홈페이지에서 내려받을 수 있습니다. 아래 홈페이지 접속하셔서 최신 버전을 다운로드 받으세요.

🔗 http://arduino.cc/en/Main/Software

> 🔖 주의   최신 아두이노 개발환경 버전은 1.6.11 버전입니다. 대부분의 경우 최신 버전의 아두이노 개발환경을 설치해서 사용하면 됩니다. 하지만 가끔 인터넷에서 구한, 구형 개발환경에 맞춰진 스케치가 문제를 일으키기도 합니다. 이때는 1.0.6 버전을 추가로 설치해서 테스트해보세요. 책의 본문에서는 아두이노 개발환경 1.6.8 버전을 기준으로 예제를 작성했습니다.

일반적인 프로그램 설치 방법과 마찬가지로 화면의 지시를 따라가면 됩니다. 여기서는 윈도우 환경에서 설치하는 것을 기준으로 설명하겠습니다.

윈도우용 설치파일은 2가지 버전이 있습니다. 자동설치(installer) 버전과 무설치 버전 (ZIP file for non admin install). 이 중 자동설치 버전을 다운로드 받으세요. PC에서 아두이노를 인식하려면 드라이버가 설치돼야 하는데, 무설치 버전은 이 과정을 생략합니다.

다운로드 받은 파일을 실행하면 다음과 같은 과정을 거쳐 설치하실 수 있습니다.

1 창이 열리면, 라이선스에 동의하는 [I Agree](동의합니다) 버튼을 선택합니다.

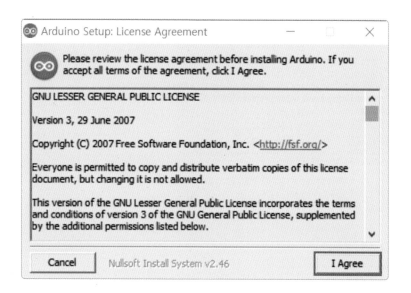

2 다음 창에서 컴포넌트를 전부 선택한 후에 오른쪽 아래에 있는 [Next >](다음) 버튼을 선택합니다.

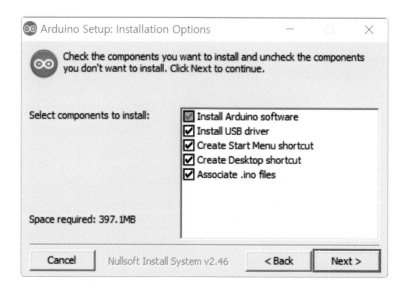

3 창에 들어 있는 아두이노 설치 경로를 확인한 후에 오른쪽 아래의 [Install](설치하기) 버튼을 선택합니다.

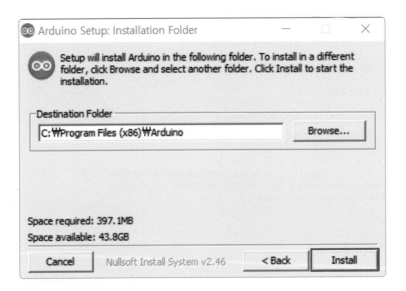

4 그러면 아두이노 개발환경의 설치가 진행됩니다.

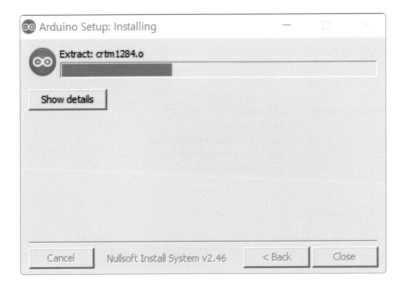

5 중간에 윈도우 보안 창이 뜨는 경우에는 [설치] 버튼을 선택합니다.

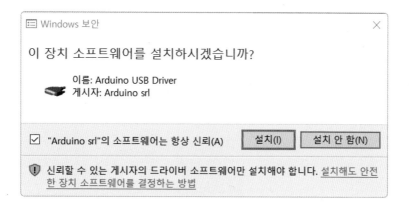

6 설치가 완료되었습니다.

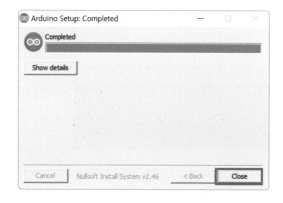

자동설치 버전을 이용하면 파일이 [C:₩Program Files (x86)₩Arduino] 경로에 설치
될 것입니다. 이 경로에 한 번 접속해보세요. 내부에 [libraries] 폴더가 보입니다. 라이
브러리는 특정 기능을 사용하기 쉽도록 미리 만들어둔 소스코드 묶음입니다. 인터넷에
서 원하는 라이브러리 파일을 구해서 쓰는 경우 이 폴더에 넣으면 아두이노가 자동으로
인식하므로 이 경로는 외워두면 좋습니다.

> **주의**   윈도우 버전에 따라 [C:₩Program Files₩Arduino] 경로에 설치될 수도 있습니다.

설치가 완료되면 바탕화면에 생성된 아두이노 아이콘을 눌러 실행해보세요. 아래와 같은 실행 화면이 뜹니다.

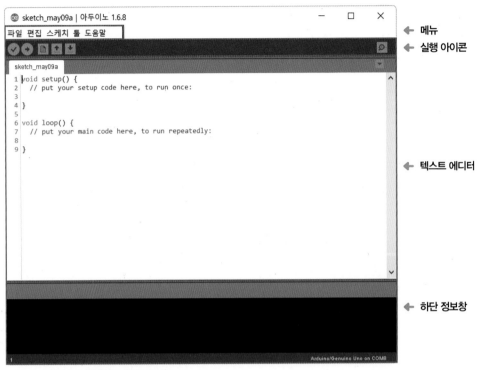

그림 1-3 *아두이노 개발환경 실행창 구성*

간단한, 마치 노트패드 같이 생긴 실행창이 뜹니다. 실행창은 크게 4개의 영역으로 구성됩니다.

- **메뉴**

  스케치 불러오기, 저장하기, 연결된 아두이노 보드의 종류, 포트 설정, 라이브러리 설정, 예제 파일 불러오기 등 다양한 설정 메뉴를 제공합니다.

- **실행 아이콘**

  컴파일, 업로드, 시리얼 모니터 등 자주 사용되는 기능을 바로 실행할 수 있는 아이콘을 제공합니다.

- **텍스트 에디터**

  스케치를 작성, 수정할 수 있는 영역입니다. 오른쪽 위의 ▼ 아이콘을 이용해 스케치 파일을 추가, 삭제할 수도 있습니다.

- **하단 정보창**

  선택된 아두이노 종류와 포트, 컴파일 및 업로드 과정을 수행한 결과 등이 표시되는 영역입니다.

당장은 대강의 구성만 눈에 익혀두면 됩니다. 예제를 하나하나 실행하다 보면 금방 친해질 거라 생각합니다.

05 | LED 깜빡여보기

프로그래밍을 위한 개발환경을 PC에 설치했다면, 이제 제대로 동작하는지 확인을 해봐야겠지요. 소프트웨어의 경우는 이 때 확인용 프로그램, 즉 가장 단순한 예제를 'Hello World' 예제라고 합니다. 화면에 Hello World라는 텍스트를 띄워보는 예제지요.

하드웨어의 세계에도 Hello World 예제가 있습니다. 다른 점이 있다면 화면에 글자를 출력하는 대신 기본 소자인 LED를 깜빡여본다는 점입니다. 아두이노를 만났으니 친해지는 인사로 LED를 한번 깜빡여보도록 합시다.

1 가장 먼저 USB 케이블을 이용해서 아두이노와 PC를 연결하세요. USB 케이블은 양 쪽이 같은 모양이 아닌, 한쪽은 일반적인 USB 그리고 다른 한쪽은 좀 더 두꺼운 모 양으로 되어 있는 A−B 타입 USB 케이블을 사용합니다. PC에는 일반형(USB A), 그 반대쪽을 아두이노(USB B)에 연결합니다. 그리고 PC 화면에서 아두이노 개발 환경을 실행하고 상단 메뉴 영역에서 [파일 − 예제 − 01.Basics − Blink]를 순서대로 클릭합니다.

2 그러면 새로운 창에 개발환경에 내장된 Blink 예제 스케치가 열립니다.

아! 그런데 아직 LED를 연결하지 않았네요. 괜찮습니다. 아두이노 보드 위에는 LED가 하나 붙어 있는데, 이 LED는 보드 내부에서 13번 핀과 연결되어 있습니다. 예제는 13번 핀을 사용하는 것으로 짜여 있으므로 아무 부품이 없더라도 당장 이걸 사용해봅시다.

3 예제를 실행하기 전에, 즉 버튼을 누르기 전에 먼저 아두이노 개발환경에 현재 연결된 아두이노 보드 종류가 무엇인지, 연결된 포트는 몇 번인지를 알려줘야 합니다. 메뉴 영역에서 [도구 – 보드 – 아두이노 우노] 보드를 선택하세요.

완성된 소스코드와 하드웨어 전부 준비가 되었네요. 이 부분은 아두이노를 많이 사용하더라도 종종 잊어버리곤 하는 부분이니 꼭 기억해두세요.

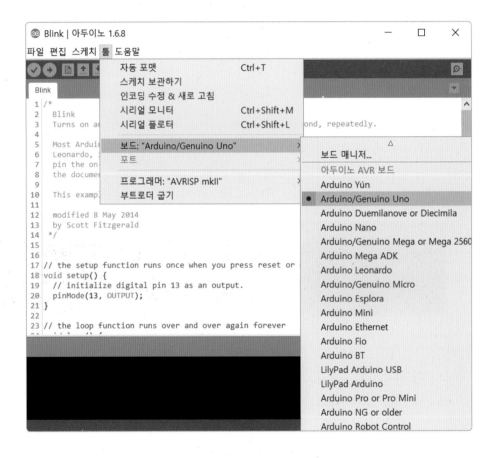

4 그리고 [도구 – 포트 – COMx] 에서 연결된 아두이노 포트를 선택해줍니다.

> 📍**TIP**　연결된 COM 포트가 무엇인지 모를 경우는 윈도우 탐색기에서 [컴퓨터-마우스 우클릭-장
> 치 관리자]를 실행하세요. 포트(COM & LPT) 항목에서 아두이노가 연결된 포트 넘버를 확인
> 하면 됩니다.

5 이제 아이콘 영역에서 ☑(확인) 버튼을 눌러보세요. 이 버튼을 누르면 곧 컴파일이 완료되었다는 메시지가 하단 정보창에 표시됩니다. 오류가 없는 경우 완료 메시지 가 뜨고, 오류가 있다면 오렌지색 오류 메시지가 표시됩니다.

⑥ 아두이노에 컴파일된 결과물을 올릴 차례네요. ◉(업로드) 버튼을 누르면 미리 설정한 아두이노 보드 종류에 맞게 COM 포트를 통해 코드가 업로드됩니다.

> **TIP** 업로드 버튼은 실제로 컴파일 및 업로드 과정을 순서대로 진행합니다. 따라서 업로드를 할 때 컴파일 확인 과정이 없더라도 '업로드' 버튼 하나로 컴파일과 업로드가 순서대로 진행됩니다.

7 아두이노 개발환경에 업로드 완료 메시지가 표시되고, 아두이노 보드의 LED가 1초마다 깜빡이는 것을 확인할 수 있나요?

사실은 아두이노 보드를 처음 구매했을 때에는 Blink 예제가 이미 올라가 있습니다. 그래서 USB 케이블을 연결만 해도 아두이노가 전원을 공급받아 동작하면서 LED를 깜빡이지요. 그래서 새 아두이노를 사용한다면, Blink 예제를 업로드해도 변화가 없는 것이 정상입니다. 이렇게 가장 간단한 예제로 아두이노를 시작해보았습니다.

여러분은 아두이노라는 작은 보드가 어떻게 작동하는지 흥미를 느껴서 이 책을 손에 쥐고 있겠지요? 작은 빛을 깜빡인다는 것, 어찌 보면 작지만 어찌 보면 지금까지 해보지 못했던 일들을 쉽게 해주는 것이 아두이노의 진정한 매력입니다. 이렇게 아두이노와 조심스럽게 인사를 나눠보았으니 이제 아두이노와 대화를 해볼까요?

다음 장은 아두이노의 언어, 컴퓨터의 언어에 대해서 다루어보려고 합니다. 아두이노에 대해서 잘 알지 못해도 할 수 있는 일이 있지만, 아두이노와 적극적으로 소통을 하게 되면 정말 수없이 많은 일들을 할 수 있어요.

프로그래밍의 기초

아두이노는 전자적인 제어를 해주는 하드웨어와 소프트웨어가 결합하여 동작합니다. 따라서 회로를 구성하는 것만큼이나 프로그래밍 기술도 중요합니다.

이번 장에서는 아두이노를 다루기 위해 필요한 최소한의 프로그래밍 기술을 다룹니다.

아두이노를 제대로 이해하려면 하드웨어와 소프트웨어를 전부 살펴봐야 합니다. 여기서 하드웨어는 손으로 만질 수 있는 물리적인 부분, 즉 아두이노 보드와 여러 부품, 또한 그 사이의 물리적인, 전자적인 연결을 포함합니다. 그리고 소프트웨어는 실제로 보이지 않는 부분, 즉 아두이노를 동작시킬 소스코드 부분을 가리킵니다. 코드의 의미와 연결을 이해해서 실제로 소스코드를 작성하는 과정을 이르는 것이지요. 아두이노를 사용하기 위해서는 전자적인 지식도 필요하지만, 소스코드 작성을 위한 프로그래밍 지식도 필요합니다.

앞서 보았듯이 아두이노를 위한 프로그래밍은 아두이노 개발환경에서 합니다. 이 안에서는 컴퓨터 언어를 사용하는데, 사람과 사람의 관계에서와는 달리 뜻을 전달하려면 컴퓨터의 언어로 말을 해줘야 합니다. 이 안에서 소통되는 언어이자 대표적인 프로그래밍 언어인 C 언어와 여기에서 파생된 언어인 C++ 언어와 친해져 봅시다.

이번 장에서는 아두이노를 제어하기 위해 필요한 C/C++ 언어의 기초 문법을 간단히 다루려고 합니다. 프로그래밍이 처음이라면 눈에 쉽게 들어오지 않고, 진도가 더딜 수도 있지만, 자주 스케치를 보면 어느 정도 익숙해지는 순간이 옵니다. 그 순간에는 문자의 나열로만 보이던 코드가 덩어리로 묶이면서 여기에 담긴 논리적 흐름이 이해되기 시작합니다.

이미 프로그래밍 경험이 있다면, 혹은 하드웨어를 다루는 것으로 바로 넘어가고 싶은 사람은 이번 장은 넘어가도 됩니다. 하드웨어 부분을 진행하다가 코드에 담긴 뜻이 궁금해지면 다시 이 장으로 돌아오세요.

01 | 스케치와 프로그래밍

아두이노 우노 보드에 탑재된 ATmega328P 칩의 사양을 잠시 살펴보겠습니다.

- 클럭 속도(초당 사이클) : 16MHz
- SRAM : 2KB
- 플래시 메모리 : 32KB(0.5KB는 부트로더가 사용)
- EEPROM : 1KB

여기서 첫 항목은 속도, 뒤의 항목 세 가지는 여러 방식의 저장 장치인데, 우리가 사용하는 PC의 속도와 메모리에 비교해서 생각하면 아주 낮은 사양을 가지고 있습니다. 당연히 PC 수준의 복잡한 작업을 할 수 없고 현란한 화면을 구현할 수도 없습니다(화면 자체가 없으니 기대할 수가 없겠지요!). 하지만 반대로 생각하면 엄청나게 간단하겠다는 것을 짐작할 수 있습니다. 관리해야 할 게 많지 않으니 간단한 프로그래밍만으로도 아두이노를 움직일 수 있습니다.

처리 속도의 차이가 아무리 크더라도 아두이노, 그리고 PC는 전산처리를 해준다는 점에서 둘 다 컴퓨터라고 할 수 있습니다. 이 둘을 가게에 비유해볼까요? PC를 종업원이 많은 프렌차이즈라고 할 수 있습니다. 굉장히 복잡한 업무를 많은 직원이 달라붙어 유기적으로 처리하지요. 성격이 다른 여러 일을 한꺼번에 처리할 수도 있고, 빨리 처리할 수도 있습니다. 하지만 메뉴에 없는 주문은 받지 않을지도 몰라요. 반대로 어떤 가게는 상대적으로 단순한 일들만 천천히 처리하기도 합니다. 아두이노는 느긋한 1인 가게라고 할 수 있어요. 오직 한 명의 직원이 손님의 주문을 꼼꼼히 메모해서 하나씩 처리하는 거지요. 동시에 여러 가지 일을 처리할 수 없고, 그렇기 때문에 순서대로 하나씩 일을 합니다. 하지만 끈기를 가지고 세세하게 부탁하면 손님이 제안하는 새로운 메뉴를 만들어줄 수도 있어요.

그러니 우린 한 명뿐인 직원이 효율적으로 일할 수 있도록 꼼꼼하게 하고 싶은 것, 먹고 싶은 것을 알려줘야 합니다. 일종의 작업 설명서라고 할 수 있을 것 같네요. 이 작업 설명서가 바로 아두이노의 스케치에 해당합니다. 작업을 꼼꼼히 설명해서 직원의 능력을 100% 발휘하도록 하는 부탁의 미학이 바로 프로그래밍입니다.

1장에서 LED를 깜빡이게 하려고 예제 스케치를 불러왔었습니다. 이 스케치는 LED를 깜빡이는 동작을 반복하도록 작성된 코드가 들어있는 작업 설명서입니다. 컴파일과 업로드 과정은 작성된 작업 서류에 문제가 없는지 확인하고 아두이노가 이해할 수 있게 번역, 정리해서 넘겨주는 과정이라 할 수 있습니다.

일단 아두이노에 작업 내용이 전달되면 오직 하나뿐인 아두이노의 일꾼은 성실히, 그리고 쉼 없이 작업을 처리합니다. 전기만 끊어지지 않는다면요.

02 | 함수

이제 본격적으로 아두이노 프로그래밍을 위한 문법을 알아보겠습니다. 사람의 언어와 마찬가지로 컴퓨터 언어의 원칙도 '문법'이라고 부릅니다.

아두이노 개발환경을 새로 실행해보세요. 아마 오른쪽처럼 간단한 기본 스케치가 표시될 것입니다.

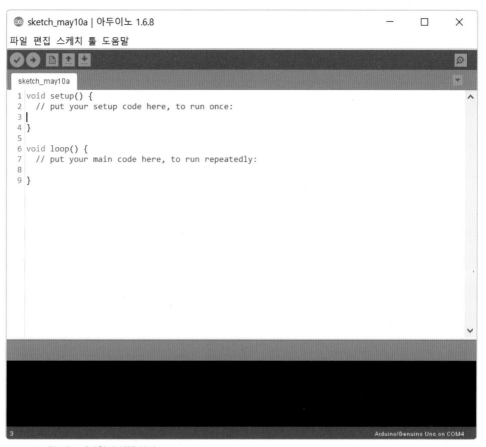

그림 2-1 *아두이노 개발환경 실행 화면*

중간에 빈 편집 영역(텍스트 에디터)에 아두이노 스케치에서 대부분 쓰는 기본 코드가 들어가 있습니다.

> 🔧 **TIP** 코드에 사람의 언어가 섞여 있지요? 슬래시 두 개(//) 뒤에는 알아볼 수 있는 영어 단어들이 있습니다. //로 시작하는 내용은 컴퓨터, 즉 아두이노에게 전달하는 내용이 아니라 작성한 스케치를 열어볼 사람들에게 전달하는 내용입니다. '이러이러한 목적으로 이런 코드를 썼다'라고 누가 봐도 알 수 있게끔 말이지요. 아두이노의 동작과는 무관한 부분입니다. '주석'이라고 부르는데, 코드를 보는 사람을 위한 도움말 정도로 생각하면 됩니다. 주석은 아무 기능이 없으므로 무시해도 됩니다.

```
void setup() {
  // put your setup code here, to run once:

}


void loop() {
  // put your main code here, to run repeatedly:

}
```

코드를 살펴보도록 하겠습니다. 코드에 중괄호 '{ }'로 둘러싸인 부분이 두 군데가 있습니다. setup( ) 이후에 나오는 영역과 loop( ) 이후에 나오는 영역입니다. 이 두 영역은 구체적인 일을 하려고 중괄호로 감싼 뒤 setup, loop라는 이름을 붙여 둔 겁니다.

이렇게 중괄호를 이용해서 영역을 만든 뒤 이름을 붙여둔 것을 우리는 '함수(function)'라고 부릅니다.

보통 음식점은 홀, 주방, 카운터 이렇게 공간이 구분되지요? 이와 비슷하게 관련된 작업을 한 곳에서 처리할 수 있도록 모아서 이름을 붙여둔 것이 함수입니다. 음식점의 주방에 주문을 넣으면 요리가 나오지요. 이걸 함수로 표현하면 아래처럼 됩니다.

```
food kitchen(order) {
  각종 요리 작업
}
```

이것을 컴퓨터가 받아들이는 형태로 표현하면 오른쪽과 같습니다.

```
출력할_데이터_타입 함수_이름(입력할_데이터_타입) {
    처리할 내용
}


return_type function_name(input_type) {
    ......
}
```

이러한 내용이 실제로 어떻게 보일지 확인해볼까요? 간단한 프로그램이지만 코드는 대부분 의미를 함축하고 있기 때문에 당장 눈에 안 들어올 수 있습니다. 간단한 함수를 만들면서 프로그램을 작성해보겠습니다. 숫자 두 개를 넣으면 덧셈을 해서 결과를 알려주는 함수를 만든다면 아래처럼 됩니다.

```
int add(int a, int b) {
    int c;
    c = a + b;
    return c;
}
```

컴퓨터는 사람과는 다르게 글을 이해하는데, 가장 큰 차이는 아무것도 가정하지 않는다는 점입니다. 그래서 컴퓨터에 말을 걸 때는 모든 것을 정확하게 정의해서 알려줘야 합니다. 첫 줄의 int라는 코드는 정수(int는 영어로 정수를 의미하는 integer의 줄임)를 의미합니다. 숫자를 다룬다는 것을 알려주는 것이지요. 함수 이름 앞에 붙어 있으므로 출력할 데이터의 종류가 정수임을 표시합니다. 위에 쓴 '데이터 타입'은 말 그대로 데이터의 종류를 부르는 말이고, 자료의 형태, 즉 '자료형'이라고도 많이 부릅니다.

그렇게 생각하고 첫 줄을 보면 아래와 같은 순서로 읽을 수 있습니다.

1 출력할 데이터 타입은 정수이다.

2 함수의 이름은 add(더하기)이다.

3 add 함수에 입력할 데이터 타입도 정수이다.

4 정수 2개를 입력받아서 a, b라고 부른다(쉼표로 구분).

우리가 생각하는 순서로 고치면, add라는 함수에 정수 2개를 a, b 자리에 넣으면 중괄호 안의 과정을 거친 후에 정수로 결과 데이터를 받을 수 있다는 의미입니다.

이제 함수 안의 내용을 살펴보겠습니다.

함수 안에서는 덧셈을 하고 결과를 넘기는 과정이 진행됩니다. 일단 계산한 결과를 c라고 부를 거라고 준비를 합니다. c도 역시 정수 값으로 사용할 것이므로 int라고 앞에 데이터 타입 표시를 해줍니다.

```
int c;
```

마지막에 세미콜론(;)이 붙었지요? 이건 문장의 마침표 같은 역할을 합니다. 여기까지가 하나의 작업이라는 것을 표시해 주는 거지요. 작업 내용을 적을 때는 습관처럼 세미콜론을 붙여주세요!

이제 입력된 숫자를 a와 b라고 하고, 이 둘을 더해서 결과를 c라고 합니다. 여기서 a, b, c는 메모지 같은 역할을 해요. 매번 다른 숫자가 들어올 수 있으니 이 위치에 들어온 숫자를 넣겠다고 표시하는 것이지요. 메모지에 숫자 값을 적을 때는 등호 = 기호를 사용하면 됩니다. 오른쪽과 같은 코드는 수식이랑은 달라요. 오른쪽 코드의 의미는 'a 더하기 b는 c와 같다'가 아니라 'a와 b의 값을 더해서 결과로 나온 값을 c에 넣어라'의 의미입니다. 코드 내에서의 더하기, 빼기, 곱하기, 나누기의 사칙연산은 각각 +, -, *, / 기호를 사용하면 됩니다.

```
c = a + b;
```

계산이 완료되었으니 c 메모지에 적힌 값을 전달해주면 됩니다. 주방(함수)에서 주문(입력 데이터)을 받은 뒤 음식(출력 데이터)을 만들어서 내주는 것처럼요. 이때는 return이라는 명령을 사용하면 됩니다.

```
return c;
```

여기까지 add( )라는 덧셈 함수를 작성해보았습니다.

이제 add( ) 함수를 아두이노 개발환경 기본 스케치에 더해 보겠습니다. 아래처럼 add( ) 함수를 붙여넣어 보세요.

예제 2-2 *add() 함수를 더한 코드(chap2_2_function.ino)*

```
void setup() {
}

void loop() {
}

int add(int a, int b) {
  int c;
  c = a + b;
  return c;
}
```

그럼 아두이노 음식점에 주방이 만들어진 것입니다. 여기에 주문을 넣어서 음식이 제대로 나오는지를 확인해 보겠습니다!

함수를 동작시킬 때는 함수 밖에서 함수를 부르면 됩니다. 외부에서 함수를 호출한다고 하는데요. 음식점에서 직원이 홀에서 주문을 받아 주방으로 가서 음식을 만들고, 완성된 음식을 가지고 나와서 손님한테 최종적으로 전달하는 순서라고 생각하면 됩니다. 여기서 아두이노 일꾼에게 주문을 넣는 것이 함수 호출입니다.

신경 써야 하는 점은, 함수를 호출할 때는 함수를 만들 때 적어둔 모양대로 불러야 합니다. 우리가 작성한 add( ) 함수는 정수 2개를 받도록 만들었으니 호출할 때도 정수 2개를 넣어야 합니다. 1과 2를 더하도록 add( ) 함수 호출을 해보겠습니다.

```
int sum;
sum = add(1, 2);
```

이렇게 작성하면 정수를 기록하는 sum이라는 메모지에는 1과 2를 더한 결과가 기록됩니다.

실제 아두이노 스케치에서 add( ) 함수를 사용하면 아래처럼 됩니다.

예제 2-3 *add() 함수를 호출하는 코드 추가(chap2_3_variable.ino)*

```
void setup() {
  int sum;
  sum = add(1, 2);
}


void loop() {
}
```

```
int add(int a, int b) {
  int c;
  c = a + b;
  return c;
}
```

여기서는 setup( ) 함수 안에서 add( ) 함수를 불렀지만, 다른 곳에서 사용해도 됩니다. 우리가 작성한 코드를 아두이노가 알아듣고 있는지 확인하는 간단한 방법은 '컴파일' 버튼을 이용하는 겁니다. 왼쪽 위의 컴파일 버튼(체크 모양 '확인' 버튼)을 눌러서 아래 까만 창에 에러 메시지 없이 '컴파일 완료'가 표시되는지 확인하세요.

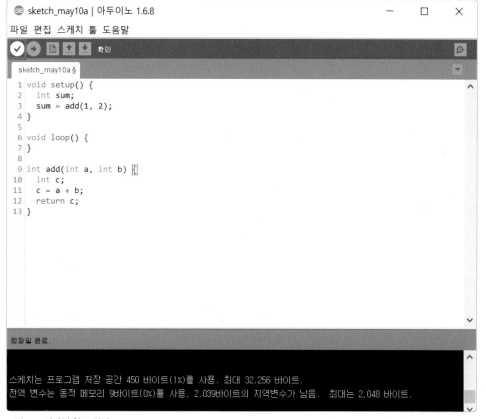

그림 2-2 **컴파일 완료 화면**

우리가 간단히 수정해 본 스케치 파일을 다시 보면 함수 3개, 즉 setup( ), loop( ), add( )가 보입니다. add( ) 함수는 우리가 추가한 함수이고 setup( ) 함수 안에서 불러서 사용하는데, setup( ) 함수와 loop( ) 함수를 부르는 곳은 없습니다. 그런데 왜 아두이노는 이 두 함수를 기본으로 표시하는 것일까요?

우리가 작업 내역서를 아두이노에게 전달해줄 때 아두이노 일꾼은 작업을 어디서부터 시작해야 할지 모릅니다. 그래서 작업을 시작할 곳이 어디인지 미리 약속을 해뒀습니다. setup( ) 함수가 미리 약속해둔 작업의 시작점입니다. 실제 아두이노에 전원을 넣어주면 아두이노는 잠에서 깨어나 제일 먼저 setup( ) 함수를 찾아서 작업을 수행합니다. 그리고 setup( ) 함수의 내용을 모두 처리하면 곧바로 loop( ) 함수를 처리하러 갑니다.

loop( ) 함수는 이름(loop는 '순환'이라는 의미)처럼 무한하게 돌고 도는 함수입니다. setup( ) 함수는 처음 시작할 때 딱 한 번 호출되지만, 이후부터 loop( ) 함수는 무한 반복 호출됩니다. 따라서 setup( ) 함수의 중괄호 안에는 처음 한 번만 처리할 작업들, 첫 세팅에 필요한 작업을 적어주면 되고, 계속 반복적으로 실행되어야 하는 작업은 loop( ) 함수의 중괄호 안에 적어주면 됩니다.

좀 전에 덧셈 함수를 이용해서 더하기를 할 수 있도록 스케치를 작성했지만, 아두이노 보드에는 덧셈 결과를 사람에게 보여줄 수 있는 디스플레이 화면이 없습니다. 이럴 때는 '시리얼 모니터'라는 기능을 이용합니다. USB로 아두이노와 PC가 연결되어 있는 상태일 때, 아두이노가 PC로 데이터를 던져줘서 PC가 대신 출력하도록 하는 기능입니다. 이 기능을 이용해서 덧셈 함수로 계산한 결과를 확인해 보겠습니다.

작업하던 스케치에서 다음의 코드를 추가해 보세요.

```
void setup() {
  Serial.begin(9600); ❶

  int sum;
  sum = add(1, 2);
  Serial.print(sum); ❷
}

void loop() {
}

int add(int a, int b) {
  int c;
  c = a + b;
  return c;
}
```

빨간색 코드가 새로 추가된 부분입니다. 아두이노가 PC로 데이터를 보내주기 위해서는 두 단계를 거쳐야 합니다. 먼저 아두이노와 PC의 통신을 하겠다고 아두이노에게 말해줘야 합니다. 그럼 아두이노가 PC와 통신하기 위한 준비를 합니다. ❶의 코드가 이 내용에 해당합니다.

이제 아두이노와 PC는 통신할 준비가 되었으니 아두이노에서 데이터를 PC로 보내주면 됩니다. ❷의 코드가 그런 내용을 담고 있지요.

소괄호 '( )' 안에 출력하고 싶은 숫자나 문자 등을 넣으면 됩니다. 그러면 PC에서 이 값을 받아 표시해 줄 수 있습니다. 메모지 sum은 add(1, 2) 함수의 결과인 3이 기록되어 있으니 PC 화면에서 3을 보여줄 것입니다. 추가한 코드는 그 외에도 여러 가지 의미를 담고 있지만, 당장은 파고들 필요는 없습니다. 나중에 좀 더 자세히 다루려고 하니 일단은 어떻게 생겼는지 보고, 사용해보면 됩니다.

PC에서 아두이노가 보내준 데이터를 확인해 보겠습니다. 지금까지는 프로그래밍만 진행했기 때문에 아두이노를 연결하지 않아도 괜찮았지만, 아두이노와 통신을 시도해보려면 아두이노를 연결해야겠지요? 아두이노를 USB 케이블로 연결합니다. 포트를 설정한 후에 메뉴에서 '업로드' 버튼을 클릭해서 수정된 스케치를 아두이노에 업로드합니다. 업로드가 완료된 다음에 우측 상단의 돋보기 아이콘을 눌러 보세요.

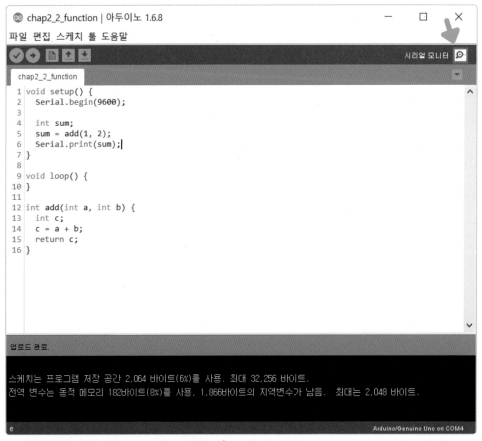

그림 2-3 *시리얼 모니터 실행*

돋보기 아이콘은 아두이노가 보내준 데이터를 보여주는 '시리얼 모니터' 창을 띄워줍니다. 아래와 같은 창이 뜨는 것을 확인할 수 있습니다.

그림 2-4 **실행 결과 출력 화면**

시리얼 모니터 창을 띄우고 잠시 기다리면 우리가 기대했던 대답인 '3'이 출력되는 것을 확인할 수 있습니다. 앞으로는 이런 방식으로 예제의 실행 결과를 확인할 수 있습니다.

> **TIP** 지금은 코드가 짧지만, 점점 긴 코드가 나오면 책을 보면서 진행하기 어렵겠지요? 책에 사용되는 모든 코드는 http://www.hanbit.co.kr/exam/2478에서 압축파일 형태로 받을 수 있습니다.

그리고 하나 더 이야기하고 넘어가야 할 게 있네요. 방금 우리가 추가한 add( ) 함수와 호출 코드를 잠시 사용하고 싶지 않을 때 쓰는 방법입니다. 당장 필요가 없을지 몰라도 나중에 쓰일 수 있도록 알아두는 편이 좋습니다. 코드를 삭제하는 대신 실행되지 않도록 막는 방법입니다.

```
void setup() {
  // int sum;
  // sum = add(1, 2);
}


void loop() {
}


/*
int add(int a, int b) {
  int c;
  c = a + b;
  return c;
}
*/
```

setup( ) 함수 안의 코드 앞에 두 개의 슬래시 //를 붙입니다. 이렇게 적으면 두 개의 슬래시 뒤부터 줄이 바뀔 때까지 나오는 내용이 무시됩니다. 보통 코드 한 줄의 실행을 막거나 코드에 설명을 넣어 둘 때 사용합니다. 컴퓨터가 코드로 인식하는 범위를 막아주는 '주석(comment)' 기능입니다.

add( ) 함수를 정의한 부분도 어디가 바뀌었는지 잘 살펴보세요. add( ) 함수 앞, 뒤를 '/*', '*/' 기호로 감쌌습니다. /*, */ 기호도 주석 처리를 하는 방법인데, 여러 줄을 한 번에 막을 때 사용합니다.

주석은 코드의 실행을 막아주기도 하지만 코드가 어떤 의미인지 적는 용도로도 사용하기도 합니다. 불멸의 기억력을 가진 게 아니라면 주석 칸을 만들어서 작성한 코드가 어떤 의미인지 적어두세요. 코드는 컴퓨터의 언어이고 각각의 문법이 있기 때문에 눈으로 의미를 바로 읽기는 상당히 어렵습니다. 시간이 흘러 과거의 내가 왜 이렇게 했는지 고민하는 건 프로그래밍의 세계에서 흔히 발생하는 일입니다. 또한, 다른 사람이 내 코드를 봤을 때 설명을 보면 어떤 의도로 코드를 짰는지 알 수 있겠지요.

03 | 변수

함수에 이어서 변수를 알아봅시다. 우리는 이미 변수를 함수를 설명하면서 썼습니다. 덧셈 함수를 만들 때 사용한 a, b, c 메모지가 바로 변수입니다. 이 메모지를 프로그래밍 세계에서는 '변수(variable)'라고 부릅니다.

일반적인 변수의 사용법은 아래와 같습니다.

변수의_데이터_타입　　변수_이름;

여기서 데이터 타입은 함수 개념 설명할 때에도 살짝 나왔는데, 한 번 사용해 봤으니 이제 어떤 종류의 데이터가 있는지 알아봅시다. 아두이노 스케치에서 사용할 수 있는 데이터 타입은 아두이노 웹사이트(http://www.arduino.cc/en/Reference/HomePage)의 Data Types 부문에서 확인할 수 있습니다.

변수 중 자주 사용되는 몇 가지를 중점적으로 살펴보겠습니다.

- **void**

  setup() 함수와 loop() 함수 앞에서 보이는 종류입니다. 비어 있다는 뜻인데, 한마디로 '해당 사항 없음'
  을 알려주는 역할을 한다고 생각하시면 됩니다.

- **boolean**

  참 또는 거짓, 두 가지 상태 중 하나만을 표시할 때 사용합니다. 아두이노에서는 참을 true라고 표시하
  고 거짓을 false라고 표시합니다.

- **char**

  영문자와 숫자, 기호 등 키보드에서 입력 가능한 문자 하나를 저장할 때 쓰입니다. 아스키(ASCII) 코드
  라는 정해진 약속, 즉 표준안에서 영문자, 숫자, 기호마다 특정 숫자를 할당해 뒀는데 이 값을 이용해서
  문자 하나를 표현합니다. 예를 들어 대문자 'A'는 십진수 65에 해당합니다.

- **int**

  정수 값을 저장하는 데 사용합니다. 여기에 저장할 수 있는 숫자의 범위는 −32,768∼32,767입니다.

- **unsigned int**

  정수형이란 점은 int와 동일하지만 음수를 표현할 수 없습니다. 대신에 양수의 표현 범위가 2배로 늘어
  나서 범위는 0∼65,535입니다. unsigned라는 단어가 붙으면 음수를 포기하고 양수의 표현 범위를
  늘립니다.

- **long**

  정수를 저장할 때 사용합니다. 정수형 int보다 저장 범위가 2배 크기 때문에 −2,147,483,648에서
  2,147,483,647까지 저장할 수 있는 값의 범위가 늘어납니다.

- **unsigned long**

  unsigned가 붙었으니 음수를 포기했겠지요? 나중에 시간 값을 저장하는 데 사용해서 응용해보겠습
  니다.

- **float**

  실수를 저장할 때 사용합니다. 일반 계산에서는 정수를 많이 쓰지만, 소수점 이하 숫자를 다룰 때 사용
  합니다.

- **string**

  문자열을 저장하고 변형할 때 사용합니다.

실제로는 아래처럼 사용하게 됩니다.

예제 2-6 *변수 사용 방법(chap2_6_loop.ino)*

```
int ivalue; ❶           // ivalue 정수형 변수를 만들기만 합니다.
                        // 값을 지정하지 않아서 아직은 사용할 수 없습니다.
ivalue = 738 + 22;      // ivalue 변수에 계산의 결과인 760을 저장합니다.


boolean isClick = true; ❷    //  isClick 변수를 만들면서 참(true 또는 1로
                             //  입력)으로 기록합니다.
isClick = false;        // isClick 값을 거짓(false 또는 0으로 입력)으로
                        //  바꿉니다.


char oneChar = 'A'; ❸   //  oneChar 변수에는 A 문자를 나타내는 값을
                        //  저장합니다.
oneChar = 65;           //  'A' 와 같은 표현입니다. 대신 아스키
                        //  코드를 사용했습니다.


float fvalue = 0.23; ❹  //  fvalue 실수형 변수를 만들면서 0.23을
                        //  저장합니다.
fvalue = fvalue + 1.1;  // fvalue 값에 1.1을 더한 뒤 다시 fvalue 값으로
                        //  저장합니다.
```

예제에서 사용된 등호 '=' 기호는 오른쪽의 결과값을 왼쪽에 넣어준다는 의미입니다(수학에서 사용하는 '같다'라는 의미가 아닙니다!). 그래서 변수에 값을 넣는 용도로 사용합니다.

변수를 만드는 것을 '생성' 또는 '선언'한다고 말합니다. 변수의 종류에 따라 생성하는 방법을 위 예제에서 볼 수 있습니다.

❶ int 예제를 보면, ivalue라는 이름의 정수형 변수를 만들고, 그다음 줄에서 만든 변수에 값을 넣었습니다. 가장 기본적인 사용법입니다. 오른쪽 식에서 처리되는 결과값이 변수에 저장되게 됩니다.

❷ boolean 예제를 보면 isClick 변수를 만들면서 바로 true 값을 넣었습니다. 변수를 만들면서 바로 값을 넣는 식으로도 사용할 수 있습니다. 그리고 바로 다음 줄에서 false로 값을 바꿔 봤습니다. 아두이노 내부에서 처리할 때는 true 값을 1로 이해하고 false 값을 0으로 이해하기 때문에 boolean 변수는 0 또는 1 값을 가진다고 보면 됩니다.

❸ char 예제가 조금 특이합니다. char 변수는 두 가지 방법으로 값을 넣을 수 있습니다. 첫 줄처럼 특정 문자나 기호를 홑따옴표로 묶어서 이 문자에 해당하는 코드를 기억하게 할 수 있습니다. 또는 원하는 문자의 코드 값을 숫자로 직접 지정해서 넣을 수도 있습니다. A 문자의 아스키 코드 값(코드 값 전체는 인터넷 검색으로 쉽게 찾을 수 있습니다)이 65이기 때문에 oneChar 변수에 두 번째로 들어간 숫자도 A 문자와 같은 값으로 기억됩니다.

❹ 마지막의 실수형 변수인 float는 정수 사용과 같은 방법으로, 소수점을 다룰 때 쓸 수 있습니다. 숫자를 바로 넣어도 되지만, 위 예제처럼 해당 변수를 불러서 사용할 수도 있습니다. 이 점은 모든 변수에 적용할 수 있는데요. 어떤 변수든 다른 줄에서 부를 때 최종적으로 기억하고 있는 값으로 처리됩니다.

예제 코드를 스케치에 넣어서 아두이노의 변수에 어떤 값이 들어가는지 직접 확인해 보겠습니다.

```
void setup() {
  Serial.begin(9600);

  int ivalue;        // ivalue 정수형 변수를 만들기만 합니다. 값을 지정하지
                     // 않아서 아직은 사용할 수 없습니다.
  ivalue = 738 + 22; // ivalue 변수에 계산의 결과인 760을 저장합니다.
  Serial.println(ivalue);

  boolean isClick = true;    // isClick 변수를 만들면서
                             // 참(true 또는 1로 입력)으로 기록합니다.
  Serial.println(isClick);
  isClick = false;   // isClick 값을 거짓(false 또는 0으로 입력)으로 바꿉니다.
  Serial.println(isClick);

  char oneChar = 'A'; // oneChar 변수에는 A 문자를 나타내는 값을 저장합니다.
  Serial.println(oneChar);
  oneChar = 65;       // 'A'와 같은 표현입니다. 대신 아스키 코드를 사용했습니다.
  Serial.println(oneChar);

  float fvalue = 0.23;// fvalue 실수형 변수를 만들면서 0.23을 저장합니다.
  Serial.println(fvalue);
  fvalue = fvalue + 1.1;
                      // fvalue 값에 1.1을 더한 뒤 다시 fvalue 값으로 저장합니다.
  Serial.println(fvalue);
}

void loop() {
}
```

setup( ), loop( )처럼 아두이노에는 이미 약속된 여러 함수가 있습니다. 앞에서도 사용법이 정해진 함수를 사용해봤는데요. 여기서도 변수를 생성하고 값을 바꿀 때마다 결과값을 시리얼 모니터 창에 보여주는 Serial.println( ) 함수를 이용해서 변수에 담긴 값을 출력했습니다. 아두이노에 예제 코드를 업로드한 다음에, 스케치의 코드를 보고 예상했던 값과 똑같이 출력되는지 확인하세요.

> **TIP** 함수 예제에서 사용했던 Serial.print() 함수를 사용하면 출력된 값 뒤에 줄 바뀜이나 띄어쓰기 없이 바로 다른 값이 붙어 출력됩니다. Serial.println() 함수는 결과값 출력 후 줄을 바꿔주는 기능을 포함하는 함수입니다. 이 함수를 사용하면 자동으로 줄 넘김을 해주기 때문에 결과값을 보기 편해집니다. Serial.println() 함수 코드를 Serial.print() 함수 코드로 교체해서 실행하면 차이를 분명히 확인할 수 있습니다.

04 | 배열

달걀이 30개가 있습니다. 이걸 사용하기 편하게 보관하려면 어떻게 해야 할까요? 달걀한 판을 담는 종이 상자가 떠오르지요? 마찬가지로 같은 종류의 변수 여러 개를 한꺼번에 담을 수 있는 틀을 만들어 사용하면 편리한 경우가 많습니다. 이걸 '배열(array)'이라고 합니다.

배열을 만들 때는 어떤 종류의 변수 몇 개를 만들지 미리 알려줘야 합니다. 데이터 타입과 배열 이름을 적어주고 대괄호 '[ ]' 안에 몇 개의 변수를 쓸 건지 지정하는 방식을 사용해서 배열을 만들 수 있습니다. 그런데 만드는 방법은 꽤 다양합니다.

```
int myArray[6];  ❶
int array1[] = {1, 5, 7, 3, 8};  ❷
int array2[6] = {1, 5, 7, 3, 8};  ❸
char talk[6] = "hello";  ❹
```

❶ 정수 6개를 담는, myArray라는 이름을 가진 배열을 만든다는 의미입니다. 대괄호를 이용해 6이라고 써서 저장 공간을 지정했지요. 하지만 이 배열은 만들어는 졌어도 배열의 각 위치, 즉 '원소'에 정수 값을 넣어주지 않았기 때문에 사용할 준비가 안된 상태입니다.

❷ 1, 5, 3, 7, 9 정수 값을 각각 넣어 둔, 5개의 원소를 담는 배열을 만듭니다. 배열의 크기는 지정하지 않았지만, 아두이노 개발환경이 몇 개로 잡을지 알아서 계산해줍니다. 이 예제처럼 배열의 원소를 미리 지정할 때는 중괄호와 값을 나누는 구분으로 쉼표를 '{ , }'를 사용합니다.

❸ 여기서는 배열의 크기와 값 모두 명시했습니다. 그런데 대괄호에 크기는 6으로 지정하고 값은 5개만 넣어줬지요? 이때는 크기 6의 배열이 만들어집니다.

❹ 특별한 배열입니다. char 변수는 문자 하나를 담는 데 씁니다. 그러니 char를 담는 배열은 문자열을 표현하는데 사용할 수 있습니다. 문자열 자체는 따옴표 두 개로 둘러싸서 표현하지만, 이걸 변수에 넣을 때는 char 배열을 사용합니다. 그런데 hello는 다섯 문자인데 배열의 크기는 6으로 한 이유가 있습니다. 문자열은 반드시 끝을 알려주는 빈 문자를 하나 포함해야 하기 때문입니다. '비어 있음'을 표현하는 문자를 '널(null)' 문자라고 부르는데 이 문자를 마지막에 포함합니다. 문자열의 길이는 들쭉날쭉할 수 있기 때문에 끝을 나타내는 특수한 문자를 마지막에 사용합니다.

배열을 만들었으니 사용도 해봐야겠지요? 배열을 사용하는 방법은 쉽지만, 주의해야 할 사항들이 있습니다.

```
int myArray[6];
int array1[] = {1, 5, 7, 3, 8};
int array2[6] = {1, 5, 7, 3, 8};
char talk[6] = "hello";

int undefined = myArray[0] + 2; ❺
int a = array1[0] + array1[1]; ❻
array2[4] = 9; ❼
talk[2] = 0x00; ❽
```

배열에 저장된 데이터, 각 원소를 사용할 때는 몇 번째 원소인지 표시하는 '숫자(index)' 를 사용합니다. 그런데 컴퓨터의 세계에서는 이 숫자가 0부터 시작합니다. 그래서 첫 번째 원소를 사용하고 싶으면 0을 사용해야 합니다. 따라서 myArray[0]는 첫 번째 원소를 나타냅니다. 크기가 6인 배열의 마지막 원소를 사용하려면 myArray[5]로 써서 사용해야 합니다.

❺ 그런데 위 예제에서 myArray[0]를 바로 사용하려면 문제가 생깁니다. ❶에서 배열을 만들 때 크기는 지정했는데 값을 아직 넣지 않았거든요. 배열을 사용할 때는 반드시 값을 먼저 넣어준 뒤(초기화) 사용해야 합니다. 그렇지 않으면 예상치 못한 이상한 동작을 할 수 있습니다.

아래 두 줄은 ❻ 배열의 각 원소에 담긴 값을 가져와서 사용하는 예제와 ❼ 배열의 원소에 다른 값을 넣는 예제입니다.

❽ 예제의 마지막 줄에 담긴 내용이 꽤나 흥미롭습니다. 앞에서 문자열의 마지막은 '널' 문자로 표현한다고 했습니다. 따라서 문자열을 담은 배열의 중간에 널 문자를 넣으면 컴퓨터는 널 문자 앞까지만 문자열로 사용합니다. talk 배열의 2번, 즉 0부터 세면 세 번

째 원소에 강제로 널 문자를 넣는 내용입니다. 0x00는 널 문자를 16진수인 아스키 코드로 표현한 것이므로 컴퓨터는 0x00이 널 문자라고 인식하게 됩니다. 이렇게 배열 중간에 널 문자를 넣어버리면, 이 배열은 세 번째 원소 앞까지만 쓰이게 됩니다. 기존에 원소 6개가 들어가는 "hello" 문자열을 만들었는데, 널 문자까지만 쓰이기 때문에 이 문자열은 "he" 문자열처럼 취급됩니다.

아두이노에 스케치를 올려서 배열의 값이 변경된 것을 확인해 보겠습니다. 아래 스케치를 업로드하고 시리얼 모니터에서 결과를 확인해보세요.

예제 2-9 *배열 사용 방법(chap2_9_string.ino)*

```
void setup() {
  Serial.begin(9600);

  int myArray[6];
  int array1[] = {1, 5, 7, 3, 8};
  int array2[6] = {1, 5, 7, 3, 8};
  char talk[6] = "hello";

  int undefined = myArray[0] + 2;
  Serial.println(undefined);

  int a = array1[0] + array1[1];
  Serial.println(a);

  Serial.println(array2[4]);
  array2[4] = 9;
  Serial.println(array2[4]);

  Serial.println(talk);
```

```
    talk[2] = 0x00;
    Serial.println(talk);
}


void loop() {
}
```

05 | 조건문

생명체의 내부를 보면 신비로운 면이 많습니다. 유기체 속에서 일어나는 굉장히 복잡한 작업들이 4개의 기본 염기가 조합, 반복되는 DNA로 프로그래밍되니까요. 디지털 세상도 마찬가지입니다. 통신을 하고 멀티미디어를 재생하는 복잡한 프로그램도 그 근원을 쫓아가면 몇 개의 데이터 타입, 그리고 조건문과 반복문으로 이루어져 있습니다.

조건문은 if, else와 소괄호 '( )'를 이용해서 만들 수 있습니다.

예제 2-10 *조건문 사용 방법*

```
if (a < 1) {
  // a가 1보다 작을 때의 수행할 작업 ❶
}
else if (a > 1) {
  // a가 1보다 클 때 수행할 작업 ❷
}
else {
  // 나머지 경우(a가 1일 때) 수행할 작업 ❸
}
```

if 뒤 소괄호 ()로 감싼 영역에 특정한 조건을 넣어주면, 해당 조건에 맞을 때 중괄호 '{ }' 안의 내용을 실행합니다. 조건문의 시작은 반드시 if로 시작해야 합니다.

위 코드에서 첫 번째 조건을 보세요. a가 1보다 작을 때 ❶ 부분에 들어가는 코드를 실행한다는 의미입니다. 만약 a가 1보다 작아서 작업 ❶을 수행했다면 하단에 나머지 else로 시작하는 조건들은 검사하지 않고 넘어갑니다.

두 번째 else if로 시작하는 조건문을 봅시다. 첫 if 조건문에 해당하지 않는 경우, a가 1보다 작지 않다면 바로 아래의 else if에 달린 조건을 검사하게 됩니다. 이 조건문은 a가 1보다 작지 않다면, a가 1보다 큰지 확인을 합니다. 이처럼 else if( )는 또 다른 조건을 추가할 때 사용합니다. 앞에 나온 조건문을 만족하지 않는 경우 '이건 어때?'라고 다시 검사합니다. 마찬가지로 이 조건이 충족되면 작업 ❷를 수행되고 하단의 else 조건문은 무시되지만, 조건이 안 맞을 경우 다음의 else 조건문으로 갑니다.

세 번째로 나오는 조건문 else는 상황이 if나 else if의 조건에 둘 다 해당되지 않을 때, 이도 저도 아닐 때 검사를 진행합니다. if 혹은 else if로 검사했는데도 해당 사항이 없는 나머지 경우에 작업 ❸을 실행하라는 의미입니다. if나 else if 조건이 이미 맞았다면, 하단으로 연결된 이 조건문은 무시되겠지요.

만약 위 예제에서 a가 1보다 작을 때뿐 아니라 a가 1보다 클 때도 작업 ❶을 실행하고 싶다면 어떻게 할까요? if 조건문을 두 번 사용하지 않고도 할 수 있는 방법이 있습니다.

```
if (a < 1 || a > 1) {
  // 작업 ❶
  }
```

|| 기호를 이용해서 두 개의 조건 중 하나만 만족하면 실행하도록 코드를 수정했습니다. 이때 사용된 || 기호를 'or 논리 연산자'라고 합니다. 양 조건 중 하나가 맞을 경우 '맞다', 즉 참(true)이라는 결과를 줍니다. 위 예제처럼 사용하면 a가 1이 아닌 모든 경우에 작업 ❶을 실행하겠지요.

반대로 두 조건을 모두 만족시켜야만 작업 ❶을 수행하게 하려면 && 논리 연산자를 사용하면 됩니다. && 기호는 양 조건이 다 맞을 때 참이라는 결과를 주는 'and 논리 연산자'입니다.

```
if (a < 1 && a > 1) {
  // 작업 ❶
}
```

a가 1보다 작으면서 동시에 1보다 커야 작업 ❶이 수행됩니다. 즉, 작업 ❶이 실행될 수 없는 바보 코드지요.

이렇게 코드를 짤 때 긴 코드를 간략하게 짜기 위해서 사용하는 기호를 '연산자'라고 합니다. 이 기호를 씀으로 이러이러한 작업을 하겠다고 하는 일종의 약속이지요. 연산자에는 여러 종류가 있습니다. 바로 위의 예제에서도 논리 연산자 외의 연산자가 또 있습니다. <, >가 그것입니다. 설명하지 않아도 어떤 뜻인지는 알겠지요? 이 연산자는 비교 연산자라고 부르는데, 자주 쓰이는 비교 연산자를 살펴보면서 어떤 개념인지 좀 더 자세히 설명하도록 하겠습니다.

그러면 값 두 개를 비교해봅시다. 앞에서 '='가 수학에서 쓰이는 '='과 의미가 다르다고 언급한 바 있습니다. 그만큼 많이 헷갈리는 연산자인데, 수학 공식에 쓰일 때와 마찬가지로 '같다'라는 의미로 착각해서 프로그래밍하는 경우도 종종 발생합니다. 하지만 같은 값인지 비교하는 연산자는 프로그래밍에는 따로 있습니다. 바로 == 비교 연산자입니다. = 기호는 오른쪽의 값을 왼쪽의 변수에 넣을 때 사용합니다.

```
if (a == b)  // a 와 b 가 같다면,
{
  c = 3;           // c 에 3 값을 넣는다.
}
```

이상의 예제에서 보시다시피 if, else if, else 조건문을 비교 연산자 기호와 결합하면 상상 가능한 대부분의 경우의 수를 처리할 수 있습니다. 조건문은 고등 수학의 처음에 항상 나오는 집합과 비슷한 정도로 중요한 기본 개념이니 앞으로도 마르고 닳도록 보시게 될 겁니다.

연산자가 중간에 있으면, 오른쪽의 내용을 처리하여 왼쪽에 넣는다고 해석하면 됩니다. 자주 쓰는 연산자가 어떻게 생겼는지 확인을 한 번 하고 넘어가도록 하겠습니다.

표 2-1 *자주 쓰는 연산자와 그 의미*

종류	연산자	사용	의미
대입 연산자	=	a = b	a의 자리에 b라는 값을 넣는다.
복합 대입 연산자	+=	a += b	a의 기존 값에 b라는 값을 더해서 넣는다.
	−=	a −= b	a의 기존 값에 b라는 값을 빼서 넣는다.
증감 연산자	++	a++	a의 값에 1을 더한다.
	−−	a−−	a의 값에 1을 뺀다.
관계 연산자	==	a == b	a와 b는 값은 같다.
	!=	a != b	a와 b의 값은 다르다.
	>=	a >= b	a의 값은 b의 값과 같거나 크다.
	<=	a <= b	a의 값은 b의 값과 같거나 작다.
논리 연산자	&& (and)	a && b	a와 b가 동시에 만족한다.
	|| (or)	a || b	a와 b 중 하나가 만족한다.

06 | 반복문

조건을 확인할 때 조건문을 썼다면, 같은 작업을 반복하게 할 때는 반복문을 씁니다. 반복문은 주로 두 가지 방법으로 구현합니다. for 반복문과 while 반복문입니다.

for 반복문은 다음의 형식으로 사용합니다.

```
for (초기화; 조건; 증감 방식) {
  // 작업 ❶
}
```

for 반복문을 사용할 때에도 조건문처럼 소괄호를 이용해 조건을 표현하고, 중괄호 안에 실행할 작업 내용을 넣어줍니다. 다만 소괄호 안에 들어가는 내용이 세미콜론(;)를 사이에 두고 세 영역으로 구분되어 있습니다. 예제를 먼저 보지요. 0부터 10까지 값을 더하는 예제입니다.

예제 2-11 *0부터 10까지 더하는 예제*

```
void setup() {
  int count = 0;
  for (int i=0; i <= 10; i++) {
    count = count + i;
  }
}


void loop() {
}
```

setup( ) 함수 안에서 데이터 타입이 정수인 count라는 이름의 변수를 만들고 0을 넣었습니다. 그리고 for 반복문을 이용해 i라는 정수가 0부터 10이 될 때까지 11번 반복 실행되게 만들었습니다. for 소괄호 안의 조건의 자세히 살펴보겠습니다.

```
for (int i=0; i <= 10; i++) {
  ......
}
```

소괄호 안을 보면 세미콜론 기준으로, 가장 먼저 int i = 0가 나옵니다. 변수를 만드는 문장처럼 보이지요? 맞습니다. for 반복문 안에서 사용할 목적으로 변수를 하나 만든 겁니다. i 변수는 for 반복문이 실행되는 동안만 유효하고 for 반복문이 끝나면 사라집니다.

두 번째 i <= 10은 조건입니다. 반복할 횟수를 결정하는 조건인데, i 값이 10보다 작거나 같은 경우에는 계속 반복하라는 의미를 담고 있습니다.

세 번째 i++는 중괄호 안에 있는 작업을 한 번 수행하고 나서 조건에 변화를 주는 구문입니다. i++이라는 표현은 증감 연산자 ++로 쉽게 표현했지만, i = i+1과 같은 표현입니다. i 값을 매번 1 더하라는 의미입니다.

for 반복문은 아래 순서로 반복됩니다.

1 변수 i를 만들고 0을 넣습니다.

2 조건 i <= 10을 검사합니다.

3 조건에 부합되는 경우

    a. count 변수에 i 값을 더해서 저장합니다.

    b. 작업이 끝나면 i++(값 1 증가)를 실행합니다.

    c. 2단계로 되돌아가 조건을 다시 검사합니다.

4 조건에 부합되지 않는 경우 반복문을 종료합니다.

이렇게 for 반복문을 돌리면 i 값이 0일 때부터 10일 때까지 실행되고, count 값은 0부터 10까지 계속 더해집니다. 최종적으로 count 변수에는 0부터 10까지 더해진 55가 있을 들어 있을 겁니다.

while 반복문은 for 반복문보다 구조가 좀 더 간단합니다.

```
while (조건) {
 // 작업 ❶
}
```

초기화 작업, 변수 증감 방식이 없고 오직 조건만 검사합니다. 따라서 프로그래밍을 하는 사람은 while 반복문이 영원히 반복되지 않도록 조건의 변화를 잘 구성해야 합니다. 앞선 예제와 똑같은 예제를 while 반복문으로 구현해 보겠습니다.

예제 2-12 *0부터 10까지 더하는 예제(while 반복문 사용)*

```
void setup() {
  int count = 0;
  int i = 0;
  while (i <= 10) {
    count = count + i;
    i++;
  }
}


void loop() {
}
```

for 예제와 유사한데 변수 i와 증감 조건이 다른 곳에 배치되었습니다. 변수 i를 만드는 과정이 앞으로 빠졌고, while 반복문이 실행되면서 i가 증가하는 내용은 실행 작업 속에 넣었습니다. 이 while 반복문의 실행 순서는 앞서 만든 for 반복문의 실행 순서와 일치합니다.

반복문은 배열과 궁합이 좋습니다. 예제로 10개의 원소를 가진 정수형 배열에 2부터 20까지의 짝수를 넣고 그 합을 출력해 보겠습니다. 배열에 값을 넣는 작업과 합을 구하는 작업 모두 반복문으로 처리합니다.

예제 2-13 *반복문 활용 방법*

```
void setup() {
  Serial.begin(9600);

  // ❶ 배열 초기화
  int evennumber[10];
  for(int i=0; i < 10; i++) {
    evennumber[i] = (i+1)*2;
  }

  // ❷ 합 구하기
  int count = 0;
  for(int i=0; i < 10; i++) {
    count = count + evennumber[i];
  }

  // 결과 출력
  Serial.println(count);
}

void loop() {
}
```

두 번의 반복문이 사용되었습니다.

❶ 첫 번째 for 반복문은 배열에 2, 4, … 20까지의 짝수를 넣기 위한 반복문입니다.

짝수 10개를 담아두기 위한 배열로 원소가 10개인 evennumber[ ]를 만듭니다. 이어지는 for 반복문에서 짝수를 하나씩 원소에 넣는데, 배열의 원소 숫자인 인덱스는 0~9까지이고 배열에 할당되는 값은 2~20까지이므로 간단한 공식을 통해 i 값을 변형해서 짝수를 만들어 사용합니다.

❷ 배열에 담긴 짝수의 합을 구하는 과정은 보다 간단합니다.

배열에 담긴 값을 count 변수에 계속 더해주면 됩니다. 그리고 count를 출력하면 원하는 결과를 얻을 수 있겠지요. 예제 스케치를 실행해서 출력되는 값을 확인해보세요.

07 | 전역 변수와 지역 변수

대부분의 사람은 생활하면서 보고 듣는 모든 것을 기억하지는 않습니다. 친구의 바뀐 전화번호는 잠시 기억하긴 하지만 금방 잊어 버리지요. 매일 반복되는 중요한 정보만 오래도록 기억에 남겨두지 않으면 감당할 수 없는 기억의 양에 삶이 너무 피곤해질지도 모릅니다.

아두이노 같은 컴퓨터도 마찬가지입니다. 모든 시시콜콜한 자료를 영원히 기억하기에는 머릿속 공간(메모리)이 부족할 뿐 아니라 모든 걸 다 기억하는 것은 비효율적입니다. 정말 중요한 데이터만 잊지 않으면 됩니다. 이번에 설명할 내용이 바로 언제 어떤 변수를 기억하는지에 대한 것입니다.

for 반복문을 설명하면서 든 예제를 다시 한 번 보겠습니다.

```
void setup() {
  int count = 0;
  for (int i=0; i <= 10; i++) {
    count = count + i;
  }
}


void loop() {
}
```

0부터 10까지 숫자를 더하고 결과를 저장하는 작업을 위해 2개의 변수가 사용되었지요? count는 더한 값을 저장하기 위한 변수이고, i는 반복문을 일정 횟수만큼 돌리기 위해 사용된 변수입니다. 앞서 설명하진 않았지만, 변수가 만들어진 위치가 기억되는(유지되는) 시간을 결정합니다.

변수 i는 for 반복문의 조건을 표시하는 소괄호 안에서 만들었습니다. 따라서 변수 i는 for 반복문이 실행되는 동안만 유지됩니다. 그래서 for 반복문의 조건을 만족하는 동안 i 변수의 값은 없어지지 않고 계속 1씩 증가하며, i 값이 10보다 커서 반복문이 종료될 때 변수 i도 사라집니다.

반면에 1씩 증가하는 i 값을 더하는 변수 count는 for 반복문이 종료되더라도 사라지지 않도록 만들어야겠지요? 그래서 count 변수는 for 반복문을 실행하기 전에 미리 만들어 둔 겁니다. 하지만 count라는 변수도 setup( ) 함수의 중괄호 안에서 만들어졌습니다. 그래서 setup( ) 함수가 끝나면 count 변수도 사라져 버립니다.

이렇게 실행 범위(블록)를 표현하는 소괄호나 중괄호 안에서 만들어진 변수는 그 범위 내부의 코드가 모두 수행되고 나면 지워집니다. 이걸 '지역 변수(local variable)'라고 합니다.

그렇다면 setup( ) 함수가 끝나고 실행되는 loop( ) 함수에서 count 값을 쓰고 싶다면 어떻게 해야 할까요? 이럴 땐 count 변수를 setup( ) 함수의 바깥쪽에서 만들어주면 됩니다. 함수 밖에서 변수를 만들면, 만든 변수가 특정 함수에 속하지 않게 되고, 결과적으로 스케치 파일 전체에서 사용 가능한 변수가 됩니다.

예제 2-14 **전역 변수 선언 예제**

```
int count = 0;

void setup() {
  for (int i=0; i <= 10; i++) {
    count = count + i;
  }
}


void loop() {
  count = 0;
}
```

이렇게 선언된 count 변수를 '전역 변수(global variable)'라고 부릅니다. 전역 변수는 소괄호, 중괄호 안에서 만들어진 것이 아니기 때문에 스케치 파일 전체에서 사용할 수 있고 프로그램이 실행되는 동안 사라지지도 않습니다.

하지만 전역 변수는 계속해서 컴퓨터 메모리의 일부를 차지하게 됩니다. 기억해야 할 게 많으면 삶이 피곤해지듯 전역변수도 너무 많이 선언하면 보는 사람도 불편하고 아두이노의 피로(메모리 사용량)도 증가합니다. 그러니 필요한 만큼만 절제해서 사용해야 합니다.

> **TIP** 일반적으로는 전역 변수도 파일 내부라는 제한이 있긴 하지만, 입문 과정에서 당장 필요한 개념은 아닙니다. 당장은 스케치 파일에서 만든 전역 변수는 영원불멸이라 생각하셔도 좋습니다.

08 | 클래스와 라이브러리

요즘은 다양한 커피를 즉석에서 만들어주는 기계가 음식점에 비치되어 있기도 합니다. '라이브러리(library)'는 커피 기계와 유사합니다. 커피 기계처럼 미리 필요한 재료를 채워두고(초기화) 에스프레소 샷이나 우유 등 내가 원하는 요소를 선택하면(함수 호출) 필요한 작업들을 처리해서 선택한 커피(결과)를 내주니까요. 어지간한 정성이 아니면 원두를 볶고 갈고 물을 끓여 내려서 직접 커피를 내리긴 힘들지요. 그래서 라이브러리가 필요한 겁니다. 누군가가 특정 작업을 쉽게 할 수 있도록 만들어 둔 코드를 공유하는 방법이 바로 라이브러리입니다.

아두이노 세계에서 라이브러리는 보통 '클래스(class)'라는 구조를 사용해서 만듭니다. 사실 클래스라는 개념을 이해하고 직접 만들어 사용하려면 프로그래밍에 대한 이해가 꽤나 필요하기 때문에 여기서 자세히 다루기엔 버겁습니다. 하지만 전 세계의 선한 개발자들이 우리가 만들기에는 버거운 기능들을 클래스 구조로 만들어 공유해주고 있기 때문에 사용법만 익히면 쉽게 어려운 기능들을 써 볼 수 있습니다.

인터넷에서 공유되고 있는 라이브러리 압축 파일을 받아 풀어보면 XXX라는 폴더가 들어 있습니다. 그리고 폴더 안에 XXX.cpp 그리고 XXX.h 파일이 함께 들어있는데 이 두 파일이 클래스 구조와 내용을 저장하고 있는 파일입니다. 이 두 파일의 이름은 반드시 자신을 포함한 폴더의 이름과 같아야 합니다. 왜냐하면 이 이름이 라이브러리의 이름이거든요. 즉, 파일들을 모두 포함한 폴더가 실제 라이브러리라 할 수 있고 그 안에 클래스 파일들(.cpp, .h)이 들어있는 것입니다.

.h(헤더, header) 파일은 클래스가 어떤 함수들을 제공하고 어떤 주요 변수를 사용하는 지 알려줍니다. 하지만 책의 목차처럼 구조에 대한 내용만 알려주지 상세 내용은 담지 않습니다. 각 함수가 수행하는 동작은 .cpp 파일에 기록됩니다.

라이브러리를 사용하는 예를 보도록 하겠습니다. 널리 쓰이는 DHT11 온습도 센서를 사용하기 위해 dht11 라이브러리를 이용하는 예제입니다.

예제 2-15 *dht11 라이브러리 사용 예제*

```
#include <dht11.h>
dht11 DHT11; ❶


void setup() {
}


void loop() {
  int result = DHT11.read(3); ❷
  float temp = DHT11.temperature; ❸
  float humi = DHT11.humidity;
}
```

라이브러리를 사용하기 위해서는 먼저 라이브러리를 사용하겠다고 아두이노 개발환경에 알려줘야 합니다. 보통 스케치 파일 최상단에 헤더 파일을 불러오는 코드를 넣습니다.

```
#include <dht11.h>
```

그리고 라이브러리를 스케치에서 사용할 수 있도록 라이브러리를 대표하는 변수를 하나 만듭니다.

❶ dht11은 라이브러리 자체의 이름이고 우리가 실제 사용할 땐 DHT11이라는 변수를 이용합니다. 그럼 이제부터 DHT11을 이용해 라이브러리의 각종 기능을 사용할 수 있습니다. 실제로는 dht11 클래스(dht11.h, dht11.cpp 파일)에 정의된 함수와 변수를 사용하는 것입니다.

예제에서 loop( ) 함수의 첫 라인이 dht11 라이브러리가 센서에서 온도, 습도 값을 읽어오도록 함수를 호출하는 코드입니다. 라이브러리의 함수를 호출하기 위해 DHT11 변수 뒤에 점(.)을 찍고 함수 이름을 사용했다는 점에 주의하세요.

❷ read( ) 함수를 호출할 때 온습도 센서가 아두이노의 몇 번 핀에 연결되어 있는지 알려주기 위해 연결된 핀 번호를 함께 넣어줬습니다. 이런 함수 사용법은 라이브러리의 헤더 파일(dht11.h)을 보시면 알 수 있습니다.

read( ) 함수를 호출하면 라이브러리는 3번 핀을 통해 온습도 센서의 값을 읽은 뒤, 잘 처리되었는지 결과를 숫자로 알려줍니다. 측정한 온도, 습도 값은 라이브러리의 temperature, humidity 변수에 저장되어 있으므로 라이브러리에서 값을 가져와야 합니다.

❸ 라이브러리 함수 호출이 아니라 변수의 값을 가져올 때는 여기에 쓰인 방식으로 사용하면 됩니다. 라이브러리.변수 형태로 말이지요.

이 예제는 단순히 라이브러리의 사용법을 설명하기 위한 것이므로 온습도 센서 사용법을 기억하실 필요는 없습니다. 그보다는 라이브러리가 제공하는 함수 호출, 변수의 값을 가져오는 문법만 눈여겨 보시면 됩니다.

09 | 문자열

문자열은 다루기가 꽤 까다로운 데이터입니다. 왜냐하면 문자열의 길이는 상황에 따라 들쭉날쭉할 뿐 아니라 프로그래밍을 하는 사람들은 문자열을 붙였다 잘랐다 복잡한 작업을 해야 하기 때문입니다. 그래서 문자열을 쉽게 다룰 수 있는 도구가 있다면 프로그래머는 큰 짐을 덜 수 있습니다.

이런 작업에 필요한 도구를 모아둔 것이 아두이노의 String 클래스입니다. String은 문자열뿐 아니라 문자열을 처리하기 위한 함수까지 한꺼번에 제공하는 공구함입니다. 이걸 사용하기 위해서는 (라이브러리 사용할 때처럼) String 클래스 형태의 변수로 만들어서 사용하면 됩니다.

> **TIP** String 클래스는 아두이노가 항상 사용할 준비를 해두는 클래스입니다. 그래서 앞선 DHT11 온습도 센서 라이브러리 예제처럼 헤더 파일을 불러오는 #include ⟨String.h⟩ 작업을 해 줄 필요가 없습니다.

아마도 설명보다 실제 사용 예를 보는 것이 더 이해가 빠를 겁니다.

```
String string1 = "Hello world";        // 문자열을 담는 String 형 변수
String string2 = String('a');          // 문자 하나를 문자열로 변환
String string3 =  String("This is a string");
                                       // 문자열을 지정하는 또 다른 방법
String string4 =  String(string3 + " add more");
                                       // 두 문자열을 붙여서 저장
String string5 =  String(13);          // 정수를 문자열로 변환
String string6 =  String(5.698, 3);    // 실수를 소수점 이하 3자리까지 변환
```

위 코드처럼 문자열뿐 아니라 숫자를 이용해서 String형 변수를 만들 수 있습니다. 하지만 String형 변수의 강점은 문자열을 조작하는 관련 함수를 제공하는 데 있습니다.

```
String string1 = "Hello";
string1 += " World ";            // ❶ 문자열을 이어 붙임
string1 += 123;                  // ❷ 문자열에 " 123 " 문자열을 붙임
string1 += ' A ';                // ❸ 문자열에 문자 하나를 붙임
string1.toUpperCase();           // ❹ 문자열을 전체를 대문자로 바꿈
string1.toLowerCase();           // ❺ 문자열을 전체를 소문자로 바꿈
int firstPosition = string1.indexOf('l');
                                 // ❻ 특정 문자가 처음 등장하는 위치를 찾음
int lastPosition = string1.lastIndexOf('l');
                                 // ❼ 특정 문자가 마지막 등장하는 위치를 찾음
int aPosition = string1.indexOf('A');
string1.setCharAt(aPosition, '4');   // ❽ 특정 위치의 문자를 바꿈
string1.replace("world", "arduino");  // ❾ 문자열을 찾아서 교체
string1.replace(' l ', ' L ');   // ❿ 특정 문자를 찾아서 모두 교체
int length = string1.length();   // ⓫ 문자열의 현재 길이를 알려줌
```

String형 변수인 string1을 만들어 String 클래스가 제공하는 다양한 함수를 사용해본 예제입니다. String 클래스가 제공하는 함수를 사용할 때는 string1.xxx( ) 형태로 사용하면 됩니다. 이때 사용된 함수에 따라 string1 변수에 담긴 문자열을 변화시켜 주기도 하고 문자열의 상태나 검색 결과를 알려주기도 합니다.

다소 복잡해 보이는 다음의 예제 스케치를 실행해보면 어떻게 문자열이 변화하는지 직접 확인할 수 있습니다.

```
void setup() {
  Serial.begin(9600);

  String string1 = "Hello";
  Serial.println(string1);
  string1 += "World";        // ❶ 문자열을 이어 붙임
  Serial.println(string1);
  string1 += 123;            // ❷ 문자열에 "123" 문자열을 붙임
  Serial.println(string1);
  string1 += 'A';            // ❸ 문자열에 문자 하나를 붙임
  Serial.println(string1);
  string1.toUpperCase();     // ❹ 문자열을 전체를 대문자로 바꿈
  Serial.println(string1);
  string1.toLowerCase();     // ❺ 문자열을 전체를 소문자로 바꿈
  Serial.println(string1);
  Serial.println("");

  int firstPosition = string1.indexOf('l');
                             // ❻ 'l' 문자가 처음 등장하는 위치
  Serial.print("first position = ");
  Serial.println(firstPosition);
  int lastPosition = string1.lastIndexOf('l');
                             // ❼ 'l' 문자가 마지막 등장하는 위치
  Serial.print("last position = ");
  Serial.println(lastPosition);
  Serial.println("");

  int aPosition = string1.indexOf('A');
```

```
    string1.setCharAt(aPosition, '4');   // ❽ 특정 위치의 문자를 바꿈
    Serial.println(string1);
    string1.replace("world", "arduino");// ❾ 문자열을 찾아서 교체
    Serial.println(string1);
    string1.replace('l', 'L');           // ❿ 특정 문자를 찾아서 모두 교체
    Serial.println(string1);
    int length = string1.length();       // ⓫ 문자열의 현재 길이를 알려줌
    Serial.print("length = ");
    Serial.println(length);
    Serial.println("");
}


void loop() {
}
```

시리얼 모니터를 실행해서 예제 스케치의 실행 결과와 String 클래스 함수의 기능을 비교해보세요. 문자열을 다루는 작업은 반드시 짚고 넘어가야 할 내용입니다.

프로그래밍이 처음이라면 앞서 다룬 내용이 금방 머릿속에 들어오지는 않을 것입니다. 그게 정상입니다. 프로그래밍은 일종의 새로운 언어입니다. 아이가 태어나서 말을 배우기까지 시간이 걸리듯, 프로그래밍도 익숙해지기까지 시간이 필요합니다. 아두이노는 필요로 하는 프로그래밍 기술 요구사항이 낮은 편이기 때문에 익숙해지는데 걸리는 시간이 그리 길지 않을 것입니다. 자주 소스코드를 보고, 기억나지 않거나 궁금한 부분은 다시 찾아봐서 눈에 익도록 하는 것이 중요합니다.

바로 실습으로 넘어가기 전에, 다음 장에서 아두이노에 물리적인 회로를 구성할 때 필요한 사전 지식, 아두이노를 다루는 데 필요한 부가 정보를 한번 살펴보고 시작하겠습니다.

프로젝트
준비

아두이노 세계에는 상식처럼 통용되는 정보와 도구가 있습니다. 아두이노를 사용하다 보면 자주 접하게 되지만, 누군가 꼬집어 알려주지는 않는 사전 지식이 이번 장에 들어 있습니다.

아두이노를 사용하기 전에 더 알아둬야 할 부분이 뭐가 있을까요?

빨리 실습을 시작하고 싶겠지만 조금만 참고 이 장의 내용을 빠르게 훑어보세요. 읽어두면 아두이노를 이해하고 실습을 진행하는데 도움이 될 것입니다.

01 | 아두이노 전원 핀

아두이노도 전자 장치이다 보니 구동시키기 위해서는 전원을 넣어줘야 합니다. 보통은 USB 케이블을 이용해서 PC에 연결하는 것만으로 아두이노에 전원이 공급됩니다. 하지만 아두이노에 센서들이 많이 붙은 경우 USB 전원만으로 부족한 경우가 있습니다. 이 경우는 9V 어댑터를 이용해서 전원 공급을 보충할 수 있는데, 어댑터용 소켓에 연결해서 사용하면 됩니다.

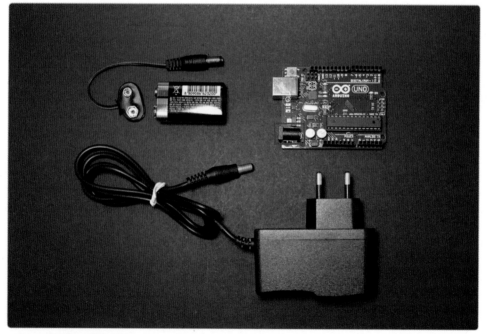

그림 3-1 *아두이노 어댑터 소켓*

PC에서 모든 개발을 마치고 동작에 문제가 없다면, 아두이노를 PC에서 분리해서 사용해야 하는데요. 이럴 땐 9V 어댑터를 사용해도 되고 9V 사각 배터리를 사용해도 됩니다. 9V 사각 배터리는 어댑터와는 달리 장소에 얽매이지 않는 장점이 있지만 공급할 수 있는 전력이 제한됩니다. 아두이노에 달린 장치가 많다면 전력 소모량을 감당할 수 없을 수도 있습니다.

9V 사각 배터리는 어댑터용 소켓에 연결할 수도 있고, (+), (−) 극 전선을 각각 Vin, GND 핀에 연결해서 전원을 공급할 수도 있습니다. 아두이노의 Vin 핀이 외부에서 공급되는 전원의 (+) 극과 연결되도록 만들어 둔 핀입니다.

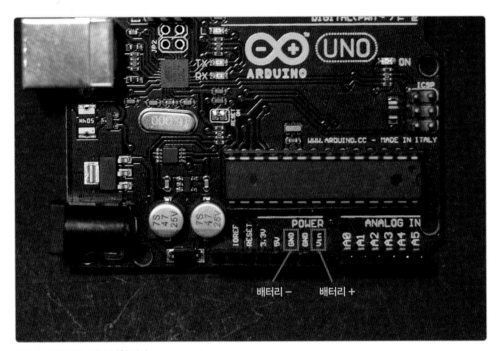

그림 3-2 *아두이노 외부 전원 입력*

아두이노에 연결되는 다양한 센서나 장치들도 동작하기 위해선 전원이 필요합니다. 이 경우 아두이노가 전기를 공급할 수 있도록 다양한 핀들이 준비되어 있습니다. 아두이노를 보시면 이 핀들이 POWER라고 쓰인 곳에 한데 모여 있음을 알 수 있습니다.

5V 핀은 이름처럼 아두이노에 연결되는 센서에 5V 전기를 공급할 때 쓰는 핀으로 배터리의 (+) 극 역할을 합니다. 3.3V 를 공급하는 3V3 핀도 전압이 다를 뿐 같은 역할을 합니다. 전기를 공급하기 위해서는 (−) 극도 필요하겠지요? (−) 극은 GND(Ground, 접지) 핀을 이용하면 됩니다. 전원과 관련된 핀들은 다양한 이름으로 표기되는데 아래처럼 이해하면 됩니다.

- 배터리 (+) 극 역할 : 5V, 3V3, VCC, Vin
- 배터리 (−) 극 역할 : GND

아두이노에 연결할 센서나 장치에도 위와 유사하게 VCC, +, 5V, 3V 등의 핀을 가지고 있습니다. 이 핀들을 아두이노의 (+) 극 역할을 하는 핀들에 연결하면 됩니다. 반대로 GND, − 핀은 아두이노의 GND 핀에 연결하면 됩니다.

02 | 브레드보드 사용법

여러 개의 LED와 저항을 아두이노에 연결하기 위해 매번 전선을 납땜해야 한다면 테스트해볼 의욕이 싹 사라질 겁니다. 그래서 공부를 할 때나 테스트를 할 때는 훨씬 쉽고 간단하게 연결을 도와줄 수 있는 브레드보드(breadboard, '빵판'이라고도 부름)라는 것과 전용 케이블(dupont cable, jumper cable)을 이용합니다.

브레드보드는 수백 개의 구멍이 송송 나 있는 부품입니다. 이 구멍에 LED, 저항 같은 회로 부품을 직접 꽂기도 하고 브레드보드 전용 케이블을 이용해 서로 연결하면서 회로를 완성할 수 있습니다. 오른쪽 이미지는 일반적으로 많이 사용되는 400핀 소형 브레드보드입니다.

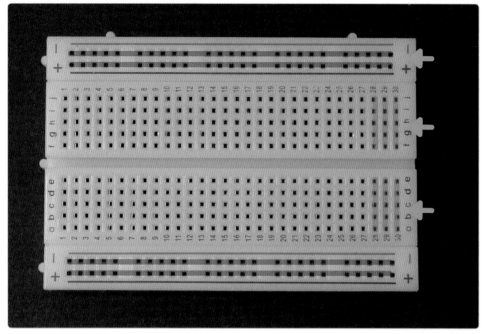

그림 3-3 *400핀 브레드보드*

브레드보드 양쪽 가장자리로 빨간색(+)/파란색(−) 선이 길게 표시되어 있지요? 빨간색(+) 그리고 파란색(−) 줄의 구멍은 브레드보드 내부적으로 모두 연결이 되어 있습니다. 따라서 이 선의 구멍 중 한 곳을 아두이노의 5V 핀과 연결하면 나머지 구멍 모두도 5V(+) 핀이 됩니다. 반대로 한 곳을 아두이노의 GND 핀과 연결하면 나머지도 모두 GND 핀이 되겠지요. 빨간색, 파란색은 (+)와 (−)를 구분하기 쉽게 하기 위해서 미리 표시해둔 것입니다. 일반적으로 빨간색 줄에 (+)를 연결하고 파란색 중에 (−)를 연결해서 사용 전 준비를 해두면, 다양한 장치로 전원을 공급해서 사용하기 편리합니다.

양쪽 가장자리로 난 두 줄의 전원 공급용 영역을 제외하면, 가운데 척추처럼 이어진 홈을 기준으로 양쪽에 다섯 개씩 구멍이 나 있습니다(사진에서 초록색 줄). 여기서 중앙을 기준으로 양쪽으로 뻗은 다섯 개의 구멍은 내부적으로 서로 연결되어 있습니다. 따라서 이 홈 중 하나에 아두이노 5V 핀을 연결하면 나머지 네 개 홈도 5V 핀이 되는 겁니다. 전원이 아닌 아두이노의 다른 핀을 연결해도 그 핀이 확장된 것 같은 효과가 납니다.

예시로 좀 더 살펴볼까요? 아래 이미지에서 제대로 연결되지 않은 LED는 어떤 것일까요?

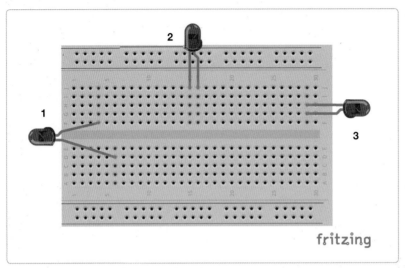

그림 3-4 *브레드보드 퀴즈*

네, 3번 LED가 잘못 연결되어 있습니다. 상식적으로 생각할 때 LED의 두 다리는 전원의 (+), (−)에 각각 연결되어야 제대로 동작하겠지요? 그런데 3번 LED는 두 다리가 따로 떨어지지 않고 서로 연결되어 버렸습니다. 이렇게 LED를 연결해서는 전혀 사용할 수 없겠지요.

03 | 아두이노 기본 함수와 동작 순서

아두이노 개발환경을 실행하면 다음처럼 가장 필수적인 내용만 포함한 스케치가 화면에 표시됩니다.

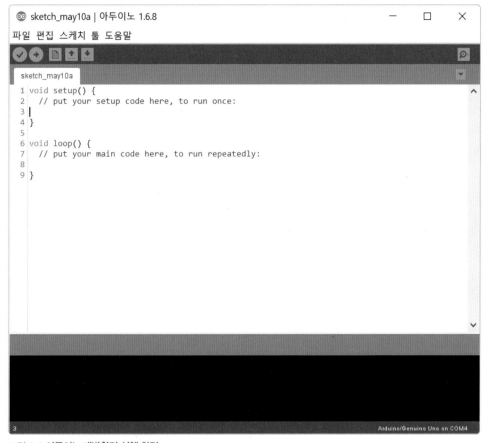

그림 3-5 *아두이노 개발환경 실행 화면*

여기에는 두 개의 함수 setup()과 loop()가 있습니다. 2장에서 잠시 언급했듯이 이 두 함수는 아두이노의 동작을 위해 미리 약속된 함수입니다.

아두이노에 전원이 들어가면 아두이노는 굉장히 짧은 부팅 과정을 거치고 가장 먼저 setup() 함수를 호출합니다. 아두이노가 스케치를 실행할 때 setup() 함수부터 시작하라고 약속이 된 거지요. 그리고 아두이노가 setup() 함수의 내용을 모두 실행하면 이젠 loop() 함수로 넘어갑니다. '무한 반복'의 의미를 담은 이름처럼 loop() 함수는 아두이노가 종료되거나 리셋될 때까지 반복해서 실행됩니다.

아두이노의 setup() 함수는 처음 한 번만 실행되기 때문에 초기화하는 작업을 담당하기에 적합합니다. 어떤 기능을 사용하기 전에 미리 준비 작업을 하는 데 사용합니다. 반면에 loop() 함수는 아두이노가 켜져 있는 대부분의 시간을 담당하므로 반복해서 수행해야 할 핵심 작업을 포함하게 됩니다.

아두이노에서 스케치를 작성할 때는 setup() 함수와 loop() 함수의 기능에 맞게 코드를 작성해서 배치하는 것이 보기에도 좋고 논리적으로도 맞습니다.

04 | 라이브러리

라이브러리에 관련된 내용도 2장에서 언급했습니다. 여기서는 문법보다는 실제 라이브러리 파일을 받아서 사용하는 방법에 대해 다루려고 합니다.

아두이노 개발환경은 설치할 때 이미 기본이 되는 라이브러리를 모두 가지고 있습니다. [스케치-라이브러리 포함하기] 메뉴를 누르면 아두이노가 가진 라이브러리들을 보실 수 있습니다. 사용할 때도 [스케치-라이브러리 포함하기-원하는 라이브러리 선택] 순서로 누르면 자동으로 라이브러리 사용을 위한 준비를 해줍니다.

아두이노가 가진 (하드디스크와 비슷한) 저장공간인 EEPROM을 사용할 수 있도록 도와주는 라이브러리를 불러와 보겠습니다. EEPROM 라이브러리는 아두이노가 기본으로 내장한 라이브러리라서 별도로 설치할 필요가 없습니다.

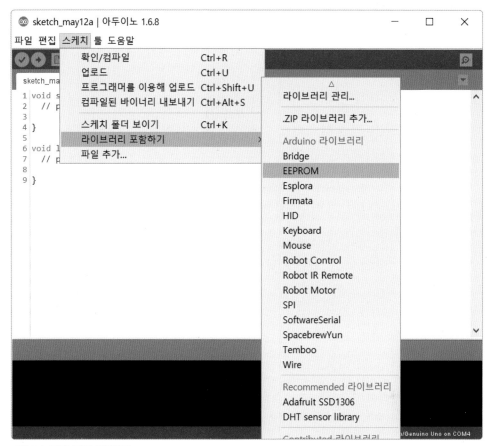

그림 3-6 *라이브러리 포함하기*

[스케치–라이브러리 포함하기–EEPROM]을 차례대로 선택합니다. 그러면 텍스트 에디터 영역 젤 위쪽에 아래와 같은 라인이 자동으로 추가됩니다.

```
#include <EEPROM.h>
```

이제 소스 상에서 EEPROM 라이브러리를 쓸 준비가 된 겁니다. [스케치–라이브러리 포함하기] 메뉴를 찾아 가는 것이 번거롭게 느껴진다면, 위 라인을 직접 적어도 됩니다.

TIP 아두이노 개발환경에 따라 [라이브러리 포함하기] 메뉴 대신 [Include Library]로 표시되기도
합니다.

프로젝트를 하다 보면 유용한 라이브러리를 많이 발견하게 됩니다. 보통 압축 파일(ZIP
파일) 형태로 배포하는데 이걸 아두이노 개발환경에 설치하는 방법을 보겠습니다. 크게
두 가지 방법이 있습니다.

[스케치-라이브러리 가져오기] 메뉴로 설치

아래 그림과 같이 [스케치-라이브러리 가져오기-라이브러리 추가...] 메뉴를 선택합니
다. 그리고 다운로드 받은 라이브러리 ZIP 파일의 위치를 지정해주면 됩니다.

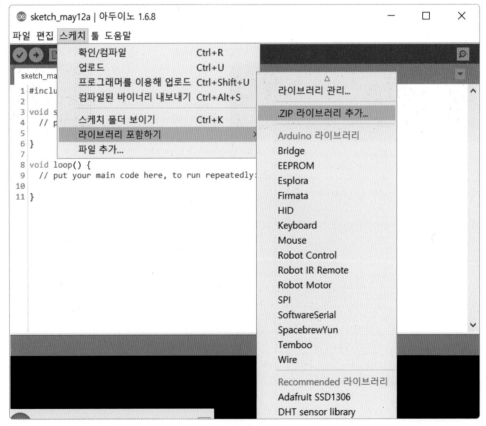

그림 3-7 *라이브러리 추가*

파일을 복사해서 직접 설치

라이브러리 파일에 문제가 있거나 라이브러리 소스 수정이 필요한 경우가 있기 때문에 라이브러리를 수동으로 설치하는 방법도 알아둘 필요가 있습니다.

먼저 아두이노 개발환경을 종료하고 [아두이노 설치폴더\libraries] 폴더로 이동합니다. 여기가 라이브러리를 모아두는 곳이고, 여기에 라이브러리 폴더를 만들어 파일을 넣으면 아두이노 개발환경이 시작할 때 인식을 합니다. 이때 지켜야 할 규칙이 몇 가지 있습니다. ArduinoTest 라이브러리를 설치한다고 가정하면 아래 구조로 파일들이 복사되어야 합니다.

● libraries\ArduinoTest (폴더)

　libraries\ArduinoTest\ArduinoTest.cpp

　libraries\ArduinoTest\ArduinoTest.h

　libraries\ArduinoTest\examples (폴더)

ArduinoTest 폴더명과 같은 이름을 가진 cpp, h 파일이 기본으로 있어야 제대로 인식합니다. examples 폴더 안에 라이브러리를 사용하는 예제 파일을 넣어두기도 하지만 필수는 아닙니다. 이 외에 다른 파일이 추가로 들어 있을 수도 있지만 위 구조는 지켜야 합니다.

이제 아두이노 개발환경을 실행하고 [스케치–라이브러리 포함하기] 메뉴를 확인합니다. 직접 설치한 라이브러리가 보이면 성공적으로 설치되어 인식된 것입니다. examples 폴더에는 예제 파일이 있다고 했지요? 이건 [파일–예제] 메뉴에서 확인할 수 있습니다.

> **TIP** 맥에서는 아래 경로를 사용하세요.
>
> ● (홈 디렉터리)/Documents/Arduino/libraries
>
> ● 응용프로그램–아두이노 아이콘에서 마우스 오른쪽 클릭–패키지 내용 보기–Contents/Resources/Java/libraries

05 | 아두이노 시리얼 통신

아두이노가 쓰기 쉬운 이유 중 하나는 USB 케이블로 PC에 연결만 하면 PC에서 제어할 수 있기 때문입니다. 하지만 이런 USB 통신 기능이 공짜로 얻어지는 건 아닙니다. 아두이노가 PC와 USB 통신을 하기 위해 미리 배려를 해두었기 때문에 가능한 것이지요.

아두이노는 PC와 데이터를 주고 받기 위해서 '시리얼(Serial)'이라는 통신 방법을 사용합니다. 하지만 PC에서는 USB 통신을 사용하기 때문에 통신 방법이 서로 다릅니다. 상대방의 언어를 모르는 두 사람이 대화를 하려면 어떻게 해야 할까요? 중간에서 통역을 해주는 사람이 필요하겠지요. 통역하는 사람의 역할, 즉 시리얼 - USB 통신을 번역하는 칩이 USB 통신 칩입니다. USB to UART 또는 FTDI 칩이라고 부릅니다. 우리가 사용할 아두이노 우노 보드는 이 칩을 내장하고 있기 때문에 USB 연결만으로 PC와 통신이 가능합니다.

USB 통신을 통해 PC에서는 '업로드' 버튼으로 프로그램을 교체할 수도 있고 아두이노와 문자를 주고받을 수도 있습니다. 아두이노에 우리가 만든 프로그램을 올리고 나면 이후 아두이노가 제대로 동작하는지 점검할 방법이 필요한데 이럴 때 아두이노에서 PC로 문자를 보내서 현재 상태를 확인합니다. 이 과정을 '디버깅(Debugging)'이라고 하는데, 아두이노를 감시하는 중요한 방법입니다.

시리얼 통신을 이용해서 PC와 문자를 주고받는 방법은 아두이노를 사용할 때 가장 자주 사용하는 기능 중 하나입니다. 따라서 다른 기능으로 넘어가기 전에 시리얼 통신을 하는 방법을 먼저 살펴보겠습니다.

아두이노 보드를 자세히 보면 0번 핀과 1번 핀에 RX, TX라고 적힌 게 보입니다. 이 두 개의 핀이 시리얼 통신에 사용되는 수신용(RX), 전송용(TX) 핀입니다. 이 두 핀은 아두이노에 스케치를 업로드할 때도 사용되고 PC와 데이터를 주고받을 때도 사용됩니다. 그러니 특별한 경우가 아니라면 이 핀들을 다른 용도로 사용하는 것은 피해야 합니다. 여기에 다른 부품을 연결해서 제어하는 경우 아두이노에 업로드 또는 PC와 문자를 주고받는 데 문제가 생길 수 있기 때문입니다.

이미 2장에서 PC와 데이터를 주고받기 위해 이 방법을 사용해 봤지만 여기서는 좀 더 자세히 알아보겠습니다. 아두이노 개발환경을 실행하고 아래처럼 스케치를 작성하세요.

예제 3-1 *아두이노–PC 시리얼 통신 예제(chap3_5_SerialTest.ino)*

```
void setup(){
  Serial.begin(9600); ❶
}


void loop(){
  Serial.print(65);                 // "65"       ❷
  Serial.print("Hello world.");     // "Hello world."
  Serial.print("\n");               // 줄 넘김


  Serial.println(65);               // "65"       ❸
  Serial.println("Hello world.");   // "Hello world."
  Serial.println("");               // 줄 넘김


  Serial.write(65);                 // 65 에 해당하는 아스키 문자 A   ❹
  Serial.write("hello");            // "hello"
  Serial.print(" world");           // " world"
  Serial.println();                 // 줄 넘김
  Serial.println("========================");
}
```

이걸 아두이노에 업로드해보세요. 앞 장에서 배운 업로드 방법 기억나지요? 아두이노 보드 종류를 [아두이노 우노(Arduino/Genuino Uno)] 보드로 선택하고 COM 포트를 설정한 뒤 업로드 버튼을 누르면 됩니다.

컴파일-업로드 과정이 완료되면 아두이노 개발환경 오른쪽 위에 있는 돋보기 모양의 아이콘을 눌러보세요. 그러면 윈도우 창이 하나 더 뜨면서 메시지가 반복해서 표시될 겁니다. 앞에서도 사용해봤지만, 돋보기 아이콘으로 띄운 창이 '시리얼 모니터(Serial monitor)' 창입니다. 이름처럼 시리얼 통신으로 주고받는 데이터를 표시하는 창입니다.

위의 스케치는 시리얼 모니터에 문자열이 표시되도록 다양한 방법을 사용한 것입니다. 그래서 시리얼 모니터에는 쉼 없이 문자열이 표시되지요. 어떤 문자열이 표시되는지 유심히 살펴보세요.

> **TIP** 스크롤이 너무 빠른 경우 왼쪽 아래의 '자동 스크롤' 체크를 해제하세요.

setup() 함수는 아두이노에 전원이 들어가면 처음 딱 한 번만 실행되는 함수입니다. 그래서 아두이노가 실행될 때 초기화 작업이 필요한 경우 이 함수 안에서 수행합니다. 어떤 내용이 들어있는지 자세히 살펴봅시다.

❶ Serial은 아두이노가 내장한 Serial 라이브러리의 대표 이름입니다. Serial.xxx()라고 적으면 시리얼 통신 라이브러리에 있는 xxx() 함수를 사용하겠다는 표현입니다. 따라서 setup() 함수에서 사용된 Serial.begin(9600); 은 Serial 라이브러리에서 begin() 함수를 실행하겠다는 뜻입니다. begin() 함수는 아두이노가 시리얼 통신을 사용할 준비를 하도록 명령하는 함수입니다. begin() 함수에 사용된 9600 숫자는 통신 속도(baud rate, 보드 레이트)를 의미하며, 1초당 9,600개의 on/off 신호를 주겠다는 표현입니다. 이 값은 아두이노와 PC가 같은 값을 사용해야 하는데 보통 9600을 기본으로 사용하니 그대로 쓰시면 됩니다.

TIP Serial 라이브러리는 아두이노 개발환경이 기본으로 포함하고 있는 시리얼 통신용 공구함입니다. 이미 아두이노가 사용 준비를 해뒀으므로 바로 스케치에서 사용할 수 있습니다.

아두이노의 setup() 함수에서 시리얼 통신 초기화 작업을 마쳤으니 곧이어 loop() 함수를 무한 반복을 하면서 문자열 데이터를 보내는 작업을 합니다.

loop() 함수의 내용은 크게 3개의 부분으로 나눠져 있고 각각이 약간씩 내용이 다릅니다. 그리고 Serial 라이브러리의 함수 중 3개의 함수, print(), println(), write()를 사용하고 있습니다. 가장 먼저 등장하는 코드부터 보겠습니다.

❷ print() 함수는 문자열을 또는 값을 출력하는 함수입니다. 첫 줄에서 Serial.print (65);이라고 사용했지요? 이 코드는 숫자 65를 글자로 출력하라는 의미입니다. 따라서 print() 함수는 65 숫자를 2개의 문자 "65"로 바꾼 뒤 시리얼 통신을 이용해 PC로 보내줍니다. PC의 시리얼 모니터 창에는 65가 출력되겠지요.

두 번째 줄에 나오는 print("Hello world.");는 따옴표로 둘러싸인 문자열 "Hello world."를 출력하라는 의미입니다. 키보드 자판에 있는 숫자나 문자, 기호를 따옴표 안에 넣으면 이걸 그대로 PC의 시리얼 모니터에 출력해줍니다. 이 부분이 이해가 된다면, print(65)와 print("65")는 같은 결과를 출력한다는 것도 짐작이 되겠지요.

마지막 줄 print("\n");를 보세요. 이것도 따옴표 안에 있는 내용 "\n"을 출력하라는 의미이니 시리얼 모니터에 \n이라고 표시될까요? 아닙니다. 역 슬래시(\)로 시작하는 문자는 컴퓨터의 세계에서 특별한 의미를 가지곤 합니다. 문자로 표현하기 힘든 줄 넘김, 탭 등을 표시할 때 역 슬래시를 사용하거든요. "\n"이란 표현도 '줄 넘김(new line)'을 의미하는 특수한 표현입니다. 즉, 문자를 표시하는 대신 다음 줄로 이동하라는 의미가 됩니다.

이제 세 줄의 코드를 이어서 생각해 보세요. 다음처럼 표시될 거라고 상상이 되나요? 실제로 시리얼 모니터 화면에도 이렇게 표시되는지 확인해보세요.

```
65Hello world.
```

> **주의** 아두이노 시리얼 모니터에서는 한글을 사용할 수 없습니다. 한글을 사용해서 출력하도록 할 경우 알 수 없는 문자로 깨져서 출력되니 영문자와 숫자, 기호만 사용하세요.

❸ 이제 그 아래 세 줄의 코드가 가진 의미를 보겠습니다.

위와 유사한데 print() 함수 대신 println() 함수가 사용되었지요? println() 함수는 print() 함수와 완전히 같은데 마지막에 줄 넘김 문자를 알아서 붙여준다는 점만 다릅니다. 따라서 이 세 줄은 아래와 같은 문자를 시리얼 모니터에 출력합니다.

```
65
Hello world.
```

코드에서 println("") 부분만 다시 한번 생각해봅시다. 따옴표 안에는 아무 내용이 없는데 println() 함수만 사용했으니 줄 넘김만 하겠지요? 이 코드는 정확히 print("\n");과 정확히 같은 역할을 했다는 것을 알 수 있습니다.

❹ 이제 마지막 5줄의 내용으로 넘어가 볼까요.

여기서는 특이하게 write() 함수가 사용되었습니다. write() 함수는 좀 더 고급스러운 데이터 출력 함수로 하나의 문자, 1바이트(byte) 크기의 데이터 값, 문자열, 배열 등을 자유롭게 보낼 수 있습니다.

write(65)이라는 표현은 print(65)와는 결과가 완전히 다릅니다. write() 함수는 65라는 숫자를 문자열로 변환하지 않고 65라는 코드가 담긴 1바이트(비트 8개) 값 자체를 그대로 보냅니다. 그러면 PC에서는 1바이트에 들어있는 값을 받아 숫자 65를 인식하고 여기에 해당하는 아스키 문자 "A"를 표시합니다. 즉, write() 함수는 문자가 아니라 데이터 자체를 보내는 데 적합한 함수입니다. 물론 둘째 줄의 write("hello") 함수처럼 여러 개의 문자를 보내는 데 사용할 수도 있습니다.

이 5줄의 코드는 시리얼 모니터에 아래처럼 표시됩니다.

```
Ahello world
========================
```

write() 함수는 지금 단계에서 완벽히 이해하려고 할 필요는 없습니다. 데이터 자체를 보내는 데 적합한 함수구나 정도로 이해하고 넘어가고, print(), println() 함수의 사용법을 더 신경 써서 보면 됩니다.

이 책의 전반부에서 시리얼 통신은 주로 PC에 문자열을 출력하기 위한 용도로 사용할 것입니다. 하지만 시리얼 통신이 PC와 데이터를 주고받는데 한정된 통신 방법은 아닙니다. 아두이노에 연결해 쓸 수 있는 다른 센서나 장치와도 데이터를 주고받는 데에도 쓸 수 있습니다.

여기까지 아두이노의 기초를 전반적으로 살펴보았습니다. 4장부터는 아두이노를 이용해 회로를 구성하고 제어하는 실습 예제가 본격적으로 등장합니다. 본격적인 실습은 그 중에서도 가장 기초가 되는 디지털 제어 방법부터 시작할 것입니다. 천천히 지식을 갈고 닦아 하나씩 정복해 나가길 바랍니다. 실습을 위해 아두이노 스타터 킷(부품 준비는 부록 참조)을 준비해 두는 것 잊지 마세요.

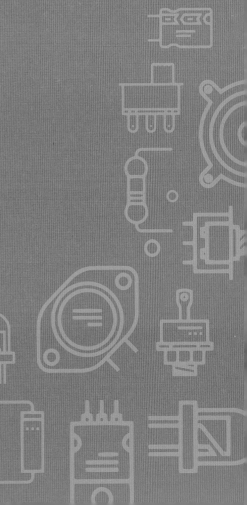

PART
02

아두이노
사용하기

디지털
입출력

디지털 제어는 형광등 스위치처럼 on/off 방식으로 전기의 출력을 제어하는 것을 의미합니다. 여기에는 전기가 흐르는지 혹은 차단되었는지 감지하는 기능도 포함됩니다.

이번 장에서는 디지털 제어의 두 가지 방법, 디지털 출력과 입력을 예제로 실습합니다.

이제 아두이노를 본격적으로 사용해볼까요? 여기부터는 아두이노의 실용적인 기능과 그 사용법을 설명하려고 합니다. 설명을 따라 직접 만들어 보면서, 아두이노의 사용을 익히기 바랍니다.

흔히 아두이노와 같은 마이크로컨트롤러를 가득 찬 물탱크에 비유하곤 합니다. 아두이노에 USB 케이블을 연결하거나 어댑터를 이용해 전원을 공급하면 그 즉시 내부가 전기로 가득 찬 물탱크가 되는 것이죠.

물탱크에 물이 가득 차면 내부에는 수압이라는 것이 생기겠죠? 이 수압을 바로 전압에 비교할 수 있습니다. 물이 파이프를 통해 다른 곳으로 흐를 때의 흐름은 전류라 할 수 있습니다. 눈으로 확인하기 힘든 전기의 흐름을 가시적인 물의 흐름으로 생각하면, 쉽게 이해할 수 있습니다.

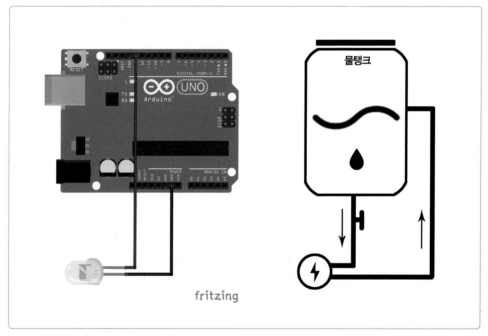

그림 4-1 *아두이노와 물탱크*

물탱크에 파이프를 연결할 수 있는 연결 소켓이 배치되어 있다고 생각해봅시다. 아두이노의 가장자리를 따라 길게 배치되어 있는 옴폭한 핀 헤더(female 핀이라고 하는데 이하 '핀'으로 지칭)가 여기에 해당합니다. 아두이노의 가장 핵심 역할은 물의 흐름, 즉 핀에 연결된 전선(파이프)을 통해 움직이는 전기를 제어하는 것입니다.

가정용 보일러는 물을 데워서 순환시키는데, 집 안에 설치된 컨트롤러와 밸브가 각 방으로 연결된 파이프 속 물의 흐름을 제어합니다. 아두이노도 마찬가지입니다. 아두이노도 각 핀에 디지털, 또는 아날로그 밸브를 가지고 있어서 전기가 들어오는 것(INPUT, 입력)을 감지하거나 나가는 것(OUTPUT, 출력)을 제어할 수 있습니다. 아두이노 보드를 보면 핀을 디지털과 아날로그로 구분해 뒀습니다. 디지털은 형광등 스위치처럼 온오프(on, off) 상태를 제어할 수 있고 아날로그는 가스레인지처럼 부드럽게 강약을 주면서 전기의 입출력을 제어할 수 있습니다.

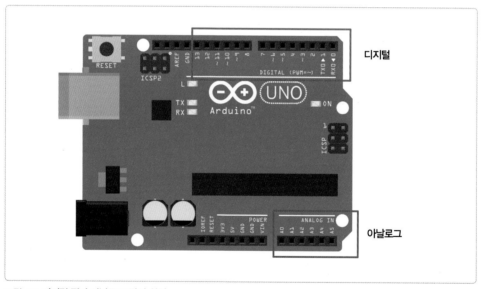

그림 4-2 *디지털 핀과 아날로그 핀의 위치*

아두이노는 이 핀들로 어떤 작업을 할 수 있을까요? 전기의 입력과 출력, 디지털과 아날로그라는 조건을 조합해보면 총 네 가지 형태로 제어를 할 수 있다는 것을 알 수 있습니다.

- 디지털 입력 : 연결 소켓을 통해 들어오는 전기의 상태를 감지

- 디지털 출력 : 핀을 통해 나가는 전기를 on, off 제어

- 아날로그 입력 : 핀을 통해 들어오는 전기의 전압이 어느 정도인지 감지

- 아날로그 출력 : 핀을 통해 나가는 전기의 전압을 변화시킴

이 네 가지 기능이 아두이노의 기본 기능이고, 아두이노에 연결하는 수많은 부품이나 센서는 이 방법을 응용해서 제어합니다. 예를 들어 LED를 원하는 조건에 따라 on, off 시키고 싶다면 어떻게 해야 할까요? 디지털 출력 기능을 이용하면 되겠죠. 반대로 사용자가 스위치를 눌렀는지 상태를 알고 싶다면? 이때는 디지털 입력 기능을 이용하면 됩니다.

아날로그 입력은 어떨 때 사용할 수 있을까요? 조이스틱과 같은 형태의 사용자 입력 장치의 현재 위치를 확인하는데 쓸 수도 있고, 각종 센서에서 보내주는 측정값을 받아보는 데 사용할 수도 있습니다. 아날로그 출력은 LED의 밝기를 부드럽게 조절하거나 모터의 속도를 조절하는 데 사용할 수 있습니다.

그럼 디지털 방식부터 시작해서 이 네 가지 방식들을 예제를 통해 하나씩 실험해보도록 하겠습니다.

01 | 디지털 출력

가장 먼저 제일 쉬운 디지털 출력을 실험해보겠습니다. 사실 디지털 출력은 이미 우리가 사용해 본 기능입니다. 1장에서 해봤던 LED를 깜빡이는 예제가 기억이 나지요? 그때 1초 간격으로 LED를 on, off 하기 위해서 사용한 기능이 디지털 출력 제어입니다. 처음에는 간단히 테스트하기 위해 아두이노에 내장된 LED를 사용했었는데, 이번에는 LED를 저항과 함께 연결해서 사용해보겠습니다.

디지털 제어는 아두이노의 디지털 핀을 통해 전기의 흐름을 on, off 시키는 것을 말합니다. 따라서 LED를 아두이노의 디지털 핀 중 하나에 연결하고 아두이노 스케치에서 해당

핀을 on 또는 off 시키면 전기의 흐름이 이어지거나 끊기면서 LED가 이에 따라 켜지거나 꺼지게 됩니다.

🔩 연결 방법

벌써 어떻게 해야 할지 감이 오고 있지 않나요? LED를 직접 아두이노에 연결해봅시다. 아래의 부품을 준비합니다.

- 아두이노 우노 보드
- LED, 저항(220Ω~1KΩ)
- 브레드보드, 연결선

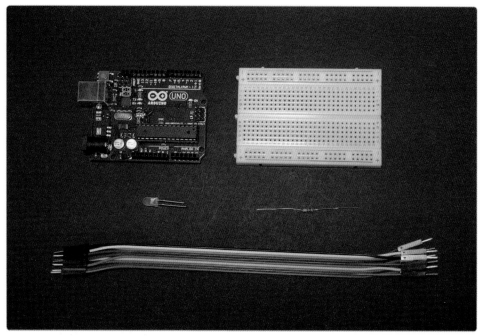

그림 4-3 *디지털 출력 예제 준비물*

LED를 자세히 보면, 길게 나온 두 다리의 길이가 다릅니다. LED는 극성이 있어서 그것을 표시하기 위해서 다리 길이를 다르게 한 것인데요. 만약 건전지에 LED를 연결한다면

긴 다리는 (+) 극에, 짧은 다리는 (−) 극에 연결해줘야 합니다. 플라스틱으로 둘러싸인 LED 내부를 보면 (+), (−) 다리와 연결된 내부 구조도 다르게 생겼습니다.

아두이노에 LED를 연결할 때도 극성에 맞춰줘야 합니다. LED 긴 다리는 아두이노의 디지털(+) 핀에 연결하고 짧은 다리는 아두이노의 GND(−) 핀에 연결되게끔 하면 됩니다. 저항은 LED 앞, 뒤 어느 쪽으로 연결하든 상관없습니다. 아두이노의 디지털 2번(D2) 핀을 이용해서 제어한다면 아래 순서로 연결하면 됩니다.

아두이노 디지털 2번 핀(+) ➡ 저항 ➡ LED 긴 다리 ➡ LED 짧은 다리 ➡ GND(−)

LED와 저항을 연결한 전체 모습은 아래 그림처럼 됩니다. 저항은 전압 조절용으로 쓰이는데, 아두이노에서의 출력 전압(5V)을 LED가 동작하는 전압(3.3V)으로 떨어트리기 위해서 사용합니다. 전선은 아무 색을 써도 상관이 없지만, 일반적으로는 (+)와 (−)를 분명히 보면서 작업할 수 있도록 (+)쪽에는 빨간색 전선을, (−)쪽에는 까만색이나 파란색 전선을 사용합니다.

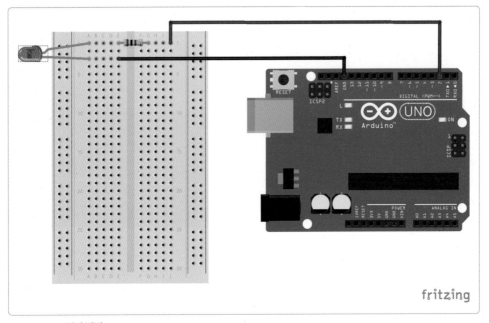

그림 4-4 LED 연결 방법

🐝 스케치

이제 스케치를 작성해서 아두이노에 올릴 차례입니다. 앞서 1장에서 사용했던 소스를 재활용해 보겠습니다. 아두이노 개발 환경을 실행하고 상단 메뉴 영역에서 [파일 – 예제 – 01.Basics – Blink] 순서대로 클릭합니다.

그림 4-5 *Blink 예제 불러오기*

예제 스케치를 불러오면 다음과 같은 스케치가 나옵니다. 1초 간격으로 아두이노에 내장된, 13번 핀과 내부적으로 연결된 LED를 켜고 끄는 스케치입니다(상단의 주석 생략).

```
// the setup function runs once when you press reset or power the board ❶
void setup() {
  // initialize digital pin 13 as an output.
  pinMode(13, OUTPUT);
}


// the loop function runs over and over again forever ❷
void loop() {
  digitalWrite(13, HIGH);    // turn the LED on (HIGH is the voltage level)
  delay(1000);               // wait for a second
  digitalWrite(13, LOW);     // turn the LED off by making the voltage LOW
  delay(1000);               // wait for a second
}
```

아두이노가 제공하는 Blink 예제는 아두이노 보드에 내장된 LED를 사용하기 위해 디지털 13번 핀을 사용했습니다. 우리는 디지털 2번 핀에 LED를 연결했으니 수정이 필요하겠지요. 바꿀 부분을 생각하며 소스코드를 살펴봅시다.

❶ 아두이노의 초기화 함수 setup()부터 확인해봅니다.

```
// the setup function runs once when you press reset or power the board ❶
void setup() {
  // initialize digital pin 13 as an output.
  pinMode(13, OUTPUT);
}
```

주석을 제외하면 setup() 함수에는 단 한 줄의 코드만 있습니다. pinMode() 함수를 사용한 부분입니다.

아두이노의 디지털 핀은 디지털 입력과 디지털 출력, 두 가지 기능을 가지고 있습니다. 따라서 사용할 디지털 핀을 입력(INPUT)을 감지하기 위해 쓸 것인지 출력(OUTPUT)을 위해 쓸 것인지 사용하기 전에 알려줘야 합니다. 이 역할을 하는 함수가 pinMode() 함수로, 디지털 핀을 어떤 모드로 쓸 것인지 초기화하는 함수입니다. 우리는 LED를 켜기 위해 디지털 출력으로 사용할 예정이니 pinMode() 함수를 이용해 OUTPUT 모드로 초기화해주면 됩니다.

```
pinMode(13, OUTPUT);
```

pinMode() 함수를 사용할 때는 2개의 값을 넘겨주게 되어 있습니다. 하나는 초기화할 핀 번호이고 다른 하나는 사용할 모드입니다. 위 코드처럼 13과 OUTPUT을 사용하면 13번 핀을 OUTPUT 모드로 설정하게 됩니다. 그런데 우린 2번 핀에 LED를 연결했죠? 그러니 13을 2로 바꿔줘야 합니다. 아래처럼요.

```
pinMode(2, OUTPUT);
```

이렇게 setup() 초기화 함수에서 우리가 사용할 핀의 초기화 작업을 끝냈습니다.

❷ setup() 함수가 끝나면 아두이노는 loop() 함수를 무한 반복합니다. 이때 하는 일을 살펴봅시다.

```
// the loop function runs over and over again forever ❷
void loop() {
  digitalWrite(13, HIGH);    // turn the LED on (HIGH is the voltage level)
  delay(1000);               // wait for a second
```

```
        digitalWrite(13, LOW);      // turn the LED off by making the voltage LOW
        delay(1000);                // wait for a second
    }
```

두 개의 함수가 등장합니다. digitalWrite() 함수와 delay() 함수입니다.

이름만 봐도 뭔지 감이 오는 digitalWrite() 함수는 디지털 출력을 제어하는 함수입니다. 이 함수를 사용할 때 두 개의 값을 넣어주게 되어 있는데 하나는 핀 번호이고 다른하나는 출력 상태를 표현하는 값입니다. 출력 상태는 HIGH 또는 LOW라는 형태로 표현하는데, 아두이노 내부적으로는 1, 0 숫자와 동일시합니다. 프로그램에서는 1은 true(참), 0은 false(거짓)으로 이해하면 되지만, 회로상에서 HIGH는 on(5V) 상태를 의미하고 LOW는 off(0V) 상태를 의미합니다.

우리가 불러온 예제 스케치는 13번 핀에 전기를 흘려보내고(HIGH) 다시 차단하는 (LOW) 동작을 반복합니다. 우리가 연결한 LED는 디지털 2번 핀에 연결되어 있으니 13을 2로 바꿔주세요.

```
    digitalWrite(2, HIGH);      // turn the LED on (HIGH is the voltage level)
    delay(1000);                // wait for a second
    digitalWrite(2, LOW);       // turn the LED off by making the voltage LOW
    delay(1000);                // wait for a second
```

delay() 함수도 이름 그대로 시간을 지연시켜주는 함수입니다. 이 함수를 실행하면 지정된 시간 동안 아두이노가 하던 일을 멈추고 쉬게 됩니다. 앞 장에서 아두이노는 일꾼이 딱 한 명뿐이라고 했죠? delay() 함수를 쓰면 한 명뿐인 일꾼이 쉬어버리기 때문에 주의해서 사용해야 합니다.

delay() 함수를 사용할 때는 값을 하나 넣어주게 되어 있습니다. 넣는 값의 의미는 아두이노가 잠시 쉴 시간입니다. ms(밀리초, 1/1000초) 단위로 입력하도록 되어 있기 때문에 1000을 넣으면 1초를 쉰다는 뜻입니다. 이제 delay(1000)의 의미를 알 수 있을 겁니다.

```
delay(1000);                 // wait for a second
```

loop() 함수가 수정된 걸 다시 확인하세요. 핀 번호가 13에서 2로 바뀌었습니다.

```
// the loop function runs over and over again forever ❷
void loop() {
  digitalWrite(2, HIGH);     // turn the LED on (HIGH is the voltage level)
  delay(1000);               // wait for a second
  digitalWrite(2, LOW);      // turn the LED off by making the voltage LOW
  delay(1000);               // wait for a second
}
```

수정된 스케치는 http://www.hanbit.co.kr/exam/2478에서 예제로 다운로드 받을 수 있습니다.

🕹 테스트

우리가 연결한 LED 핀 번호에 맞게 수정이 되었으니 이제 스케치를 컴파일하고 업로드하면 됩니다. 보드 종류와 USB 포트를 먼저 확인하시고, 아두이노 개발환경 왼쪽 위의 '업로드' 버튼을 누르세요. 곧 1초 간격으로 on, off를 반복하는 LED를 볼 수 있습니다!

그림 4-6 *디지털 출력 예제 테스트*

간격을 조정하고 싶을 때는 delay() 함수에 사용된 값, 1000(=1초)을 적당히 다른 숫자로 수정해보세요. 사용하는 핀을 다른 디지털 핀으로 옮겨보면서 연결 방법을 바꿔보고, 여기에 맞게 스케치를 변형해서 테스트해보는 것도 좋습니다.

여기까지는 별 문제 없이 진행이 되었을 것입니다. 여기까지 실습해본 내용을 정리하겠습니다.

디지털 출력 제어는 디지털 핀을 사용
pinMode(핀_번호, OUTPUT) 함수로 초기화
digitalWrite(핀_번호, 출력_상태) 함수로 제어
출력 상태 값은 HIGH(5V, 1) 또는 LOW(0V, 0)를 사용

02 | 디지털 입력

예제 진행에 박차를 가해 볼까요?

이번에 해볼 예제는 디지털 입력 감지 예제입니다. 디지털 입력 감지는 아두이노 디지털 핀으로 입력되는 전압을 감지해서 HIGH 또는 LOW 값을 알려주는 기능입니다. 이때 아두이노는 3V를 기준으로 HIGH, LOW를 판단하게 됩니다.

디지털 입력 기능은 다음과 같은 경우에 사용됩니다. 버튼, 스위치와 같은 사용자 입력 장치를 만들 때 사용하기도 하고 센서에서 보내주는 값을 감지하는 용도로 사용할 수도 있습니다. 이번에 해볼 예제도 버튼의 입력을 감지해서 LED를 제어하는 예제입니다.

🔍 연결 방법

앞선 예제에서 사용한 LED 연결을 그대로 유지한 상태에서 버튼만 추가로 달아서 실험을 해보도록 하겠습니다. 아래 부품이 필요합니다.

- 아두이노 우노 보드
- 버튼, 10KΩ 저항
- LED, 저항(220Ω~1KΩ) – 이전 예제의 연결을 그대로 사용
- 브레드보드, 연결선

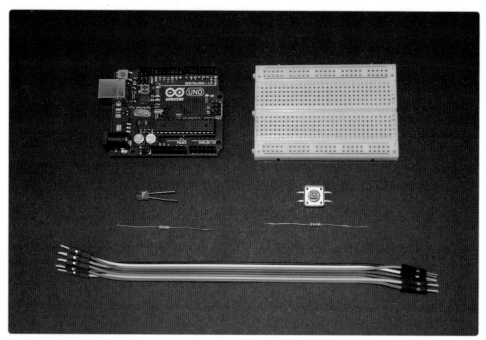

그림 4-7 *디지털 입력 예제 준비물*

버튼(여기 쓰인 버튼은 tactile button)은 굉장히 단순한 장치이지만 처음 사용할 때는 어떻게 사용해야 할지 감을 잡기 힘듭니다. 버튼을 제대로 사용하기 위해서는 버튼의 구조부터 알아야 합니다.

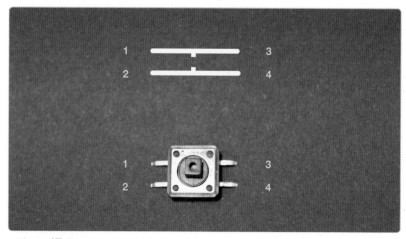

그림 4-8 *버튼 구조*

버튼의 다리를 자세히 보면 두 개가 서로 마주 보며 양쪽으로 배치되어 있는 걸 알 수 있습니다. 버튼 다리 모양을 기준으로 봤을 때 버튼은 가운데가 끊어진 'H' 형태를 띠고 있습니다. 서로 마주보는 두 다리는 버튼 내부에서 연결되어 있습니다. 위 이미지에서 1번과 3번, 2번과 4번 다리가 서로 연결된 상태인데, 가운데 있는 버튼을 누르면 'H'의 가운데가 연결되면서 네 다리가 모두 연결됩니다.

그러니 버튼을 제대로 사용하려면 서로 떨어져 있는 다리 두 개 사용해서 아래 같은 방식으로 연결해줘야 합니다.

5V(+) ➡ 버튼 다리 1 ➡ 버튼 다리 2 ➡ 디지털 3번 핀

이미 서로 연결된 다리를 사용하면 버튼을 눌렀을 때와 손을 뗐을 때를 구분할 수 없기 때문에 버튼을 연결할 때는 항상 서로 떨어진 다리를 사용합니다. 1번과 2번, 1번과 4번, 2번과 3번, 3번과 4번 조합으로 사용할 수 있겠네요.

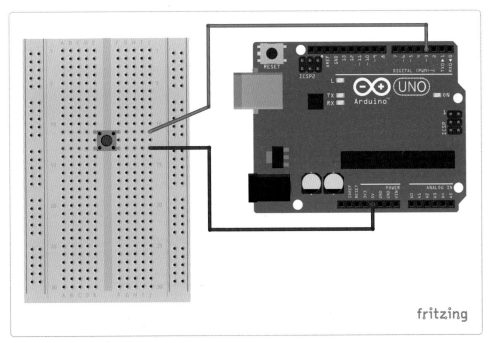

그림 4-9 *버튼 연결 방법 1*

제대로 연결하면 버튼을 누르지 않았을 때는 회로가 끊어진 상태가 되고, 버튼을 눌렀을 때는 3번 핀에서 5V 핀까지 회로가 연결됩니다. 버튼을 눌렀을 때는 5V 전압이 걸리니 HIGH 값을 읽을 수 있겠지요. 그러면 버튼을 누르지 않았을 때는 어떻게 될까요? LOW 값을 읽을 수 있을까요? 회로가 끊어진 상태에서 디지털 핀 입력을 체크하면 생각 외의 결과가 나옵니다.

실제 저렇게 연결해서 테스트를 해보면 값이 고정되지 않고 제멋대로 나옵니다. 이 상태를 우리는 '플로팅(floating)' 상태라고 합니다. 회로가 끊어진 디지털 입력은 주변 환경에 따라 값이 흔들립니다. 디지털 입력을 체크할 회로는 끊어지지 않도록 어디론가 연결해줘야 합니다.

디지털 핀과 연결된 버튼 다리를 확장해서 연결해보겠습니다. 버튼을 눌렀을 때 5V(+)에 연결되니 버튼을 누르지 않았을 때는 GND(−) 핀에 연결되도록 해줘야 맞겠죠. 그러면 버튼을 눌렀을 때 HIGH 값을 읽고 버튼을 누르지 않았을 때는 LOW 값을 읽을 수 있을 거라 예상할 수 있습니다.

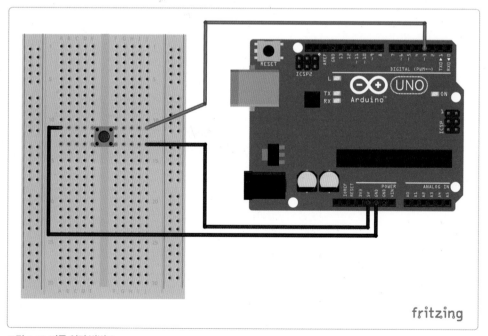

그림 4-10 *버튼 연결 방법 2*

그런데 뭔가 이상합니다. 버튼을 눌렀을 때 디지털 핀이 5V, GND 모두에 연결되어 버립니다. 5V(+) 핀과 GND(-) 핀이 바로 연결되니 흔히 이야기하는 쇼트(단락) 상황이 돼버립니다. 건전지의 (+), (-) 극을 직접 연결하지 말라는 경고를 떠올려보세요. 따라서 버튼 동작에 따라 전기 흐름을 적절하게 제어할 수 있도록 해줄 추가적인 장치가 필요합니다. 이럴 때 저항을 사용하는데요. 준비한 10KΩ 저항을 GND 핀과 버튼 다리 사이에 배치해서 아래처럼 디지털 핀과 연결된 다리에 연결해보세요.

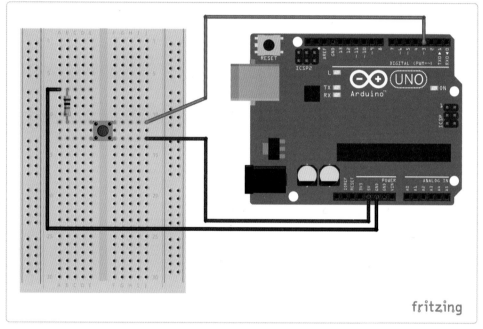

그림 4-11 *버튼 연결 방법 3*

드디어 회로가 안정적으로 동작합니다. 여기에서 저항은 과속방지턱과 같은 역할을 합니다. 무슨 의미인가 하면, 저항은 전기의 흐름을 방해합니다. 두 가지 길이 있을 때는 편한 길로 가는 것이 좋겠죠. 전기는 쉬운 길을 두고 저항이 있는 어려운 길로 가려고 하지 않습니다. 이 성질을 이용해서 우리는 흐름을 제어할 수 있는데, 버튼이 눌리지 않았을 때 회로를 낮은 상태(GND, 0V)로 묶어주는 저항을 '풀다운(pull-down)' 저항이라 부릅니다. 반대 개념의 '풀업(pull-up)' 저항도 존재하는데 5V, GND의 연결을 반대로 바꿔서 쓸 때 그렇게 부릅니다. 풀업 저항은 버튼이 눌리지 않았을 때 회로를 높은 상태 (5V)로 묶어주는 역할을 합니다.

이전 예제에서 사용한 LED 연결을 여기 추가하면 아래처럼 됩니다.

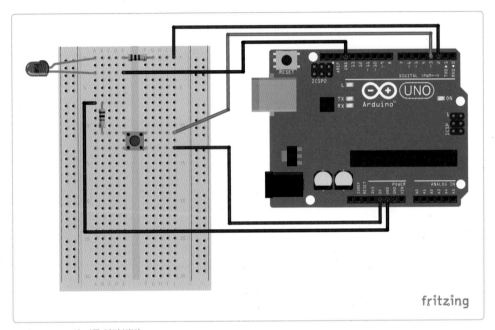

그림 4-12 *LED와 버튼 연결 방법*

이제 스케치를 작성해서 우리가 의도한 버튼 값이 들어오는지 확인해보겠습니다.

🐚 스케치

이번 예제의 목표는 버튼의 입력 상태를 LED로 표시하는 것입니다. 디지털 출력 기능을 테스트할 때 사용한 예제와 많은 부분이 겹치니 앞선 예제에서 사용한 스케치를 불러오겠습니다.

```
// the setup function runs once when you press reset or power the board ❶
void setup() {
  // initialize digital pin 2 as an output.
  pinMode(2, OUTPUT);
}


// the loop function runs over and over again forever ❷
void loop() {
  digitalWrite(2, HIGH);      // turn the LED on (HIGH is the voltage level)
  delay(1000);                // wait for a second
  digitalWrite(2, LOW);       // turn the LED off by making the voltage LOW
  delay(1000);                // wait for a second
}
```

❶ 디지털 입력 체크 기능도 사용하기 전에 디지털 핀 초기화가 필요합니다. 초기화는 setup() 함수 안에서 pinMode() 함수를 이용했었죠? 버튼이 3번 핀에 연결되어 있으니 아래처럼 추가를 해야 합니다.

```
void setup() {
  // initialize digital pin 2 as an output.
  pinMode(2, OUTPUT);
  // initialize digital pin 3 as an input.
  pinMode(3, INPUT);
}
```

3번 핀을 INPUT 모드로 초기화했습니다. 이제부터 3번 핀으로 들어오는 전압을 감지 해 on(HIGH, 5V, 1)인지 off(LOW, 0V, 0)인지 상태를 알 수 있습니다.

❷ 이제 loop() 반복 함수 안에서 버튼의 상태를 읽어야 합니다. 디지털 입력 감지는 digitalRead() 함수를 쓰면 됩니다. 아래처럼 사용하면 됩니다.

```
int button = digitalRead(3);
```

digitalRead() 함수를 사용할 때는 디지털 핀 번호를 넣어야 합니다. 그러면 해당 디지털 핀의 입력 상태를 체크해서 HIGH 또는 LOW 값을 반환합니다. 위 코드는 디지털 3번 핀의 값을 읽은 뒤 button이라는 변수에 저장하는 내용입니다. 버튼을 누를 때 HIGH, 버튼을 누르지 않았을 때 LOW겠죠. 따라서 button 변수에 담긴 값을 그대로 LED 디지털 출력으로 사용하면 버튼 상태에 따라 LED가 켜지거나 꺼집니다.

```
void loop() {
    int button = digitalRead(3);    // read from button
    digitalWrite(2, button);        // write to LED
    delay(10);
}
```

LED 깜빡이기 예제에서는 LED가 깜빡이는 간격을 맞추기 위해 delay() 함수를 두 번 사용했지만 이번 예제에서는 delay() 함수가 별다른 역할을 하지 않습니다. loop() 반복 함수가 너무 빨리 돌지 않도록 아주 작은 간격(1/100초)으로 잠시 쉬는 역할만 합니다.

loop() 함수 안의 내용이 완성되었습니다. 완성된 스케치는 다음과 같이 됩니다.

```
// the setup function runs once when you press reset or power the board ❶
void setup() {
  // initialize digital pin 2 as an output.
  pinMode(2, OUTPUT);
  // initialize digital pin 3 as an input.
  pinMode(3, INPUT);
}


// the loop function runs over and over again forever ❷
void loop() {
  int button = digitalRead(3);      // read from button
  digitalWrite(2, button);          // write to LED
  delay(10);
}
```

🔧 테스트

업로드 후 버튼 입력 상태에 따라 LED가 동작하는지 확인해보세요. 버튼을 눌렀을 때만 LED가 밝아져야 정상입니다.

그림 4-13 *디지털 입력 예제 테스트*

여기까지 실습해본 내용을 정리하겠습니다.

디지털 입력 기능은 디지털 핀을 사용

플로팅 상태를 피하기 위해 풀업(풀다운) 저항을 사용

pinMode(핀_번호, INPUT) 함수로 초기화

digitalRead(핀_번호) 함수로 입력 상태를 체크

입력 상태 값은 HIGH(5V, 1) 또는 LOW(0V, 0)를 사용

03 | 내부 풀업 저항

디지털 입력 기능과 관련된 유용한 팁을 하나 더 테스트해보려고 합니다. 저항을 사용하지 않고도 버튼 입력 기능을 구현하는 방법입니다.

버튼 예제에서 사용한 저항은 사용자 입력이 없을 때 GND 상태로 묶어주는 저항이기 때문에 풀다운 저항이라 부릅니다. 그리고 5V, GND 위치를 바꿔서 평소에 5V 상태로 묶어주는 저항은 풀업 저항이라 부릅니다. 풀업 저항을 사용해서 버튼 회로를 만드는 경우 아래처럼 회로를 구성할 수 있습니다.

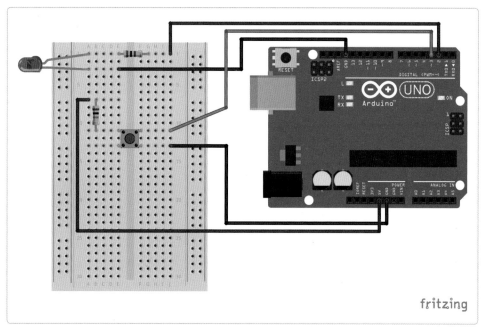

그림 4-14 *풀업 저항을 사용한 회로*

이때 저항과 5V 연결을 떼버리고 간단히 아래처럼 연결해서 쓸 수도 있습니다.

GND → 버튼 다리 1 → 버튼 다리 2 → 디지털 3번 핀

어? 이러면 플로팅 상태가 되잖아?라는 생각이 들죠?

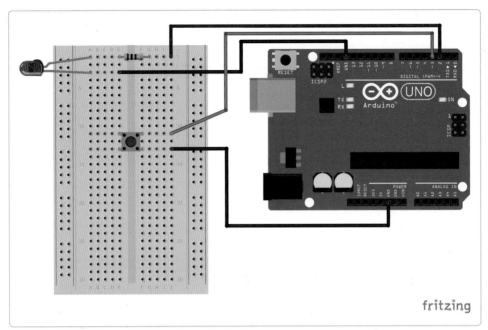

그림 4-15 *내부 풀업 저항을 사용한 회로*

이렇게 사용할 수 있는 이유는 아두이노에 내부 풀업 저항이란 기능이 있기 때문입니다. 디지털 3번 핀의 내부 풀업 저항을 활성화시키면 저항으로 5V에 묶어두지 않더라도 풀업 저항의 효과를 낼 수 있습니다. 버튼을 누르지 않았을 때도 digitalRead(3) 함수를 사용하면 HIGH 값이 읽히는 거죠. 이렇게 하기 위해서는 디지털 핀 초기화할 때 약간의 변형만 해주면 됩니다.

버튼 예제에서 사용한 스케치를 불러오세요.

```
// the setup function runs once when you press reset or power the board ❶
void setup() {
  // initialize digital pin 2 as an output.
  pinMode(2, OUTPUT);
  // initialize digital pin 3 as an input. (internal pull-up)
  pinMode(3, INPUT_PULLUP); // ❸
}


// the loop function runs over and over again forever ❷
void loop() {
  int button = digitalRead(3);    // read from button
  digitalWrite(2, button);        // write to LED
  delay(10);
}
```

❸ 어디가 바뀌었는지 보이나요? 기존에는 디지털 3번 핀을 INPUT 모드로 초기화했는데 이번에는 INPUT_PULLUP 모드로 초기화했습니다. 내부 풀업 저항을 활성화한 것입니다.

```
pinMode(3, INPUT_PULLUP); // ❸
```

소스코드 한 줄만 바꿔줬는데 버튼 사용이 훨씬 쉬워졌습니다!

변경된 스케치를 업로드해서 테스트를 해보세요. [예제 4-3]을 테스트해보면 풀다운 저항으로 테스트할 때와 반대로 버튼을 눌렀을 때 LED가 꺼지고 버튼에서 손을 뗐을 때 LED가 켜질 겁니다. 왜 그런지 한번 생각해보세요!

아두이노의 디지털 입출력을 배웠으니 다음 장에서 무엇을 다룰지 아시겠죠? 네, 바로 아날로그 입출력 방법입니다.

디지털 입출력은 on/off, 즉 두 가지 상태만을 가지고 제어하는 데 반해 아날로그 입출력은 일정한 범위 내에서의 전압 변화를 만들거나 감지하는 방법입니다. 생각만으로는 아날로그 입출력 제어가 더 어려워 보이지만, 실제로 사용은 큰 차이가 나지 않습니다. 오히려 다양한 센서에 응용할 수 있기 때문에 더 재미있어요!

아날로그
입출력

디지털 입출력으로 전기의 출력을 제어했던 것처럼 아날로그 제어도 입출력 두 가지 방식으로 할 수 있습니다.

On/off 방식의 디지털 제어와는 달리 아날로그 제어는 전압의 변화를 만들어 내거나 감지합니다.

앞 장의 예제를 통해 확인했듯이 아두이노의 디지털 입출력은 on, off 상태를 바꾸거나 감지하는 기능입니다. 이에 비해 아날로그 입출력으로는 핀을 통해 입력되는 여러 값을 가지고 놀 수 있습니다. 전압의 단계를 확인하거나, 출력하는 전압의 단계를 0~5V 사이로 조절할 수 있습니다. 사용 방법도 디지털 입출력 기능과 유사하기 때문에 금방 익힐 수 있습니다.

여기서 확인하고 넘어가야 할 점은, 아두이노는 아날로그 입력(0~5V 사이의 전압 변화)을 확인할 수는 있지만 아날로그 출력을 할 수는 없습니다. 핀을 통해 출력되는 전압을 부드럽게 0~5V 사이에서 변화시킬 수는 없다는 이야기입니다. 아날로그 출력은 디지털 출력을 이용한 우회적인 방법으로 구현합니다. 이 부분은 출력을 직접 해보면서 확인해 보겠습니다.

01 | 아날로그 입력

아두이노는 아날로그 입력을 처리하기 위해 ADC('아날로그 투 디지털 컨버터'의 약자)라는 장치를 탑재하고 있습니다. ADC는 핀으로 입력된 전압의 크기, 즉 아날로그 변화량을 숫자로 바꿔주는 장치입니다. 아두이노에 탑재된 ADC는 10비트 분해 성능(resolution)을 가지고 있는데, 0~5V 사이의 전압 변화를 1,024단계(2^{10}, 즉 2의 십제곱)로 구분해준다는 뜻입니다. 컴퓨터는 숫자를 0에서부터 읽고 쓰니 입력되는 전압의 수준을 0~1023 사이의 값으로 표현해줍니다.

아두이노는 ADC와 연결된 특별한 핀이 보기 좋게 한쪽에 배치되어 있습니다. 보드에서 아날로그 입력(Analog In) 쪽으로 A0~A5 핀을 확인할 수 있습니다.

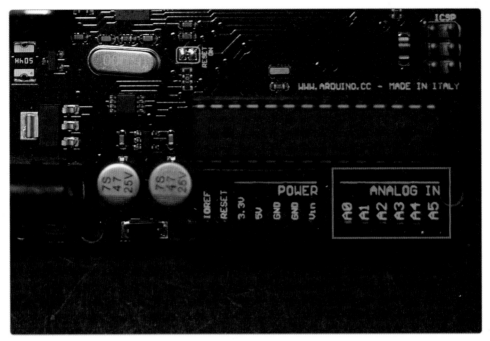

그림 5-1 *아두이노 아날로그 입력 핀*

아날로그 입력 기능은 아날로그 핀에 외부에서 전기가 흐르게 연결하고 전압의 변화를 읽는 방식으로 사용합니다. 그럼 어떨 때 아날로그 입력 기능을 사용할까요? 버튼으로 입력받을 수 있는 상태는 on(HIGH), off(LOW) 단 두 가지였습니다. 이와는 달리 특정한 범위 내에서 계속해서 값이 변하는 장치가 아날로그 입력에 적당하겠죠. '포텐셔미터(potentiometer)'가 여기에 해당하는 대표적인 장치입니다. 포텐셔미터는 '가변저항'이라고도 부르는데 저항과 같은 역할을 하지만 저항값을 조절할 수 있는 장치입니다. 70~80년대 영화에 나올 법한 조작판에 달린 슬라이드 또는 회전 다이얼이 포텐셔미터라 생각하면 됩니다.

그림 5-2 **포텐셔미터**

포텐셔미터는 3개의 다리를 가지고 있습니다. 이 다리의 양쪽 끝(1, 3)을 각각 아두이노의 5V, GND에 연결합니다. 이 상태에서 포텐셔미터의 다이얼을 돌리면 포텐셔미터 내부의 저항이 변화하면서 가운데 다리(2)로 출력되는 전압이 변화합니다. 아날로그 핀으로 읽기 딱 좋겠죠? 이렇게 아날로그 핀으로 읽은 값을 보면 포텐셔미터의 다이얼을 얼마만큼 돌렸는지 알 수 있습니다.

이번 예제에서는 포텐셔미터를 이용해서 아날로그 입력 기능을 확인해보도록 하겠습니다. 포텐셔미터를 돌렸을 때 ADC를 통해 값을 읽고, 그 값을 PC로 전송해서 출력하는 예제입니다. 예제를 실행하기 전 앞 장에서 배웠던 시리얼 통신과 다양한 시리얼 함수를 응용해볼 시간입니다!

🔧 연결 방법

예제를 실습하기 위해서는 아래 부품이 필요합니다.

- 아두이노 우노 보드
- 포텐셔미터
- 브레드보드, 연결선

부품이 준비되면 포텐셔미터를 아두이노에 연결해주세요. 포텐셔미터 양쪽 가장자리 다리를 순서에 상관없이 아두이노의 5V, GND 핀에 연결합니다. 그리고 포텐셔미터 가운데 다리를 A0 핀으로 연결하세요. 포텐셔미터의 손잡이를 돌리면 가운데 다리의 출력 전압이 변화하므로 이를 확인하기 위해서 아날로그 핀을 사용합니다.

포텐셔미터	아두이노
다리 1	GND
다리 2	A0
다리 3	5V

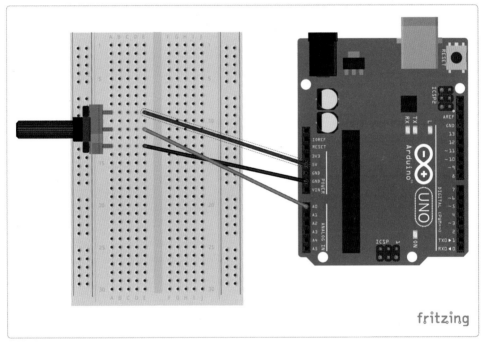

그림 5-3 **포텐셔미터 연결 방법**

🐞 스케치

정말 간단한 연결만으로 테스트를 할 수 있습니다. 아날로그 입력 값을 읽는 것도 연결만큼이나 쉽습니다.

예제 5-1 *포텐셔미터 입력 예제(chap5_1_Potentiometer.ino)*

```
void setup() {
  // put your setup code here, to run once:
  Serial.begin(9600); // ❶
}


void loop() {
  // put your main code here, to run repeatedly:
  int sensorValue = analogRead(A0); // ❷
  Serial.println(sensorValue);  // ❸
  delay(100);
}
```

❶ 아두이노 초기화 함수인 setup( ) 함수 안에서 필요한 초기화 작업을 해야 합니다. 그런데 시리얼 통신을 초기화하는 코드만 달랑 있습니다. '핀 설정은 안 하나?'라는 생각이 들면 이제 천천히 코드에 익숙해지고 있다는 이야기입니다.

```
void setup() {
  // put your setup code here, to run once:
  Serial.begin(9600);  // ❶
}
```

여기서는 핀 설정 부분은 필요가 없습니다. 앞서 아두이노는 아날로그 출력 기능이 없어서 디지털 출력을 이용해서 우회적으로 구현한다고 했죠? 아날로그 핀은 아날로그 입력 용도로만 사용되지 아날로그 출력 용도로는 사용할 수 없습니다. 따라서 아날로그 핀을 입력 모드로 쓸지 출력 모드로 쓸지 고민할 필요가 없습니다. 초기화 없이 바로 값을 읽는 용도로 사용하면 됩니다.

그래서 setup() 함수에는 PC로 출력할 데이터를 위해 시리얼 통신 초기화만 했습니다.

초기화 작업이 해결되었으니 loop() 반복 함수에서 할 작업을 생각해봅시다. 포텐셔미터에서 전압의 변화량을 수치로 읽은 뒤, 이 값을 PC로 시리얼 통신을 이용해 보내려고 합니다.

```
void loop() {
  int sensorValue = analogRead(A0); // ❷
  Serial.println(sensorValue);  // ❸
  delay(100);       // delay in between reads for stability
}
```

❷ 포텐셔미터에서 전해주는 전압의 변화량을 읽는 함수가 바로 analogRead() 함수입니다. analogRead() 함수에 핀 번호만 지정해주면 해당 핀에 입력된 전압에 따라 정수값이 나옵니다. 이걸 정수형(int) 변수 sensorValue에 기록해 두는 코드가 아래 코드입니다.

```
int sensorValue = analogRead(A0);  // ❷
```

❸ 포텐셔미터에서 값은 얻었으니 PC로 출력해봅시다. 앞 장에서 배운 대로 줄 넘김을 자동으로 해주는 문자열 출력 함수 Serial.println()을 사용하면 됩니다.

```
Serial.println(sensorValue);  // ❸
```

아두이노의 loop() 함수는 굉장히 빨리 반복되어서 데이터가 표시되면서 화면이 올라가면 PC에서 보기 어지러울 수 있습니다. 그래서 delay() 함수를 이용해서 아주 짧은 시간 동작을 멈추도록 했습니다.

🐷 테스트

업로드 버튼을 눌러 아두이노에 스케치를 올리고 시리얼 모니터를 켜세요. 포텐셔미터의 동작에 따라 아날로그 입력 값이 0~1023 사이에서 변화하는지 확인하면 됩니다.

그림 5-4 아날로그 입력 테스트 결과

포텐셔미터의 손잡이를 돌리는 방향을 유심히 살펴보세요. 손잡이를 아두이노 5V와 연결된 다리 쪽으로 돌리면 값이 커집니다. 왜냐하면 5V 다리 쪽에 가까워질수록 포텐셔미터 내부의 저항이 줄어들어서 출력되는 전압도 커지기 때문입니다.

여기까지 실습해본 내용을 정리하겠습니다.

아날로그 입력 기능은 아날로그 핀을 사용
초기화가 필요 없음
analogRead(아날로그_핀_번호) 함수로 입력 상태를 체크
입력 상태 값은 0~1023(10비트 해상도) 사이에서 변화

> **TIP** 아두이노의 아날로그 핀(A0~A5)도 디지털 제어를 하는 데 사용할 수 있습니다. 디지털 입출력 기능에 아날로그 입력 기능이 함께 들어 있는 셈입니다.

02 | 아날로그 출력

디지털 입력과 출력 그리고 아날로그 입력과 출력. 예쁘게 4등분 된 케익처럼 각각 기능을 구분할 수 있지만, 이 중에서 아날로그 출력은 좀 유별납니다. 아날로그 입력 예제에서 언급한 대로 아두이노는 0~5V 사이의 전압을 변화시켜 출력하는 능력이 없기 때문에 디지털 출력을 응용해서 구현됩니다. 그러면 디지털 출력으로 아날로그 입력을 어떻게 흉내 낼까요? 해답은 일정 시간 동안 빠르게 on, off 출력을 반복하면서 on 출력의 시간을 조절하는 데 있습니다.

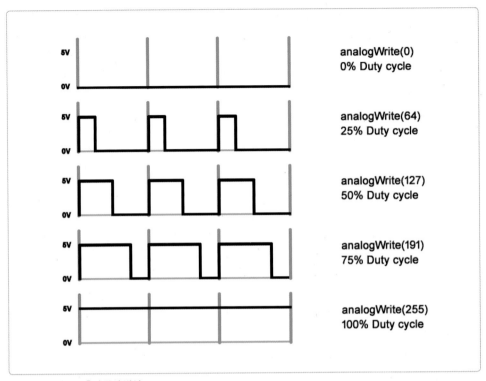

그림 5-5 *아날로그 출력 동작 방식*

그림처럼 on 출력 시간을 조절하면 순간순간의 출력은 디지털 값이지만 일정 시간을 두고 평균을 내면 0~5V 사이에서 변화하게 됩니다. 이런 아날로그 출력 제어 방법을 PWM(Pulse Width Modulation, 펄스 폭 변조)이라고 합니다. 아두이노에서는 이 작업을 약 2ms(500Hz frequency) 간격으로 수행할 수 있습니다. 위 그림에서 녹색 선 사이의 간격이 2밀리초라는 뜻입니다. 그리고 아두이노는 아날로그 출력을 256 단계 (0~255)로 구분해서 수행할 수 있습니다. 2밀리초를 256단계로 구분해서 on, off 제어 를 한다는 뜻입니다.

아두이노에는 PWM 작업을 자동으로 처리하기 위해 미리 지정된 핀 6개(이하 아두이노 우노 기준)가 있습니다. 디지털 3, 5, 6, 9, 10, 11번 핀이 아두이노가 지정한 PWM 핀 인데 이 핀들을 구분하기 위해서 보드의 핀 옆을 보면, 숫자 앞에 물결(~) 모양이 함께 표기되어 있습니다.

그림 5-6 *아두이노 PWM 핀*

PWM 핀을 이용하면 우리가 직접 on, off 출력을 시간 계산해가며 제어할 필요가 없습니다. 아두이노가 이 작업을 알아서 처리해줍니다.

아날로그 출력, PWM 기능은 디지털 출력으로 사용할 수 있는 여러 장치에 사용이 가능합니다. 예제에서 사용해봤던 LED에 적용하면 LED의 밝기를 조절할 수 있고, 소리를 내는 버저에 적용하면 소리 크기를 변화시킬 수 있습니다. DC 모터에 적용하면 모터의 속도를 변화시킬 수 있고, 특별한 종류의 모터인 서보 모터에 적용하면 회전각을 제어할 수 있습니다.

이제 익숙한 LED에 한번 적용을 해봅시다. 그냥 하면 재미가 없으니 아날로그 입력 예제에서 썼던 포텐셔미터를 함께 활용해보겠습니다. 포텐셔미터를 돌리면 LED의 밝기가 변하는, 아날로그 입력과 출력을 모두 활용하는 예제입니다!

🔍 연결 방법

예제를 위해서 아래 준비물을 챙겨주세요.

- 아두이노 우노 보드
- LED, 저항(220Ω~1KΩ)
- 포텐셔미터
- 브레드보드, 연결선

부품을 연결하는 방법은 앞선 예제에서 설명했었습니다. 포텐셔미터는 아날로그 0번 핀 (A0)을 그대로 이용하면 됩니다. 하지만 LED는 PWM 핀으로 아날로그 출력을 해야 하니 이전 예제에서 썼던 디지털 2번 핀이 아닌 디지털 3번 핀을 사용하겠습니다. 모두 연결하면 아래 그림처럼 됩니다.

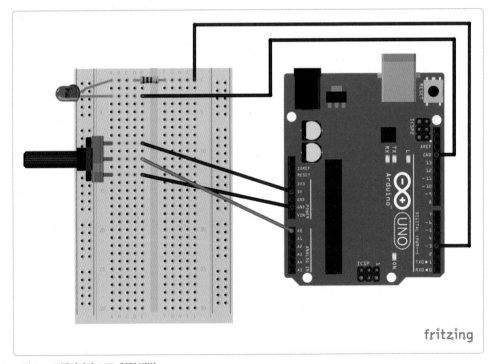

그림 5-7 *포텐셔미터-LED 연결 방법*

🐌 스케치

회로 구성이 끝났으면 스케치를 작성합니다. 대략 어떤 순서로 제어해야 할지 감을 잡을 수 있나요? 포텐셔미터로부터 읽은 값을 이용해서 LED 밝기를 조절하면 될 것 같습니다.

예제 5-2 *포텐셔미터를 이용한 LED 밝기 조절 예제(chap5_2_LED_Dimming.ino)*

```
void setup() {
  // put your setup code here, to run once: ❶
  // pinMode(3, OUTPUT);
}


void loop() {
  // put your main code here, to run repeatedly:
  int sensorValue = analogRead(A0);
  analogWrite(3, sensorValue / 4);  // ❷
  delay(50);
}
```

❶ 초기화 함수인 setup() 함수부터 보겠습니다.

아날로그 입력 함수인 analogRead()처럼 아날로그 출력 함수도 pinMode() 함수를 이용한 초기화를 하지 않아도 됩니다. 하지만 보다 명확히 디지털 출력의 응용이라는 점을 강조하기 위해서 pinMode() 초기화를 하는 경우도 있습니다. 예제 스케치에서는 pinMode() 함수를 이용한 초기화 부분이 주석 처리되어 있는데, 주석 풀 때 똑같은 결과가 나오는지 확인해봐도 재미있을 것 같네요.

```
void setup() {
  // put your setup code here, to run once:
  // pinMode(3, OUTPUT);
}
```

loop() 반복 함수를 보겠습니다. 먼저 포텐셔미터가 연결된 A0 핀으로부터 아날로그 입력 값을 얻어온 뒤 sensorValue 변수에 저장해둡니다. sensorValue 변수에는 0~1023 사이의 값이 들어가겠죠?

```
int sensorValue = analogRead(A0);
```

이 값을 아날로그 출력에 이용하면 됩니다.

❷ 아날로그 출력은 analogWrite() 함수를 이용하면 됩니다. analogWrite() 함수에는 두 개의 값을 넣어줘야 하는데 하나는 PWM 핀 번호이고 나머지는 출력할 값(0~255)입니다.

그런데 가만히 생각해보면 analogRead() 함수로 읽는 값의 범위(0~1023)와 analogWrite()로 쓸 수 있는 값의 범위(0~255)가 다릅니다. 값의 범위가 4배 차이가 나기 때문에 analogRead()로 읽은 값을 저장한 sensorValue 값을 4로 나눠서 써야 합니다. 이제 아래 코드를 통해 PWM 제어 신호를 보내는 것이 어떤 의미인지 이해가 될 겁니다.

```
analogWrite(3, sensorValue / 4);  // ❷
```

🦹 테스트

스케치를 이렇게 작성해서 업로드하면 포텐셔미터를 돌린 만큼 sensorValue 값이 증가하고, 딱 그만큼 LED의 밝기가 밝아집니다. 이론과 실제가 일치하는지 직접 테스트해보세요.

그림 5-8 *아날로그 출력 예제 테스트*

아날로그 출력, PWM 기능을 정리해보겠습니다.

아날로그 출력 기능은 디지털 출력을 응용한 PWM으로 구현

지정된 PWM 핀 사용(3, 5, 6, 9, 10, 11번 핀, 아두이노 우노 기준)

디지털 출력의 응용이므로 pinMode(PWM_핀_번호, OUTPUT) 초기화 필요

analogWrite(PWM_핀_번호, 출력_값) 함수로 출력을 조절

출력 값의 범위는 0~255

이번 예제까지 아두이노에 연결된 장치를 전자적으로 제어하기 위한 기본 기능을 배웠습니다. 디지털 입출력과 아날로그 입출력은 아두이노의 기본이자 핵심이며, 이 기능만으로도 수많은 센서와 장치를 제어할 수 있습니다. 그러니 연결 방법, 함수 사용이 익숙해질 때까지 다양한 실험을 해보시길 바랍니다.

하지만 응용을 하려 해도 뭘 더 해봐야 하는지 고민이 되곤 합니다. 그럴 때는 37 in 1 sensor kit이란 제품을 써보는 것을 추천합니다. 해당 이름으로 검색하면 국내외 쇼핑몰에서 쉽게 찾을 수 있습니다. 이름처럼 키트에는 37개의 다양한 센서가 포함되어 있는데, 대부분 아두이노의 기본 기능을 이용해서 사용이 가능합니다. 연습하기에도 좋고 아이디어 장치를 DIY하는 데 활용할 수도 있습니다.

어느 날 디지털 입출력과 아날로그 입출력이 익숙해졌다 느껴진다면 아두이노 초급 단계를 졸업했다는 신호입니다. 이제 여러가지 응용이 가능한 단계이니 스스로를 자랑스러워해도 좋습니다!

일반적으로 아두이노에 하나의 센서만 연결해서 동작시키는 경우는 드뭅니다. 여러 개의 센서나 모듈을 유기적으로 연결해서 동작시키지요. 그러다 보니 동작 패턴과 주기가 다른 여러 장치를 제어하느라 아두이노 코드에서 문제가 생기는 경우가 발생하곤 합니다. 다음 장에서는 아두이노를 배울 때 흔히 겪게 되는 아두이노 시간 관리 문제와 해결 방법을 살펴보겠습니다.

작업
시간
관리

아두이노는 오직 한 명의 일꾼이 일하는 회사와 같습니다. 그래서 일꾼이 효율적으로 일할 수 있도록 시간을 관리해주는 것이 중요합니다.

아두이노의 시간 관리 문제는 아두이노를 사용할 때 꼭 한 번은 겪게 되는 문제입니다.

01 | delay() 함수의 덫

기본 예제를 마쳤으니 이제 디지털 입출력 때 사용했던 LED와 버튼 예제를 다시 한번 복기해 보겠습니다. 왜냐하면 이 예제들을 응용하다 보면 예상치 못했던 문제에 마주치게 되거든요.

아두이노의 내장 LED(13번 핀에서 내부적으로 연결)를 1초 간격으로 깜빡이는 아두이노 Blink 예제를 불러와 보세요. 아두이노 개발 환경을 실행하고 상단 메뉴 영역에서 [파일 – 예제 – 01.Basics – Blink] 순서대로 클릭하면 됩니다.

예제 6-1 *Blink 예제*

```
// the setup function runs once when you press reset or power the board
void setup() {
  // initialize digital pin 13 as an output.
  pinMode(13, OUTPUT);
}


// the loop function runs over and over again forever
void loop() {
  digitalWrite(13, HIGH);   // turn the LED on (HIGH is the voltage level)
  delay(1000);              // wait for a second
  digitalWrite(13, LOW);    // turn the LED off by making the voltage LOW
  delay(1000);              // wait for a second
}
```

코드를 살펴보면 digitalWrite() 함수를 이용해 LED를 제어하고, delay() 함수를 이용해 아두이노를 1초씩 멈춰서 깜빡이는 효과를 줬습니다.

여기에 버튼과 LED를 추가로 연결해서 버튼으로 LED를 제어하는 일을 같이 해보겠습니다. 아두이노가 내장한 13번 LED는 1초 간격으로 깜박이고 언제든 버튼이 눌러졌을 땐 2번 핀에 연결한 LED를 켜는 겁니다.

4장의 디지털 입력 예제에서 버튼을 이용해 LED를 제어했죠? 그때 사용한 것과 같은 똑같은 방법으로 회로를 구성합니다. LED를 저항과 함께 디지털 2번 핀에 연결하고 버튼은 디지털 3번 핀에 연결합니다.

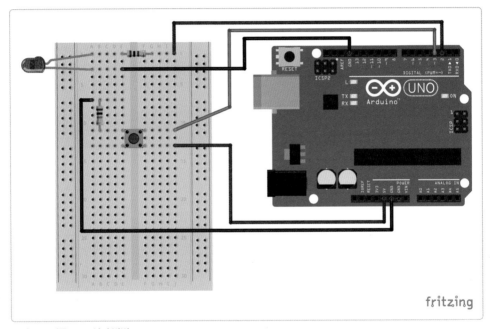

그림 6-1 *버튼, LED 연결 방법*

4장에서 사용한 디지털 입력 예제의 스케치는 다음과 같습니다.

```
// the setup function runs once when you press reset or power the board
void setup() {
  // initialize digital pin 2 as an output.
  pinMode(2, OUTPUT);
  // initialize digital pin 3 as an input.
  pinMode(3, INPUT);
}


// the loop function runs over and over again forever
void loop() {
  int button = digitalRead(3);    // read from button
  digitalWrite(2, button);        // write to LED
  delay(10);
}
```

단순히 생각하면 디지털 입력 예제에서 사용했던 스케치를 Blink 스케치에 더해주면 될 것 같습니다. 두 예제 스케치를 단순히 합쳐보면 아래처럼 될 것입니다. 굵은 글자로 표시된 부분이 Blink 스케치의 코드입니다.

예제 6-3 *Blink 예제에 디지털 입력 예제를 합친 코드*

```
// the setup function runs once when you press reset or power the board
void setup() {
  // initialize digital pin 13 as an output.
  pinMode(13, OUTPUT);
  pinMode(2, OUTPUT);
  pinMode(3, INPUT);
```

```
    }

    // the loop function runs over and over again forever
    void loop() {
        digitalWrite(13, HIGH);      // turn the LED on (HIGH is the voltage level)
        delay(1000);                 // wait for a second
        digitalWrite(13, LOW);       // turn the LED off by making the voltage LOW
        delay(1000);                 // wait for a second

        int button = digitalRead(3);
        digitalWrite(2, button);
        delay(10);
    }
```

이 스케치를 아두이노에 올려서 한 번 확인해보세요. 아두이노가 내장한 LED는 약 1초 간격으로 깜빡이지만 버튼을 눌렀을 때 LED가 반응하나요? 4장에서 예제를 실행했을 때와 같은 방식으로 작동하나요?

아마 우리 기대처럼 반응하지 않을 겁니다. 버튼을 누를 때 이질감이 있을 텐데, 왜냐하면 loop() 함수에서 1초 간격으로 LED를 깜빡이기 위해 delay() 함수를 두 번 호출한 다음에야 버튼의 입력 상태를 확인하기 때문입니다. 즉, 버튼의 상태를 확인하기까지 2초 정도의 지연시간이 발생합니다. 운 좋게 버튼을 누른 순간 digitalRead()를 수행한다면 버튼 상태가 입력되겠지만, 그렇지 않다면 delay()로 지연된 2초 동안은 사용자 입력이 무시됩니다.

만약 아두이노가 두 명의 일꾼을 가지고 있다면 이 문제는 쉽게 해결할 수 있을 겁니다. 한 명은 버튼 입력을 확인해서 LED 제어하는 작업을 하고, 다른 한 명은 아두이노 내장 LED를 1초 간격으로 제어하면 되겠지요. 하지만 아두이노는 오직 한 명의 일꾼만 가지고 있습니다. 우린 한 명의 일꾼이 여러 가지 작업을 동시에 할 수 있도록 모든 동작이 지연되는 delay() 함수를 쓰는 대신 일꾼의 시간을 관리해야 합니다.

02 | millis() 함수를 이용한 시간 관리

아두이노 일꾼의 시간 관리는 주방에서 식사를 준비하는 것과 비슷하게 합니다. 어머니께서 요리하실 때는 한쪽에서는 각종 재료를 다듬고, 가스레인지에는 물을 끓여 국을 준비하는 등 여러 가지 일이 한번에 진행됩니다. 이때 재료를 다듬는 와중에도 끓고 있는 냄비에 다른 재료 넣을 시간이 됐는지 계속 시간 확인을 해줘야 합니다. 이와 유사한 방법을 이용해서 우리도 delay() 함수 문제를 해결할 수 있습니다.

아두이노 입장에서 보면, 버튼의 동작을 확인해서 LED를 제어하는 것이 계속 진행해야 할 작업이라 할 수 있습니다. 사용자가 언제 버튼을 누를지 모르니 항상 버튼의 입력을 감시해야 하기 때문입니다. 반면에 아두이노가 내장한 LED를 1초 간격으로 깜빡이는 작업은 수행해야 할 시간이 정해져 있습니다. 따라서 버튼 감시를 계속 수행하면서 LED 깜빡일 시간이 되었는지 시간을 확인하는 작업을 넣어줘야 합니다.

일단 계속 수행해야 할 작업, 버튼으로 LED를 제어하는 코드부터 스케치에 구현해보겠습니다.

예제 6-4 *버튼으로 LED를 제어하는 코드*

```
// the setup function runs once when you press reset or power the board
void setup() {
  pinMode(2, OUTPUT);
  pinMode(3, INPUT);
}


// the loop function runs over and over again forever
```

```
void loop() {

  int button = digitalRead(3);

  digitalWrite(2, button);

  delay(10);

}
```

디지털 입력을 테스트할 때 사용했던 예제와 같은 코드입니다.

버튼 입력을 계속 확인하는 작업은 구현이 되었으니 이제 1초 간격으로 아두이노 내장 LED가 깜빡이도록 추가를 해주겠습니다. 그러기 위해서는 아두이노에서 시간을 측정하는 방법이 필요합니다. 시간을 측정해주는 함수가 바로 millis() 함수입니다. millis() 함수는 아래와 같은 형태로 사용할 수 있습니다.

```
unsigned long currentTime = millis();
```

millis() 함수를 사용하면 아두이노가 작동을 시작한 뒤 경과한 시간을 밀리초(1/1000초) 단위로 알려줍니다. 이 숫자는 매초 1,000씩 증가할 것이고, millis() 함수로 얻은 값을 1,000으로 나누면 아두이노 시작 후 경과한 시간을 초 단위로 얻을 수 있겠죠. 이 값은 시간이 지날수록 매우 커지기 때문에 정수형 중에서도 표현 범위가 가장 큰 unsigned long 변수를 사용합니다.

millis() 함수가 있으니 이제 시간을 확인해서 1초 간격으로 LED 상태를 변경할 수 있습니다. 아두이노 loop() 반복 함수가 빠르게 반복될 때 millis() 함수를 이용해 현재 시간을 얻고 이전에 LED를 제어한 이후 1초가 지났는지 검사합니다. 1초가 지났다면 LED 상태를 바꾸고 현재 시간을 기록해둬서 이후 비교할 때 다시 사용하면 됩니다.

이 내용을 스케치로 표현하면 다음과 같습니다.

```
unsigned long previousTime = 0;      // LED 상태를 변경한 시간 ❶
boolean isOn = false;                // LED 상태


void setup() {
  // put your setup code here, to run once:
  pinMode(13, OUTPUT);
}


void loop() {
  // put your main code here, to run repeatedly:
  unsigned long currentTime = millis();

  // 현재 시간이 지난 번 변경 시간 + 1초 보다 클 때 ❷
    if( currentTime > previousTime + 1000 ) {  // ❸
    // LED 제어
    if(isOn) {
      digitalWrite(13, HIGH);
    } else {
      digitalWrite(13, LOW);
    }
    isOn = !isOn;                      // LED 상태 변경 ❹
    previousTime = currentTime;        // 변경 시간 변경
  }
}
```

❶ 전역 변수 2개를 먼저 만들어줘야 합니다. 하나는 LED의 상태를 바꿀 때마다 시간을 기록해 둘 previousTime이고, 다른 하나는 다음번 사용해야 할 LED 상태를 알려주는

isOn입니다.

```
unsigned long previousTime = 0;        // LED 상태를 변경한 시간 ❶
boolean isOn = false;                  // LED 상태
```

❷ loop() 함수가 반복될 때는 매번 millis() 함수를 이용해서 현재 시간을 측정하고 currentTime에 저장합니다. 현재 시간이 지난번 LED 작업한 뒤로 1초가 지났는지 비교하면 되겠죠. 아래처럼 비교하면 됩니다. 시간이 밀리초(1/1000초) 단위임을 주의하세요.

```
if( currentTime > previousTime + 1000 ) {   //
```

❸ currentTime 값이 previousTime 값에 1,000을 더한 값보다 큰 경우는 1초가 경과했다는 뜻입니다. 따라서 이때 LED 상태를 바꿔주면 됩니다. 변경할 LED 상태를 담은 isOn 변수는 참, 혹은 거짓 값을 가지므로 if 조건문을 이용하면 됩니다.

```
if(isOn) {                        // isOn 값이 true이면
 digitalWrite(13, HIGH);
} else {                          // isOn 값이 false이면
 digitalWrite(13, LOW);
}
```

❹ LED를 제어했으면 반드시 다음 동작을 위해 previousTime과 isOn 값을 변경해둬야 합니다.

```
isOn = !isOn;           // LED 상태 변경 ❹
previousTime = currentTime;
```

여기서 !isOn 코드는 isOn의 반대 값을 구하는 표현입니다. !isOn의 값을 다시 isOn에 넣으면 값이 반대로 저장되겠죠. 그러면 LED 의 불빛 상태가 1초마다 변경됩니다.

1초 간격으로 LED 상태를 변경하는 스케치를 완성했습니다. 스케치를 아두이노에 올려서 정말 1초 간격으로 LED가 점멸하는지 확인해보세요!

이제 시간 관리 코드를 버튼 예제와 합쳐 보겠습니다. 시간 관리 코드는 굵은 글자로 표기되어 있습니다.

예제 6-6 *LED를 깜빡이는 코드와 버튼-LED 제어 코드를 합친 예제(chap6_2_Blink_and_Button_Control.ino)*

```
unsigned long previousTime = 0;
boolean isOn = false;

// the setup function runs once when you press reset or power the board
void setup() {
  // initialize digital pin 13 as an output.
  pinMode(13, OUTPUT);
  pinMode(2, OUTPUT);
  pinMode(3, INPUT);
}

void loop() {
  // put your main code here, to run repeatedly:
  unsigned long currentTime = millis();

  // 현재 시간이 지난 번 변경 시간 + 1초 보다 클 때
  if( currentTime > previousTime + 1000 ) {
    // LED 제어
    if(isOn) {
```

```
      digitalWrite(13, HIGH);
    } else {
      digitalWrite(13, LOW);
    }
    isOn = !isOn;   // LED 상태 변경
    previousTime = currentTime; // 변경 시간 변경
  }

  int button = digitalRead(3);
  digitalWrite(2, button);
  delay(10);
}
```

이 스케치를 실행해보시면 2번 핀에 연결된 LED는 버튼에 바로 반응하고, 아두이노 내장 LED는 1초마다 깜빡입니다. 성공입니다! 이런 식으로 millis() 함수를 이용해서 시간을 관리해주면 여러 가지 작업을 같이 수행할 수 있습니다.

이런 형태의 코드는 아두이노를 가지고 놀 때 자주 사용하게 됩니다. 조금 어렵더라도 꼭 직접 코드를 입력해보고 결과를 확인해보세요.

03 │ 인터럽트 이해하기

다시 어머니께서 요리하고 계시는 주방으로 돌아가 보겠습니다. 요리 재료를 다듬는데 계속 가스레인지 위에 있는 냄비의 상황을 확인하는 건 꽤나 번거로운 일입니다. 다른 일을 하느라 시간을 놓칠 수도 있고요. 그럼 냄비가 끓을 때 자동으로 소리를 내주는 뚜껑을 사용하면 어떨까요? 시계를 보며 시간을 계속 확인하지 않아도 알림이 오니 한결 편해지겠죠?

이와 유사한 방법이 아두이노에도 있습니다. 확인할 시간이 됐는지 millis() 함수로 계속 체크하지 않아도 '인터럽트(interrupt)'라는 기능을 이용해 똑같이 구현할 수 있습니다. 인터럽트는 특정 조건이 되면 알려주는 알림 장치라고 할 수 있습니다.

인터럽트는 지정된 디지털 핀의 입력 상태가 바뀌면 미리 등록한 함수를 자동으로 실행하게 해주는 기능입니다. 앞선 예제에서는 아두이노 내장 LED 상태를 바꾸기 위해 시간 관리를 해줬죠? 인터럽트는 반대로 버튼이 연결된 디지털 핀의 입력 상태가 바뀔 때 특정 함수가 자동으로 실행되도록 만들 수 있습니다. 따라서 인터럽트를 사용하면 loop() 반복 함수 안에서는 1초 간격으로 아두이노 내장 LED를 제어하도록 두고, 버튼 입력 상태가 바뀌었을 때 자동으로 알림을 받아 다른 LED 제어를 할 수 있습니다.

이때 인터럽트에 의해 자동으로 실행되는 함수를 '인터럽트 서비스 루틴(ISR, Interrupt Service Routines)'이라 부릅니다. 이 함수는 우리가 직접 호출하는 게 아니라 조건에 맞을 때 아두이노가 호출해주기 때문에 '인터럽트 콜백(callback)' 함수라고도 합니다.

그럼 이미 loop() 함수에서 1초 간격으로 LED를 깜빡이던 아두이노 일꾼은 어떻게 되는지 궁금하실 겁니다. 인터럽트 콜백 함수가 호출되면 아두이노 일꾼은 하던 작업을 잠시 멈춰두고 인터럽트 콜백 함수를 처리하러 갑니다. 그리고 인터럽트 콜백 함수가 종료되면 원래 하던 작업을 하러 돌아옵니다.

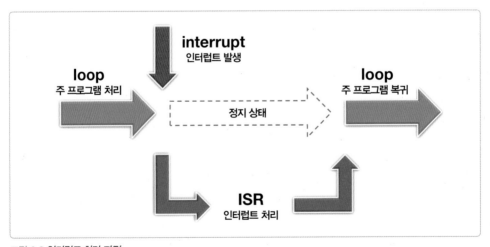

그림 6-2 *인터럽트 처리 과정*

인터럽트가 발생하면 원래 하던 작업은 잠시 지연되게 됩니다. 따라서 인터럽트 콜백 함수에서는 가능한 최소한의 처리만 하도록 미리 배려해둬야 합니다.

인터럽트가 어떤 식으로 동작하는지는 알았으니 실제 인터럽트를 사용하기 위해 필요한 정보를 알아보겠습니다. 불행히도 아두이노 우노 보드는 단 두 개의 디지털 핀, 디지털 2번 핀과 3번 핀에만 인터럽트 기능을 넣어 뒀습니다. 아두이노 종류가 바뀌면 인터럽트 핀의 개수와 할당된 위치도 바뀝니다.

표 6-1 *주요 아두이노 보드의 인터럽트 할당*

보드/인터럽트 넘버	Int.0	Int.1	Int.2	Int3	Int.4	Int.5
우노	2	3				
메가2560	2	3	21	20	19	18
레오나르도	3	2	0	1	7	

주의해야 할 점은 아두이노는 인터럽트가 연결된 디지털 핀의 핀 번호를 사용하지 않는다는 것입니다. 대신 미리 정의해 둔 인터럽트 넘버를 사용합니다. 아두이노 우노 보드의 경우 디지털 2번 핀과 3번 핀은 인터럽트 넘버 0과 1로 사용해야 합니다.

앞선 예제에서 디지털 2번 핀에는 LED, 디지털 3번 핀에는 버튼을 연결해서 버튼의 입력에 따라 제어했습니다. 연결 상태를 바꾸지 않고 인터럽트를 이용한 제어로 바꿔 보겠습니다.

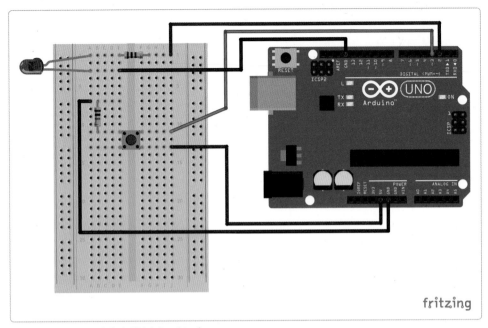

그림 6-3 *버튼과 LED 연결 방법(인터럽트 테스트)*

연결을 확인했으면 인터럽트 기능을 사용하는 스케치를 만들 차례입니다. 버튼으로 LED를 제어하는 예제를 인터럽트로 구현한 스케치를 소개하겠습니다.

예제 6-7 *버튼-LED 인터럽트 제어 예제(chap6_3_Interrupt_basic.ino)*

```
void setup() {
  // put your setup code here, to run once:
  pinMode(2, OUTPUT);
  attachInterrupt(1, blink, CHANGE);  // D3 핀에 인터럽트 설정 ❶
}


void loop() {
  // put your main code here, to run repeatedly:

}
```

```
// ISR: 인터럽트가 발생할 때 실행되는 함수 ❷
void blink() {
  int button = digitalRead(3);        // 버튼 상태 체크
  digitalWrite(2, button);            // LED 제어
}
```

뭔가 깔끔해졌죠? 이 스케치를 부분별로 분해해서 확인해 보겠습니다.

인터럽트를 사용하기 위해서는 초기화가 필요합니다. 어떤 핀에서 어떤 신호가 발생했을 때 어떤 함수가 실행되어야 하는가에 대한 정보를 아두이노에 미리 알려줘야 합니다. setup() 함수가 이런 작업을 하기에는 최적입니다.

❶ setup() 함수 안에서 attachInterrupt() 함수를 사용했습니다. 이 함수가 바로 인터럽트를 사용할 때 쓰이는 초기화 함수입니다. 여기에 인터럽트 핀 넘버, 호출될 함수 이름, 호출될 조건을 순서대로 적어두면 아두이노가 인터럽트 기능을 준비합니다. attachInterrupt() 함수를 사용할 때 넘겨주는 값을 상세히 살펴보겠습니다.

버튼이 3번 핀에 연결되어 있으므로 디지털 3번 핀에 해당하는 인터럽트 넘버 1을 사용했습니다.
그리고 인터럽트가 발생했을 때 호출되는 함수 이름을 blink라고 적었습니다. 함수 호출을 하려면 blink() 함수를 스케치 파일 어딘가에 만들어 둬야 합니다. 스케치 파일 마지막에 이 함수가 정의되어 있습니다. ❷ blink() 함수는 굉장히 단순한 일을 합니다. 3번 핀의 입력 상태를 읽고, 입력 상태대로 2번 LED 핀에 출력합니다.
그리고 마지막 CHANGE는 디지털 핀의 입력 값이 HIGH에서 LOW로, 또는 LOW에서 HIGH로 바뀌는 경우 모두 알려달라는 뜻입니다. CHANGE 외에 사용할 수 있는 조건이 몇 가지 더 있습니다.

CHANGE	값이 변경될 때
LOW	핀이 LOW 상태일 때
RISING	핀이 LOW에서 HIGH로 바뀔 때
FALLING	핀이 HIGH에서 LOW로 바뀔 때

버튼 입력에 따라 해야 할 동작은 이미 인터럽트 콜백 함수에 다 들어가 있기 때문에 loop() 반복 함수에서는 따로 할 작업이 없습니다. 그래서 지금은 loop() 함수에는 아무 내용도 넣지 않았습니다.

인터럽트를 사용할 때는 주의해야 할 사항이 많습니다. 모든 내용을 지금 다 이해하기에는 버거울 수도 있지만, 이런 제약사항이 있다는 점을 기억해두시고 추후 문제가 발생할 때 이 내용을 확인하세요.

- 인터럽트 콜백 함수에는 값을 전달할 수 없고, 처리한 결과 값을 알 수도 없습니다. 일반적인 함수처럼 명시적으로 호출되는 게 아니라 (아두이노 일꾼 입장에서는) 뜬금 없이 실행되는 것이기 때문입니다. 따라서 void xxx() 형태로 사용해야 합니다.
- 인터럽트 콜백 함수 안에서는 delay() 함수를 사용할 수 없습니다.
- 그리고 milli-단위의 시각을 가져오는 함수인 millis()를 사용하더라도 값이 증가하지 않습니다. delayMicroseconds()의 경우에는 인터럽트에 독립적이므로 정상적으로 동작합니다.
- 인터럽트 콜백 함수 안에서 시리얼 통신 데이터를 읽을 경우 값이 소실됩니다.
- 인터럽트 콜백 함수 안에서 수정되는 전역 변수는 volatile로 선언되어야 합니다.
- 인터럽트 콜백 함수는 최대한 짧고 빠르게 수행되도록 작성해야 합니다.
- 인터럽트 콜백 함수가 여러 개 등록되어 있더라도 동시에 수행되지 않습니다.

04 | 인터럽트를 이용한 예제 완성

앞선 예제에서 버튼을 이용한 LED 제어를 인터럽트로 구현했습니다. 여기에 1초 간격으로 아두이노가 내장한 LED를 깜빡이는 코드를 추가해서 2절에서 확인했던 시간 관리 예제와 똑같이 동작하도록 만들어 보겠습니다.

```
void setup() {
  // put your setup code here, to run once:
  pinMode(13, OUTPUT);
  pinMode(2, OUTPUT);
  attachInterrupt(1, blink, CHANGE);  // D3 핀에 인터럽트 설정 ❶
}


void loop() {
  // put your main code here, to run repeatedly: ❸
  digitalWrite(13, HIGH);
  delay(1000);
  digitalWrite(13, LOW);
  delay(1000);
}


// ISR: 인터럽트가 발생할 때 실행되는 함수 ❷
void blink() {
  int button = digitalRead(3);      // 버튼 상태 체크
  digitalWrite(2, button);          // LED 제어
}
```

스케치에서 굵은 글자로 표시된 부분이 새롭게 추가된 코드입니다.

아두이노 내장 LED를 깜빡일 예정이니 setup() 초기화 함수 안에서 디지털 13번 핀을 초기화해줘야 합니다.

```
void setup() {
  // put your setup code here, to run once:
  pinMode(13, OUTPUT);
  pinMode(2, OUTPUT);
  attachInterrupt(1, blink, CHANGE);  // D3 핀에 인터럽트 설정 ❶
}
```

❸ 그리고 loop() 반복 함수 안에서 delay()로 LED를 깜빡이도록 했습니다.

```
void loop() {
  // put your main code here, to run repeatedly: ❸
  digitalWrite(13, HIGH);
  delay(1000);
  digitalWrite(13, LOW);
  delay(1000);
}
```

이제 delay()로 아두이노 일꾼이 쉬더라도 인터럽트에 의해 호출된다는 점을 짐작할 수 있습니다.

millis() 함수를 이용한 시간 관리 예제와 인터럽트를 사용한 예제를 잘 비교해보세요. 동작 결과는 같지만 구현하는 과정은 확연히 다릅니다. 프로젝트 구현에 있어서도 여러 다른 과정을 통해서 같은 결과를 얻을 수 있는 부분이 많이 있으니 늘 좀 더 효율적이고 재미있는 방법을 찾기 위해서 고민하는 자세가 필요하겠죠?

그리고 관심과 노력 또한 필요합니다. 어떤 도구든지 익숙해지기 위해선 많은 연습과 시간이 필요합니다. 그래서 다음 장에서는 디지털, 아날로그 입출력 기능으로 제어할 수 있는 여러 가지 센서를 다뤄보려고 합니다. 언급되는 센서 외에도 다양한 종류를 구해서 연습해보세요. 일단 익숙해지면 그동안 상상만 했던 장치를 직접 구현할 힘을 얻게 됩니다!

기본
입출력
응용

앞서 배운 디지털 입출력과 아날로그 입출력을 응용해서 센서를 다루는 예제를 살펴봅니다.

여러 센서와 모듈을 가지고 실험하다 보면 어느새 아두이노와 친숙해져 있는 자신을 발견하게 될 것입니다.

앞에서는 간단한 LED와 버튼만 쓰면서 이론적인 부분을 다뤄서 조금 심심하게 느껴졌을 수도 있을 것 같습니다. 기분도 전환할 겸, 앞서 배운 아두이노 기본 입출력 방법을 몸으로 익히기도 할 겸 다양한 장치를 아두이노에 연결해서 실습해 보겠습니다.

이 장에서 사용할 장치는 모두 아두이노의 기본 입출력 방법, 즉 디지털 입출력과 아날로그 입출력으로 다룰 수 있는 장치들입니다.

01 | 버저

빛을 낼 때 LED를 사용하듯 소리를 낼 때는 버저를 사용하면 됩니다. 아두이노 스타터 킷을 구매하면 보통 버저는 기본으로 들어가 있습니다. 아래처럼 생긴 부품을 찾으면 됩니다.

그림 7-1 *버저*

버저는 굉장히 단순한 스피커 같은 장치입니다. 마치 이십여 년 전에 사용하던 컴퓨터를 켤 때 나오던 것 같은 투박한 소리를 냅니다. 단순한 기능만큼이나 소리를 만드는 방법도 간단해서 좋습니다. 그저 아두이노의 디지털 핀에 연결해서 디지털 출력만 해주면

"삐~" 소리를 낼 수 있습니다. 버저에 전기를 흘려주면 소리가 나는 것입니다. LED만큼이나 사용하기 쉽고 유용해서 디지털 출력을 익히기에는 이만한 게 없습니다.

이번 예제에서는 디지털 출력으로 버저에 소리를 내보고, 이에 더해 간단한 멜로디도 연주해보겠습니다.

연결 방법

예제를 실습하기 위해서는 아래 부품이 필요합니다.

- 아두이노 우노 보드
- 버저
- 브레드보드, 연결선

버저는 다리 두 개를 가지고 있습니다. 두 다리 중 앞면에 (+) 표시가 된 다리를 아두이노의 디지털 핀에 연결하고 나머지 다리를 GND 핀에 연결해 주면 버저를 사용할 준비는 끝납니다. 여기서는 아두이노의 디지털 2번 핀을 사용하겠습니다.

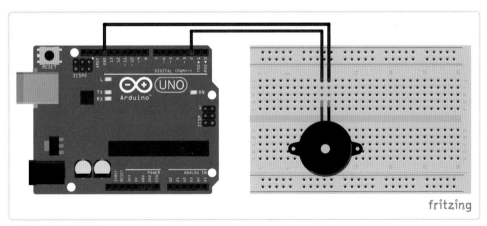

그림 7-2 *버저 연결 방법*

🎨 스케치

버저를 동작시킬 스케치를 만들어 보겠습니다. 가장 기초적인 예제였던 Blink 스케치를 그대로 사용하면 됩니다. 아두이노 개발환경에서 [파일 – 예제 – 01.Basics – Blink]를 순서대로 선택해서 스케치를 불러오세요. 여기서 LED가 연결된 핀 번호만 13에서 2로 변경해주면 됩니다.

예제 7-1 *버저 예제*

```
// the setup function runs once when you press reset or power the board
void setup() {
  // initialize digital pin 2 as an output.
  pinMode(2, OUTPUT);
}


// the loop function runs over and over again forever
void loop() {
  digitalWrite(2, HIGH);
  delay(1000);
  digitalWrite(2, LOW);
  delay(1000);
}
```

버저가 연결된 디지털 2번 핀 초기화를 위해 pinMode() 함수를 OUTPUT 모드로 사용하였고, digitalWrite() 함수와 delay() 함수를 이용해서 1초 간격으로 소리를 냈습니다.

테스트 및 활용

작성한 스케치를 올려서 버저의 동작을 테스트해보세요. 버저를 이용해 소리를 내는 건 간단하죠? 하지만 쉬운 만큼 소리는 단순합니다. 마치 소음처럼 들리는 소리에 실망했을 것 같아 더 재미있게 활용하는 방법을 소개합니다. 이번에는 버저를 이용해서 음을 연주해보도록 하겠습니다.

버저를 이용해서 음을 내려면 각 음계에 맞는 소리, 즉 음파의 주파수에 맞게 신호를 생성하는 방법을 써야 합니다. 언뜻 이걸 어떻게 하나 고민에 빠지기 쉬운데 고맙게도 아두이노는 이를 위해 tone() 이라는 함수를 미리 만들어 뒀습니다. tone() 함수는 우리가 디지털 핀을 직접 조작하지 않아도 설정한 주파수의 음을 만들어주는 함수입니다.

> **tone() 함수**
>
> 사실 tone() 함수는 조금 특이한 면이 있습니다. 왜냐하면 tone()은 정확한 타이밍에 동작하기 위해 아두이노가 제공하는 '타이머(timer)'를 사용하기 때문입니다. 앞 장에서 하드웨어 인터럽트를 배웠었죠? 하드웨어 인터럽트는 디지털 핀의 상태에 따라 함수를 자동 실행하는 데 반해, 타이머는 지정한 시간에 의해 함수를 자동으로 실행하는 기능입니다. 따라서 tone()은 delay() 함수로 지연되는 것과 상관없이 지정한 타이밍에 맞춰 동작합니다.

tone() 함수를 사용할 때는 아래처럼 사용하면 됩니다.

```
tone(pin number, frequency in hertz, duration in milliseconds);
```

버저가 연결된 핀 넘버, 주파수(Hz 단위), 재생 시간(밀리초) 을 넣어주면 tone() 함수가 그대로 음을 재생해줍니다. 따라서 tone() 함수에 들어갈 음계(주파수 값)와 지속 시간을 계속 넣어주면 음악이 재생될 거라 예상할 수 있습니다.

tone() 함수를 이용해서 음을 연주해 보겠습니다. 아두이노 개발환경을 실행하고 아래 스케치를 넣어보세요. 도레미파솔라시도 음계를 순서대로 연주하도록 만든 스케치입니다.

예제 7-2 *tone() 함수를 이용한 음악 연주 예제(chap7_1_Buzzer_Melody.ino)*

```
#include "pitches.h"

int arraySize = 8;

// notes in the melody: ❶
int melody[] = {
  NOTE_C4, NOTE_D4, NOTE_E4, NOTE_F4, NOTE_G4, NOTE_A4, NOTE_B4, NOTE_C5
};

// 각 음의 길이. 4분 음표, 8분 음표 등등... ❷
int noteDurations[] = { 8, 8, 6, 6, 4, 4, 4, 4 };

void setup() {
  for (int note = 0; note < arraySize; note ++) {
    // noteDurations 배열 값은 음표의 길이이므로 1초를 해당 숫자로 나눠서
    // 시간을 구한 다음 사용
    // 예) 4분 음표 = 1000 / 4,    8분 음표 = 1000/8 ...
    int duration = 1000/ noteDurations[note];
    tone(2, melody[note], duration);  // ❸

    // 음표의 연주시간 + 30 ms 만큼 대기
    delay(duration+30);  // ❹
  }
}
```

```
void loop() {

}
```

이 스케치를 한 줄씩 뜯어보면 음악을 만드는 방법을 알 수 있습니다.

tone() 함수를 사용하기 위해서는 두 가지 주요 정보가 필요합니다. 음계에 해당하는 주파수 정보와 지속 시간 정보입니다. 그런데 우린 각 음계에 해당하는 주파수 값을 모르고 있습니다. 이 정보를 저장하는 파일을 하나 만들어 두는 게 좋겠네요.

아두이노 개발환경에서 [우측 상단의 ▼ 아이콘 – 새 탭]을 선택하거나 키보드에서 Ctrl+Shift+N를 누르세요.

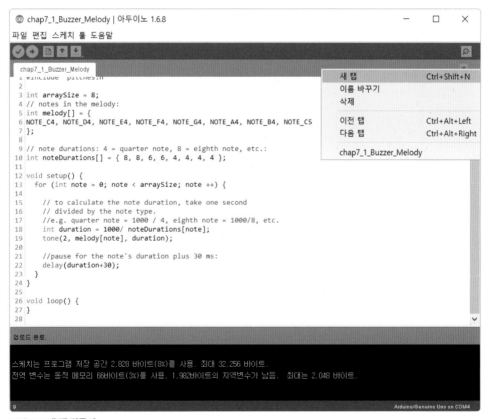

그림 7-3 새 탭 만들기

그리고 파일 이름 입력란에 pitches.h을 적고 확인을 누르세요.

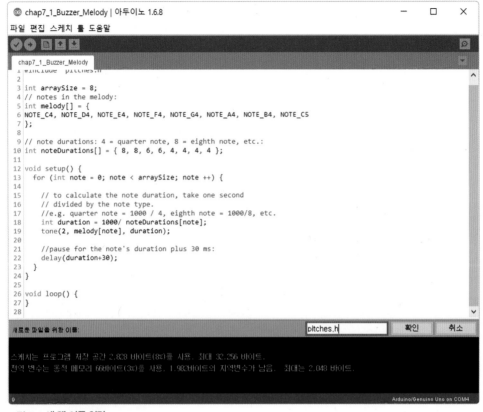

그림 7-4 *새 탭 이름 입력*

이렇게 새 탭을 추가하면 스케치 파일이 있는 위치에 pitches.h 파일이 생성되고 상단에 탭으로 표시됩니다. 탭으로 표시된다는 의미는 우리가 사용하는 스케치 파일과 연결되어 동작하는 파일이라는 뜻입니다.

pitches.h 탭에 오른쪽의 소스코드를 넣어주세요. 이 소스코드는 각 음계에 해당하는 주파수 정보를 가지고 있습니다.

예제 7-3 *pitches.h 파일(pitches.h)*

```
/***********************************************
 * Public Constants
 ***********************************************/

#define NOTE_B0  31
#define NOTE_C1  33
#define NOTE_CS1 35
......
#define NOTE_D8  4699
#define NOTE_DS8 4978
```

여기서 사용된 #define 구문은 일종의 문자열 치환 명령어라 보시면 됩니다.

#define 치환할_문자 치환될_문자

이렇게 사용하면 이후부터 스케치에 [**치환할_문자**]와 일치하는 부분이 있으면 [**치환될_ 문자**]로 바꾸어줍니다. 메모장에 있는 문자열 바꾸기 기능과 같다고 보시면 됩니다.

#define을 사용한 이유는 주파수 값(숫자)을 직접 사용하는 대신 우리에게 익숙한 음계 표현법을 소스코드에 사용하기 위해서입니다. 예를 들어 4옥타브 도(c), 레(d), 미(e)를 표현할 때 262, 294, 330(Hz) 대신 NOTE_C4, NOTE_D4, NOTE_E4와 같은 단어 로 사용하는 것이 훨씬 코드를 이해하기 편하니까요.

음계에 해당하는 주파수를 표현하는 방법이 생겼으니 우리가 연주할 도레미파솔라시도 각 음의 주파수와 지속 시간을 미리 저장해두면 됩니다. 주파수와 지속 시간 모두 정수 값으로 표현할 수 있으니 정수형 배열이 적절하겠습니다.

```
#include "pitches.h"


int arraySize = 8;
// notes in the melody: ❶
int melody[] = {
  NOTE_C4, NOTE_G3, NOTE_G3, NOTE_GS3, NOTE_G3,0, NOTE_B3, NOTE_C4, NOTE_C4
};


// note durations: 4 = quarter note, 8 = eighth note, etc.: ❷
int noteDurations[] = { 8, 8, 6, 6, 4, 4, 4, 4 };
```

음계에 해당하는 주파수 정보가 pitches.h 파일에 기록되어 있습니다. 따라서 이 파일을
먼저 스케치로 불러와야 합니다. 이때는 #include 구문을 사용하면 됩니다. #include는
라이브러리나 .h(헤더) 파일로 정의된 내용을 불러올 때 사용하는 방법입니다.

```
#include "pitches.h"
```

❶❷ melody[] 배열에 주파수를 8개 기록해 뒀고, 마찬가지로 noteDurations[] 배열
에는 각 음을 지속할 시간을 넣어줬습니다. 지속 시간은 몇 분 음표를 사용할 것인가를
나타내는 숫자입니다. 그리고 배열에는 8개의 음이 있다고 알려주기 위해 arraySize 변
수를 만들어 8을 넣어줬습니다.

준비가 끝났으니 이제 연주를 하면 됩니다!

```
void setup() {
  for (int note = 0; note < arraySize; note ++) {

    // to calculate the note duration, take one second
```

```
            // divided by the note type.
            //e.g. quarter note = 1000 / 4, eighth note = 1000/8, etc.
            int duration = 1000/ noteDurations[note];
            tone(2, melody[note], duration);   // ❸


            //pause for the note's duration plus 30 ms:
            delay(duration+30);   // ❹
        }
    }


    void loop() {
    }
```

for 반복문이 가장 먼저 등장하죠? 8개의 음을 순서대로 연주하기 위해 반복문을 사용한 겁니다. 반복문 안에서는 배열에 저장된 주파수, 지속 시간 정보를 불러와서 tone() 함수를 사용해야 합니다.

```
    int duration = 1000/ noteDurations[note];
    tone(9, melody[note], duration);   // ❸
```

지속 시간은 음표의 길이를 1~32 등의 숫자로 지정한 값입니다(4분 음표, 8분 음표 등). 따라서 실제 음이 연주될 시간(밀리초) 단위로 변환하기 위해 1초(1,000ms)를 지속 시간으로 나눴습니다.

❸ 그리고 tone() 함수를 사용해서 음을 연주했습니다. 이후부터 tone() 함수는 알아서 지정된 시간만큼 해당되는 음을 연주합니다. ❹ 따라서 우리는 다음 음을 연주하기 전에 delay() 함수로 현재 음 연주가 끝날 때까지 기다려줘야 합니다. 연주 시간보다 약간 더 여유를 두고 기다리면 됩니다.

```
delay(duration+30);  // ❹
```

스케치를 아두이노에 올려 테스트를 해보세요. 도레미파솔라시도 음이 연주되나요? 이제 tone() 함수 사용하는 방법도 감이 잡히나요?

이 예제 정도로는 뭔가 부족하다는 느낌이 든다면 chap7_1_Buzzer_SuperMario.ino 예제(https://goo.gl/Dh1i4U)를 한 번 실행해보세요. 같은 tone() 함수 방식으로 연주하는데, 이번엔 우리에게 익숙한 슈퍼 마리오 배경음악을 연주하는 스케치입니다.

실행해보면 음의 연주 속도가 마음에 들지 않을 수 있습니다. 이 경우 어떻게 수정해야 할지 한번 고민해 보는 것도 좋은 공부가 될 것입니다.

02 | 모션 감지 센서

요즘 아파트 복도에 달린 전등은 사람을 감지해서 자동으로 일정 시간 켜지도록 만들어져 있습니다. 얼핏 생각하면 모션을 감지하는 기능을 구현하는 것이 굉장히 어려운 작업일 것 같은데 의외로 아두이노에서 손쉽게 구현할 수 있습니다. 핵심은 모션 감지 센서입니다. 이 센서는 저렴하게 구할 수 있는 데다 사용법도 간단한 센서 중 하나입니다.

모션 감지 센서는 적외선을 이용한 인체 움직임 감지 센서로 PIR, 'Passive Infrared', 'Pyroelectric' 또는 'IR motion' 센서로 불립니다. 센서를 이용하기 위해서는 일련의 회로가 필요하기 때문에 보통 BISS0001 컨트롤러를 사용한 모듈 형태로 판매됩니다. 오른쪽 그림에 보이는 것처럼 생긴 모듈을 구하면 됩니다.

그림 7-5 *모션 감지 센서*

모션 감지 센서는 적외선에 민감한 특수 물질로 만들어진 센서를 포함하고 있으며 외부에서 들어오는 적외선을 두 개의 영역에서 감지합니다. 이 두 영역에 감지되는 적외선의 변화를 파악해서 모션을 감지하는 원리입니다. 단, 적외선의 '변화'를 감지하기 때문에 사람이 감지된 상태라도 그 상태 그대로 가만히 있을 경우 다시 감지했다고 알려주지는 않습니다. 이 점만 고려한다면 모션 감지 센서는 쉽게 응용해서 사용할 수 있습니다.

모션 감지 센서는 움직임이 감지되면 자신이 가진 신호 핀을 통해 전기를 일정 시간 동안 흘려줍니다. 따라서 우리는 아두이노의 디지털 핀 하나만 있으면 digitalRead()를 통해 동작이 감지되었는지 알 수 있습니다.

이번 예제에서는 모션 감지 센서를 이용해 동작이 감지되면 아두이노가 내장한 LED로 알려주도록 만들어 보겠습니다.

📖 연결 방법

예제 실습을 위해 아래 부품을 준비하세요.

- 아두이노 우노 보드
- 모션 감지 센서
- 연결선

모션 감지 센서는 제품에 따라 조금씩 차이가 있지만 대부분 GND(-), VCC(+), SIGNAL(OUT) 총 세 개의 핀을 가지고 있습니다. 따라서 아두이노의 GND, 5V, 디지털 핀에 각각 연결하면 사용할 준비가 끝납니다. 여기서는 아두이노 디지털 2번 핀을 사용했습니다.

모션 감지 센서	아두이노
VCC(+)	5V
GND(-)	GND
SIGNAL(OUT)	D2

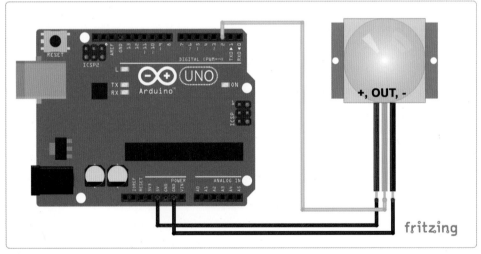

그림 7-6 *모션 감지 센서 – 아두이노 연결 방법*

이렇게 연결하면 동작이 감지되었을 때 디지털 2번 핀에서 HIGH 값을 읽을 수 있습니다. 그리고 이 상태로 몇 초간 HIGH 값이 유지되다가 LOW 값으로 다시 변경됩니다. 처음에 값이 변하는 순간, 디지털 2번 핀이 LOW에서 HIGH로 변경될 때 모션이 감지되었다고 판단할 수 있습니다.

🐌 스케치

테스트를 위한 스케치를 작성해 보겠습니다. 일단은 모션 감지 센서가 움직임을 감지했을 때 신호(Signal) 핀으로 내보내는 값(HIGH/LOW)을 그대로 받아서 LED로 출력해 보겠습니다.

예제 7-4 *모션 감지 센서 예제(chap7_2_Motion_Detect.ino)*

```
int ledPin = 13;      // LED 핀
int inputPin = 2;     // PIR sensor 핀

void setup() {
  pinMode(ledPin, OUTPUT);
  pinMode(inputPin, INPUT);
}


void loop() {
  int motion = digitalRead(inputPin);  // 모션 탐지 결과 읽기
  digitalWrite(ledPin, motion);        // LED 업데이트
  delay(10);
}
```

모션 감지 센서가 전해주는 신호는 아두이노 디지털 2번 핀으로 입력됩니다. 그리고 디지털 2번 핀의 입력 상태는 그대로 아두이노 내장 LED가 연결된 디지털 13번 핀으로 출력합니다. 즉, 움직임의 변화가 측정되면 LED가 켜지고 움직임의 변화가 없으면 LED가 꺼집니다.

그다지 어렵지 않게 스케치를 읽을 수 있죠? 디지털 입출력을 사용하는 기본 방법을 사용한 전형적인 형태의 스케치입니다. 디지털 입출력을 하기 위해 pinMode() 함수로 초기화를 해주고, digitalRead()로 입력 상태를 읽은 뒤 digitalWrite() 함수로 LED를 제어했습니다.

🔬 테스트

이 스케치를 아두이노에 올려 동작을 확인해보세요. 모션 센서 앞에서 손을 움직이면 아두이노의 내장 LED가 켜진 채로 한동안 유지될 겁니다.

위 스케치는 모션 감지 센서가 전달해주는 신호 핀 상태대로 LED가 반응합니다. 하지만 모션 감지 센서는 움직임이 감지되었을 때 신호 핀으로 HIGH 상태를 보내주는 시간이 (같은 제품이라 할지라도) 제각각입니다. 그래서 센서에 달려있는 다이얼(가변저항)을 돌려 이 시간을 조절할 수 있도록 제작되어 있습니다.

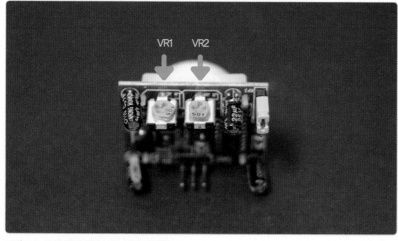

그림 7-7 *모션 감지 센서 VR1, VR2 다이얼*

VR1 다이얼을 돌려 테스트해보면 아두이노 내장 LED가 켜지는 시간이 변할 겁니다.

활용

테스트해본 스케치를 조금 더 변형해 보겠습니다. 보통 이런 센서를 사용할 때는 동작이 감지되었을 때 특정한 작업을 수행하도록 만들어야 하기 때문에 신호 핀의 HIGH 상태만 계속 체크해서는 다른 일을 못하는 경우가 많습니다. loop() 함수가 빠르게 반복하는데 신호 핀의 상태만 보고 있으면 관련된 모션 감지 이벤트가 너무 많이 발생하겠죠. 그래서 신호 핀의 상태가 LOW에서 HIGH로 바뀔 때 한 번만 특정 동작이 실행되도록 해보겠습니다.

LED는 신호 핀의 상태를 표시하도록 놔두고, 시리얼 통신을 통해 PC에 모션이 감지되었음을 알려주도록 만들어 보겠습니다.

예제 7-5 *모션 감지 센서 예제 확장 코드(chap7_2_Motion_Detect_Advanced.ino)*

```
int ledPin = 13;     // LED 핀
int inputPin = 2;    // PIR sensor 핀
int pirState = LOW;  // PIR sensor의 이전 상태 ❶

void setup() {
  pinMode(ledPin, OUTPUT);
  pinMode(inputPin, INPUT);
  Serial.begin(9600);
}

void loop() {
  int motion = digitalRead(inputPin);  // 모션 탐지 결과 읽기
  digitalWrite(ledPin, motion);        // LED 업데이트
```

```
    if(pirState == LOW && motion == HIGH) {  // ❷
      Serial.println("Motion detected!");
    }
    pirState = motion;
    delay(10);
  }
```

❶ 바뀐 부분만 주의해서 보면 됩니다. 신호 핀 상태가 바뀌었는지 확인하기 위해서는 이전 상태를 항상 기억해 둬야겠죠? 그래서 pirState 변수를 전역 변수로 만들어준 뒤, loop() 함수가 반복될 때 항상 마지막에 현재 핀 상태를 기억하도록 했습니다. pirState는 이전 상태를 기억하는 변수이고, motion 변수는 현재 측정한 핀 상태를 담고 있습니다.

```
int pirState = LOW; // PIR sensor의 이전 상태 ❶
......
void loop(){
  int motion = digitalRead(inputPin); // 모션 탐지 결과 읽기
  ......
  pirState = motion;
}
```

❷ 이제 시리얼 통신을 초기화하고 신호 핀의 상태 값이 LOW에서 HIGH로 바뀔 때 동작이 감지되었음을 PC에 알려주면 됩니다.

```
int pirState = LOW;

void setup() {
```

```
    ……
    Serial.begin(9600);
}


void loop(){
    ……
    if(pirState == LOW && motion == HIGH) {   // ❷
        Serial.println("Motion detected!");
    }
    pirState = motion;
}
```

Serial.println() 함수는 움직임이 감지되는 순간 PC에 움직임이 감지되었다고 알려줍니다. 테스트를 위해 스케치를 아두이노에 업로드한 뒤, 시리얼 모니터를 실행해서 메시지가 출력되는지 확인하세요.

모션 감지 센서의 신호 핀의 상태는 아두이노 내장 LED로 표시됩니다. 그리고 동작이 감지되는 순간 "Motion detected!" 메시지가 시리얼 모니터에 한 번만 표시될 겁니다.

모션 감지 센서는 사람, 동물 혹은 적외선을 발산하는 다양한 물체를 인식하는 데 사용하는 가장 단순하면서도 유용한 방법입니다. 우리가 흔히 보는 복도의 전등뿐 아니라 사람을 쫓아다니는 장난감, 현관 보안 시스템 등에 다양한 활용이 가능합니다. 센서를 본격적으로 다루기 시작한 이후에는 이런 기본 센서는 막상 필요할 때 없어서 못 쓰는 경우가 종종 생기므로 미리 몇 개쯤 구비해두는 것도 좋습니다.

03 | 초음파 센서

초음파 센서는 모션 감지 센서만큼이나 동작 방법이 신기하면서 다루기도 쉬운 센서입니다. 그래서 아두이노 초급 과정에서 꼭 한 번 테스트를 해보는 센서이기도 합니다. 초음파 센서 역시 구하기도 쉽고, 응용할 곳이 폭넓은 만큼 직접 테스트를 해보면서 거리감을 줄이는 것이 좋습니다. 게다가 이 장치의 초음파 발신부, 수신부는 마치 로봇 얼굴처럼 생겨서 프로젝트를 귀엽게 꾸밀 때 많이 사용합니다.

그림 7-8 *초음파 센서*

초음파 센서는 초음파를 쏜 뒤, 반향되어 수집되는 음파까지의 시간을 측정해서 거리를 계산하는 식으로 사용합니다. 음속이 340m/s 정도이기 때문에 간단한 공식으로 초음파 센서 앞에 놓인 사물까지의 거리를 계산할 수 있습니다. 보통 판매되는 초음파 센서는 측정 거리가 2cm~5m 정도이고 측정 각도는 15' 정도 됩니다. 다만 초음파 센서에서 거리가 멀수록 측정할 수 있는 사물의 최소 크기가 커집니다.

초음파 센서를 보면 핀이 총 네 개, VCC, Trig(trigger), Echo, GND가 있습니다. 초음파 센서의 원리를 잘 생각해 보면 이 핀의 사용법을 유추할 수 있습니다. Trig 핀은 초음파를 쏘는 용도로 사용하는 핀이고 Echo 핀은 반향된 초음파가 수신되었음을 감지하는 핀입니다. 따라서 디지털 입력과 출력 기능을 함께 이용해서 거리를 구할 수 있습니다.

아두이노에서 Trig 핀으로 HIGH를 입력하면 초음파 모듈에서 40KHz 음파를 발사합니다. 이때 Trig 핀으로 10us(마이크로초) 이상 HIGH 상태로 출력해줘야 합니다. 그러면 수신 용도인 Echo 핀이 HIGH 상태가 되고, 초음파가 되돌아와 수신되면 echo 핀이 다시 LOW 상태가 됩니다. 이 시간 간격에서 거리를 구하고, 소리가 왕복했으므로 다시 거리를 2로 나누면 됩니다.

음파 속도가 340m/s이므로 1cm 가는 데 29us가 걸립니다. 따라서 거리를 구하는 공식은 아래처럼 됩니다.

거리(cm) = 측정 시간/29/2;

🔧 연결 방법

초음파 센서를 사용하기 위해 필요한 내용은 모두 언급했으니 센서를 아두이노에 연결해 보겠습니다. 준비물을 먼저 챙겨두세요.

- 아두이노 우노 보드
- 초음파 센서
- 연결선

초음파 센서의 4개 핀을 다음과 같이 아두이노에 연결합니다.

초음파 센서	아두이노
VCC	5V
Trig	D2
Echo	D3
GND	GND

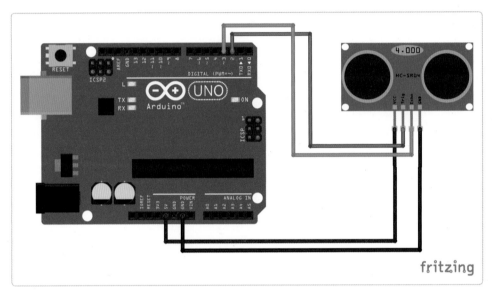

그림 7-9 **초음파 센서 – 아두이노 연결 방법**

🐌 스케치

이제 예제 스케치를 작성해봅시다. 초음파 센서로 거리를 측정한 뒤 센티미터(cm) 단위로 PC에 알려주도록 코드를 짜봅시다.

예제 7-6 *초음파 센서로 거리를 구하는 예제(chap7_3_Ultrasonic_sensor.ino)*

```
void setup() {
  Serial.begin(9600);
  pinMode(2,OUTPUT);  // 센서 Trig 핀
  pinMode(3,INPUT);   // 센서 Echo 핀
}


void loop() {
  int duration, cm;

  digitalWrite(2,HIGH);   // 센서에 Trig 신호 입력 ❶
  delayMicroseconds(10);  // 10us 정도 유지
  digitalWrite(2,LOW);    // Trig 신호 off

  duration = pulseIn(3, HIGH);  // Echo pin: HIGH->Low 간격을 측정 ❷
  cm = microsecondsToCentimeters(duration);  // 거리(cm)로 변환 ❸

  Serial.print(cm);
  Serial.println("cm");

  delay(300);  // 0.3초 대기 후 다시 측정
}


int microsecondsToCentimeters(int microseconds) {
  return microseconds / 29 / 2;
}
```

스케치를 하나씩 분석해 보겠습니다.

먼저 setup() 초기화 함수에서 시리얼 통신과 2개의 디지털 핀을 사용할 준비를 해야
합니다.

```
void setup() {
  Serial.begin(9600);
  pinMode(2,OUTPUT);  // 센서 Trig 핀
  pinMode(3,INPUT);   // 센서 Echo 핀
}
```

초음파 센서의 Trig 핀은 OUTPUT 모드로 Echo 핀은 INPUT 모드로 초기화합니다.

❶ 실제 거리 측정은 loop() 함수가 반복되면서 수행합니다. 먼저 Trig 핀으로 초음파를
생성합니다.

```
digitalWrite(2,HIGH);      // 센서에 Trig 신호 입력 ❶
delayMicroseconds(10);     // 10us 정도 유지
digitalWrite(2,LOW);       // Trig 신호 off
```

10us 정도 HIGH 상태를 유지해야 하기 때문에 digitalWrite() 함수를 사용한 뒤
delayMicroseconds() 함수를 사용했습니다. 이름처럼 us(마이크로초) 단위로 멈추는
함수가 delayMicroseconds() 입니다. 이후엔 다시 digitalWrite() 함수로 LOW 상
태를 만들어야겠죠.

❷ 이제 반향되는 초음파를 수신할 때까지 시간을 측정합니다. 즉, Echo 핀이 연결된 디
지털 3번 핀의 상태를 감지하면서 시간을 계산해야 합니다. 이 작업을 쉽게 할 수 있도록
아두이노에서 제공하는 함수가 pulseIn() 함수입니다. pulseIn() 함수에 디지털 핀 번
호, 시작 상태 값을 넣어주면 아두이노는 상태가 바뀔 때까지 기다립니다. 그리고 상태
가 바뀌면 흐른 시간을 us 단위로 알려줍니다.

```
duration = pulseIn(3, HIGH); // Echo pin: HIGH->Low 간격을 측정 ❷
cm = microsecondsToCentimeters(duration);  // 거리(cm)로 변환 ❸
```

pulseIn(3, HIGH) 함수를 실행하면 LOW 상태가 될 때까지 대기했다가 신호가 감지되면 시간을 반환해줍니다. 따라서 duration 변수에는 초음파가 왕복한 시간이 저장됩니다.

❸ 이 시간을 cm 단위로 변경해야겠죠? 간단히 변환할 수 있도록 microsecondsToCentimeters() 함수를 만들어 사용했습니다. 이 함수는 스케치 마지막에 아래처럼 정의되어 있습니다.

```
int microsecondsToCentimeters(int microseconds) {
  return microseconds / 29 / 2;
}
```

cm 단위로 거리를 구했으니 이 값을 PC로 출력만 하면 됩니다. cm 단위로 저장된 거리 변수 cm를 먼저 출력하고 " cm " 문자열을 줄 넘김 문자와 함께 출력했습니다.

```
Serial.print(cm);
Serial.println("cm");
```

🎭 테스트

스케치를 아두이노에 업로드 후 초음파 센서로 주변 사물과의 거리를 측정해보세요. 너무 멀거나 가깝지만 않으면 물체까지의 거리가 표시될 겁니다. 거리가 멀수록 측정할 물체도 커져야 측정할 수 있다는 점을 주의하세요.

그림 7-10 **초음파 센서 테스트**

어렵지 않게 전자 줄자가 완성되었습니다! 휴대폰 충전용 배터리나 9V 사각 배터리 등을 이용하면 들고 다닐 수도 있습니다. 상상력을 발휘해서 자동 키재기 장치, 장애물을 회피하는 자동차 등 다양한 곳에 활용해보세요.

04 | 조이스틱

디지털 입출력 제어의 유용함을 맛봤으니 아날로그 제어도 실험해 보겠습니다.

아두이노를 이용해 로봇 팔을 제어할 때, 또는 게임기의 입력 장치가 필요할 때 어떤 걸 사용해야 할까요? 선택할 수 있는 다양한 방법이 있지만 가장 추천할 만한 건 바로 조이스틱입니다. 사방으로 자유롭게 움직이는 조이스틱은 이미 익숙한 장치일 것입니다. 조이스틱 역시 국내외 쇼핑몰을 통해 쉽게 구할 수 있는 저렴한 모듈입니다.

그림 7-11 **조이스틱**

조이스틱은 기계적인 동작 원리를 파악하면 사용법을 쉽게 알 수 있습니다. 조이스틱을 상하좌우 네 방향으로 움직이면 조이스틱을 고정하는 두 개의 회전 나사가 X축, Y축 방향 움직임에 따라 함께 움직이도록 설계되어 있습니다. 따라서 두 회전 나사가 얼마나 돌아갔는지 측정하면 조이스틱이 X, Y축 방향으로 얼마나 움직였는지 알 수 있습니다.

그럼 회전 나사의 움직임은 어떻게 감지할 수 있을까요? 5장 아날로그 입력 예제에서 사용했던 포텐셔미터를 떠올려보세요. 포텐셔미터의 손잡이를 돌리면 내부의 저항이 변하면서 가운데 핀의 출력 전압이 변했습니다. 이 변화를 아두이노의 아날로그 핀으로 측정했죠. 마찬가지입니다. 조이스틱도 손잡이를 움직이면 두 개의 회전 나사가 포텐셔미터와 같은 동작을 합니다. 따라서 두 개의 아날로그 핀을 사용하면 X축과 Y축 움직임을 얻을 수 있습니다.

이번 예제에서는 조이스틱을 아두이노에 연결해서 움직일 때 변화하는 값을 PC에서 확인할 수 있도록 만들어 보겠습니다.

📖 연결 방법

예제를 실습하기 위해서는 아래 부품이 필요합니다.

- 아두이노 우노 보드
- 조이스틱
- 연결선

조이스틱은 보통 5개의 핀을 가지고 있습니다.

표 7-1 *조이스틱 핀 역할*

조이스틱 핀	역할
+(VCC 또는 +5V)	전원(+)
−(GND)	전원(−)
B(SEL 또는 SW)	버튼 입력 감지
X(VER 또는 VRx)	X축 움직임 측정
Y(HOR 또는 VRy)	Y축 움직임 측정

X(VER) 핀과 Y(HOR) 핀은 조이스틱의 X축, Y축 움직임을 전압의 변화로 알려주는 핀입니다. 그리고 조이스틱은 손잡이를 눌러 버튼의 역할도 할 수 있도록 기계적으로 만들어져 있습니다. B 핀이 버튼이 눌러졌는지를 감지하는 용도입니다. X 핀, Y 핀은 전압의 변화를 알려주니 아두이노 아날로그 핀으로 읽으면 되고, B 핀은 버튼의 입력 상태이니 디지털 핀으로 읽으면 됩니다.

아두이노에 어떻게 연결할지 머릿속에 그릴 수 있나요? 아날로그 핀 2개와 디지털 핀 1개를 사용해서 연결해보세요.

조이스틱	아두이노
+ (VCC)	5V
− (GND)	GND
B (SEL)	D6
X (VER)	A0
Y (HOR)	A1

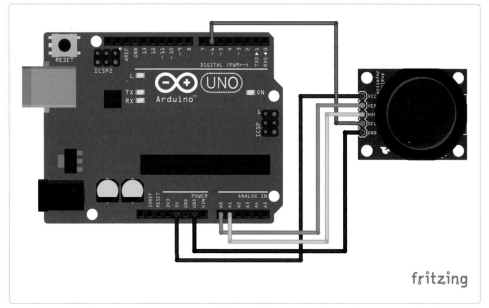

그림 7-12 *조이스틱 – 아두이노 연결 방법*

📖 스케치

조이스틱에서 값을 읽은 뒤 시리얼 통신으로 값을 출력하도록 스케치를 작성해 보겠습니다.

예제 7-7 *조이스틱 입력 확인 예제(chap7_4_Joystick.ino)*

```
void setup() {
  pinMode(6, INPUT_PULLUP);    // 버튼 핀을 읽기 모드로 ❶
  Serial.begin(9600);
}


void loop() {
  int vertical, horizontal, select;
  vertical = analogRead(A0);    // x축 = 0-1023 ❷
  horizontal = analogRead(A1); // y축 = 0-1023
  select = digitalRead(6);      // 버튼, 눌렀을 때 = LOW, 뗐을 때 = HIGH

  Serial.print("X = ");
  Serial.print(vertical);
  Serial.print(", Y = ");
  Serial.print(horizontal);
Serial.print(", Button = ");

  if(select == HIGH) {
    Serial.println("not pressed");
  } else {
    Serial.println("PRESSED!");
  }
  delay(200);
}
```

버튼은 디지털 입력 기능을 사용하므로 pinMode() 초기화를 꼭 해줘야 합니다. 아날로 그 입력 기능은 앞에서 했던 것처럼 초기화할 필요는 없겠죠? 시리얼 통신도 초기화가 필요합니다.

생각한 대로 setup() 초기화 함수를 아래처럼 작성하면 됩니다.

```
void setup() {
  // put your setup code here, to run once:
  pinMode(6, INPUT_PULLUP);    // 버튼 핀을 읽기 모드로 ❶
  Serial.begin(9600);
}
```

❶ 조이스틱은 제품에 따라서 버튼 핀에 풀업 저항(4장 참고) 회로를 구성해야 하는 경우도 있습니다. 이런 경우 초기화를 INPUT_PULLUP 모드로 해주면 아두이노가 내부에서 풀업 저항을 활성화해줍니다. 풀업 저항이 해결되면, 조이스틱의 버튼 핀과 아두이노 디지털 핀을 연결만 하면 되기 때문에 간편합니다. 단, 이 경우 버튼을 눌렀을 때 LOW(0) 값이 읽히고 버튼을 누르지 않았을 때는 HIGH(1) 값이 읽힙니다.

❷ 이제 loop() 반복 함수를 실행하면서 조이스틱에서 값을 읽어 시리얼 통신으로 출력하면 됩니다. 조이스틱의 X축과 Y축 움직임을 analogRead() 함수로 읽으면 0~1023 사이의 값이 나올 겁니다. 그리고 버튼의 입력은 digitalRead()로 읽었을 때 HIGH(1) 또는 LOW(0) 값으로 알려줄 것입니다.

```
int vertical, horizontal, select;
vertical = analogRead(A0);    // x축 = 0-1023 ❷
horizontal = analogRead(A1); // y축 = 0-1023
select = digitalRead(6);       // 버튼, 눌렀을 때 = LOW, 뗐을 때 = HIGH
```

이 값을 보기 좋게 시리얼 통신으로 출력하면 PC에서 확인할 수 있겠죠.

```
Serial.print("vertical: ");
Serial.print(vertical);
Serial.print(", horizontal: ");
Serial.print(horizontal);
Serial.print(", select: ");

if(select == HIGH) {
Serial.println("not pressed");
} else {
Serial.println("PRESSED!");
}
```

🧟 테스트

스케치를 실행해서 시리얼 모니터로 확인해보세요. 조이스틱의 움직임에 따라 값이 변하는 게 보일 겁니다. 조이스틱은 움직이지 않았을 때 X축, Y축 범위의 가운데에 위치하게 되므로 정확지는 않아도 512 근방의 값을 출력해야 맞겠죠. 이 점을 생각해서 조이스틱을 입력 장치로 사용하면 됩니다.

개인적으로 아두이노를 이용해서 휴대용 게임기를 만들 때 조이스틱을 사용하곤 합니다. 게임기 입력 장치로는 조이스틱 만한 게 없습니다. 이번 예제에서 쓴 조이스틱은 크기가 꽤 크지만 이보다 훨씬 작은 조이스틱도 해외 쇼핑몰을 통해 구할 수 있으니 참고하세요.

그림 7-13 *조이스틱을 이용한 아두이노 게임기*

05 | 가스 센서

아두이노가 널리 사용되다 보니 이젠 가정용 가스의 누출 여부를 탐지하는 장치라고 하면 거의 고전이라고 말해도 될 만큼 흔한 DIY 주제가 되어버렸습니다. 하지만 그만큼 재미있기도 하고 실용적인 DIY이니 한번 도전해볼까요? 프로젝트를 만들기 위해서는 핵심이 되는 가스 센서가 필요한데, 이런 용도로 사용하기에 좋은 센서가 MQ 시리즈 가스 센서입니다.

MQ 시리즈 가스 센서는 측정하는 가스 종류에 따라 다양한 버전이 존재하며 MQ-XXX 형태의 이름을 가지고 있습니다. 가스 센서 종류별로 측정 가능한 가스는 아래 사이트에 자세히 소개되어 있으니 참고해서 용도에 맞게 선택하면 됩니다.

🔗 http://playground.arduino.cc/Main/MQGasSensors

가스 센서는 아래 이미지처럼 보드에 결합되어 있는 제품을 사는 것이 편리합니다. 3~4개의 핀이 달려서 아두이노에 핀만 연결하면 바로 사용할 수 있을 뿐 아니라 나사 모양의 가변저항으로 히터에 걸리는 전압을 조절해서 센서의 감도를 조절할 수 있습니다.

그림 7-14 *MQ-135 공기질 센서*

MQ 시리즈 가스 센서는 내부에 포함된 히터를 달궈서 기화하는 가스를 센서로 검출합니다. 따라서 내부에 포함된 히터가 가스를 검출하기 적절한 온도로 올라가야 안정적인 결과를 얻을 수 있습니다. 온도를 올리기 위한 대기 시간(burn-in time)이 필요하다는 뜻이기도 한데요. MQ-2, MQ-3, MQ-4, MQ-5, MQ-6, MQ-7 모듈 종류별로 대기 시간이 조금씩 다르며, 대기 시간에 맞게 사용하기 위해 미리 스케치에서 적정하게 조절을 해야 합니다.

MQ 시리즈 가스 센서는 가스가 측정되면 그 농도를 전압의 변화로 알려줍니다. 이젠 이런 식의 센서는 아두이노에서 어떻게 처리할지 알 수 있겠네요. 네, 아날로그 핀을 이용해서 값을 읽은 뒤, 측정된 값을 이용해 가스의 농도를 계산할 수 있습니다. 아날로그 출력 값과 가스 농도의 상관 관계는 가스 센서별 상세 문서(datasheet)에 내용이 표기되어 있으니 인터넷 검색으로 찾으면 됩니다. 그리고 많은 경우 이 작업을 처리해주는 라이브러리도 있으니 검색을 생활화하는 것이 좋겠죠!

이번 예제에서는 MQ-135 공기질 센서를 사용해서 사람의 호흡 중 발생하는 CO_2를 측정하고, 시리얼 통신으로 출력해보도록 하겠습니다

연결 방법

예제를 실습하기 위해서는 아래 부품이 필요합니다.

- 아두이노 우노 보드
- MQ-135 공기질 센서
- 연결선

MQ-135 공기질 센서를 보면 총 3개의 핀, VCC, GND, Signal이 있습니다. 가스 측정치에 따라 전압이 변화하는 핀이 신호(Signal) 핀이므로 아래와 같이 연결하면 사용할 준비가 끝납니다.

표 7-2 *MQ-135 가스 센서 – 아두이노 연결 방법*

MQ-135 가스 센서	아두이노
VCC	5V
Signal(AOUT)	A0
GND	GND

> **주의** 제품에 따라 신호 핀이 DOUT(Digital Out), AOUT(Analog Out), 두 개로 제공되는 경우가 있습니다. 이때는 AOUT 핀을 사용하면 됩니다.

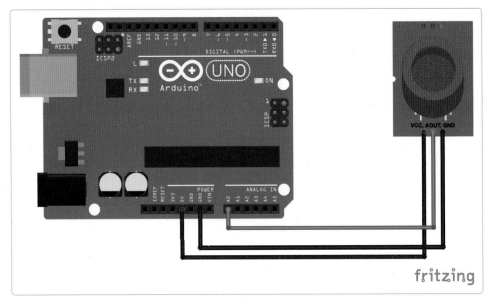

그림 7-15 *MQ-135 가스 센서 – 아두이노 연결 방법*

🌱 스케치

가스 센서에서 CO_2 농도를 읽는 스케치를 작성해 보겠습니다. 그런데 CO_2 농도를 읽는 과정을 우리가 직접 작성하기에는 관련 지식도 부족하고 너무 복잡하니 라이브러리를 사용해서 대체해 보도록 하겠습니다. 아래 링크로 접속해서 라이브러리 파일을 다운로드 받으세요. 오른쪽 위의 [Clone or download–Download ZIP] 버튼을 누르면 됩니다.

🔗 https://github.com/GeorgK/MQ135

ZIP 파일의 압축을 해제하면 MQ135-master 폴더가 있습니다. 이 폴더의 이름을 MQ135로 변경해주세요. 그리고 폴더 내부에 MQ135.cpp, MQ135.h 파일이 있는지 확인하세요. 문제가 없다면 MQ135 폴더를 복사해서 아두이노 라이브러리 폴더에 붙여넣기 해주면 됩니다(3장의 라이브러리 사용 방법을 확인하세요).

아두이노 개발환경은 재실행될 때만 새 라이브러리 폴더를 인식합니다. 열려있는 아두이노 개발환경 실행 창을 모두 종료하고 다시 실행한 뒤, 아래 스케치를 입력해보세요.

예제 7-7 *가스 센서로 CO2 측정 예제(chap7_5_Gas_sensor.ino)*

```
#include "MQ135.h"


MQ135 gasSensor = MQ135(A0);  // ❶


void setup() {
  Serial.begin(9600);
}


void loop() {
  // Read out the calibration value with below code
  //float rzero = gasSensor.getRZero();  // ❸


  float ppm = gasSensor.getPPM();  // 센서 값 측정 및 농도 변환 ❷
  Serial.print("CO2(ppm) = ");
  Serial.println(ppm);


  delay(350);
}
```

복잡한 작업은 라이브러리가 알아서 해줘서 코드가 깔끔합니다. 우린 라이브러리를 사용하기 위한 준비 작업만 하면 됩니다.

```
#include "MQ135.h"


MQ135 gasSensor = MQ135(A0);  // ❶
```

❶ 라이브러리를 사용하기 위해 MQ135.h 파일을 불러왔습니다. 그리고 가스 센서가 A0 아날로그 핀에 연결되어 있기 때문에 해당 핀 이름을 넣어주고 클래스 변수 gasSensor를 만들었습니다. 이제부터 라이브러리가 제공하는 함수를 gasSensor라는 이름으로 사용할 수 있습니다.

```
void loop() {
    // Read out the calibration value with below code
    //float rzero = gasSensor.getRZero();

    float ppm = gasSensor.getPPM();
    Serial.print("CO2(ppm) = ");
    Serial.println(ppm);

    delay(350);
}
```

❷ loop() 반복 함수 안에서는 가스 센서에서 값을 읽고 CO2 농도로 변환합니다. 이 작업은 라이브러리에서 해주기 때문에 gasSensor.getPPM()처럼 라이브러리 함수만 호출해주면 됩니다. 이미 클래스 변수를 만들 때 A0 핀 번호를 넣어뒀기 때문에 나머지 작업을 알아서 해줍니다.

gasSensor.getPPM() 함수를 호출하면 CO2 농도를 실수 값으로 전달해줍니다. 실수 값을 받아 float 변수인 ppm에 담습니다. 이걸 그대로 시리얼 통신으로 출력하면 됩니다.

🐱 테스트

스케치를 아두이노에 올리고 테스트해보세요. 그리고 CO2 농도 값이 어떻게 변화하는지 PC의 시리얼 모니터로 지켜보세요. 처음에는 값이 꽤 크게 나오다가 점점 안정화될 겁니다. 가변저항을 돌려 감도를 조절하면서 값이 안정화되기까지 걸리는 시간을 확인하세요. 그리고 값이 안정화된 이후부터 센서를 사용하도록 스케치를 바꿔보세요.

이때에 표시되는 CO2 농도는 정확한 값이 아닙니다. 왜냐하면 정확한 값이 표시되도록 하려면 가스 센서를 바로 사용하기 전에 보정 작업을 해줘야 하기 때문입니다. 위 소스 코드에서 설명하지 않았던, 주석 처리된 코드가 있었죠?

```
// Read out the calibration value with below code
//float rzero = gasSensor.getRZero();  // ❸
```

❸ 주석 처리된 이 코드가 보정 작업을 위한 코드입니다. 가스 센서를 반나절 이상 충분히 예열하고 동작시킨 뒤 위 코드의 주석의 해제하고 rzero 값을 측정합니다. rzero 값을 충분히 측정해서 평균을 낸 뒤 이 값을 다시 라이브러리에 상수로 사용되도록 넣어줘야 보다 정확한 값이 나옵니다. 하지만 CO2 농도의 상대적인 변화량만 측정하는 경우라면 보정 작업 없이 사용해도 무방하리라 생각됩니다.

가스 센서가 동작할 때 조심스레 만져보면 굉장히 뜨거워진 것을 알 수 있습니다. 그만큼 전류 소모량이 많으므로 여러 장치와 함께 사용한다면 9V 어댑터 등을 이용해서 충분히 전기를 공급해야 합니다. 그리고 바람에 의해 영향을 받지 않도록 케이스도 잘 만들어 주는 것이 좋습니다.

이런 몇 가지 주의점만 기억한다면, 가스 센서를 이용해 기발한 장치를 만들어 볼 수 있습니다. 알코올 센서를 이용하면 음주 측정기를 만들 수도 있고, 화재나 가스 경보용으로도 사용할 수 있으며, 애완동물이 작은 공간에 들어와 있는지 확인하는 용도로도 쓸 수 있습니다.

그림 7-16 *MQ-3 알코올 센서*

06 | RGB LED

이미 흔하다고 생각되는 LED를 이용해 조금 색다른 프로젝트를 진행해 볼 수 있습니다.
5장에서 아날로그 출력 제어를 할 때 포텐셔미터로 LED 밝기를 조절해 봤습니다. 만약
빨간색(R), 녹색(G), 파란색(B)이 들어간 삼색 LED를 아날로그 출력으로 제어한다면?
맞습니다. 바로 빛의 색상을 마음대로 조절할 수 있습니다.

그림 7-17 *RGB LED 모듈*

이번 예제에서는 RGB LED를 이용해서 색상을 조절해 보도록 하겠습니다. 아날로그 출력 방법을 복습하는데 적당한 부품입니다. 아두이노 스타터 킷에는 이런 목적으로 사용하도록 RGB LED 모듈을 대부분 포함하고 있습니다.

RGB LED 모듈은 세 가지 색상의 LED를 하나로 합친 모듈입니다. 따라서 LED 3개를 사용하는 것과 다를 게 없습니다. 이미 저항을 포함하고 있어서 아두이노에 연결해서 쓰기 더 간단하다는 장점도 있습니다. 여기에 추가로 포텐셔미터 하나와 버튼이 필요합니다. 버튼을 눌러 R, G, B 모드를 전환하고 포텐셔미터로 밝기를 조절해서 빛의 색상을 제어해봅시다.

🔲 연결 방법

예제를 실습하기 위해서는 아래 부품이 필요합니다.

- 아두이노 우노 보드
- RGB LED 모듈
- 포텐셔미터, 버튼
- 브레드보드, 연결선

LED 밝기 조절을 위한 아날로그 출력은 analogWrite() 함수를 사용합니다. 이렇게 하기 위해서는 아두이노에서 미리 지정해둔 PWM 핀(3, 5, 6, 9, 10, 11)을 사용해야 합니다. RGB LED의 핀 4개를 아래와 같이 연결해서 사용해보도록 하겠습니다.

표 7-3 *RGB LED 모듈 – 아두이노 연결 방법*

RGB LED 모듈	아두이노
R	D9
G	D10
B	D11
– (GND)	GND

여기에 추가로 버튼과 포텐셔미터를 연결해주세요. 버튼은 아두이노의 내부 풀업 저항을 사용할 것이므로 선 두 개만 연결하면 됩니다.

표 7-4 *버튼 – 아두이노 연결 방법*

버튼	아두이노
다리 1	GND
다리 2	D4

표 7-5 *포텐셔미터 – 아두이노 연결 방법*

포텐셔미터	아두이노
다리 1	5V
다리 2	A0
다리 3	GND

모두 연결하면 아래처럼 됩니다.

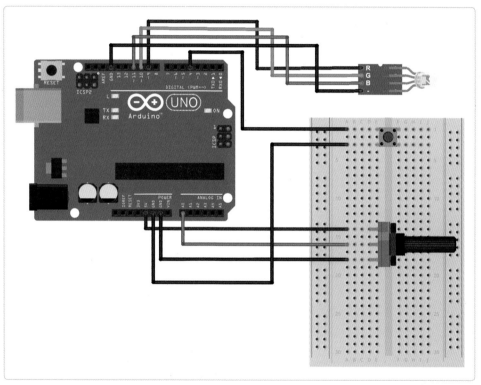

그림 7-18 *RGB LED, 버튼, 포텐셔미터 연결 방법*

🌿 스케치

아두이노에 올릴 스케치를 준비해 보겠습니다.

예제 7-8 *RGB LED 제어 예제(chap7_6_RGB_LED.ino)*

```
int redPin = 9;   // ①
int greenPin = 10;
int bluePin = 11;
int buttonPin = 4;
int potPin = A0;


int red = 0;
int green = 0;
int blue = 0;
int mode = 0;


void setup() {
  // put your setup code here, to run once:
  pinMode(buttonPin, INPUT_PULLUP);   // ②
}


void loop() {
  // 버튼 핀 읽기 ③
  if(digitalRead(buttonPin) == LOW) {
    mode = mode + 1;   // RGB 모드 바꾸기
    if(mode > 2) {
      mode = 0;
    }
  }
```

```
// 포텐셔미터 읽기 (10 bits, 0~1023) ❹
int potValue = analogRead(potPin);
// RGB LED 색 변화
if(mode == 0) {
  red = potValue/4;
  analogWrite(redPin, red);
} else if(mode == 1) {
  green = potValue/4;
  analogWrite(greenPin, green);
} else {
  blue = potValue/4;
  analogWrite(bluePin, blue);
}

delay(50);
}
```

스케치가 길어졌지만 내용은 그리 복잡하지 않습니다.

❶ 먼저 스케치에서 사용될 변수들을 살펴보겠습니다. RGB LED와 버튼, 포텐셔미터가 연결된 핀 번호와 R, G, B 색상 값(0~255)을 저장할 변수, 그리고 현재 제어 중인 색상을 나타내는 mode 변수를 만들었습니다.

```
int redPin = 9;
int greenPin = 10;
int bluePin = 11;
int buttonPin = 4;
int potPin = A0;
```

```
int red = 0;
int green = 0;
int blue = 0;
int mode = 0;
```

연결에 사용된 핀 번호는 이렇게 변수에 넣어두고 사용하곤 합니다. 그러면 스케치 어느 곳에서 사용하든 변수 이름으로 사용할 수 있고, 추후 수정이 필요할 때 변수에 할당된 값만 바꿔주면 되기 때문입니다.

❷ 버튼 입력을 위해 디지털 핀 하나를 사용하므로 버튼 핀 초기화만 미리 해주면 됩니다. 여기서 버튼은 저항을 사용하지 않고 연결했기 때문에 아두이노 내부 풀업 저항을 사용합니다. INPUT_PULLUP 모드로 초기화해줘야 되겠죠. setup() 초기화 함수 내용을 확인하세요.

```
void setup() {
  // put your setup code here, to run once:
  pinMode(buttonPin, INPUT_PULLUP);  // ❷
}
```

loop() 함수 안에서는 버튼과 포텐셔미터의 상태를 읽어와 LED를 제어하도록 만들어야 합니다.

아두이노 내부 풀업 저항을 사용했기 때문에 버튼이 눌러졌을 때 LOW 값을 읽게 됩니다('풀업' 저항이기 때문에 일반적으로는 HIGH를 읽습니다). 따라서 LOW 값을 읽으면 R, G, B 모드가 순서대로 변경되게 만들어야 합니다. 이걸 if 조건문 안에 한 번에 표현하면 오른쪽처럼 됩니다.

```
// 버튼 핀 읽기 ❸
if(digitalRead(buttonPin) == LOW) {
  mode = mode + 1;  // RGB 모드 바꾸기
  if(mode > 2) {
    mode = 0;
  }
}
```

❸ 버튼이 눌러지면 mode의 값을 증가시킵니다. mode는 0=red, 1=green, 2=blue 입니다. 여기서 mode 값이 2보다 커지면 다시 0으로 돌아오게 합니다.

이제 포텐셔미터의 값을 읽어와서 현재 설정된 LED의 밝기를 조절하면 되겠죠.

```
// 포텐셔미터 읽기 (10 bits, 0~1023) ❹
int potValue = analogRead(potPin);
// RGB LED 색 변화
if(mode == 0) {
  red = potValue/4;
  analogWrite(redPin, red);
} else if(mode == 1) {
  green = potValue/4;
  analogWrite(greenPin, green);
} else {
  blue = potValue/4;
  analogWrite(bluePin, blue);
}

delay(50);
```

❹ analogRead() 함수를 이용해서 포텐셔미터의 값을 읽어온 뒤 potValue 변수에 담았습니다. 그리고 현재 모드에 따라 analogWrite() 함수를 이용해서 밝기를 조절했습니다. analogWrite() 함수로 밝기를 조절하기 전에 red, green, blue 변수에 담는 값을 잘 보세요. analogRead() 함수는 0~1023 사이의 값을 전달해 주는데 analogRead() 로 보내는 값은 0~255 범위여야 합니다. 그래서 potValue 변수를 4로 나눈 값을 사용합니다.

🎮 테스트

이제 스케치를 올려서 RGB LED의 변화를 확인하세요. 버튼과 포텐셔미터를 이용해 다양한 색상의 빛을 표현할 수 있습니다.

그림 7-19 *RGB LED 테스트*

RGB LED를 단독으로 사용하는 경우도 있지만 RGB LED를 여러 개 사용하면 훨씬 사람들의 이목을 끌 수 있습니다. RGB LED Strip 키워드로 검색하면 이런 목적으로 만들어진 띠 형태의 LED 모듈을 찾을 수 있습니다. RGB LED Strip의 경우 장식용으로 사용할 수 있을 뿐 아니라 잘 응용하면 마치 디스플레이처럼 동작시킬 수도 있습니다. 물론 RGB LED Strip의 경우 LED 하나에 PWM 핀을 3개나 사용하는 비효율적인 방식을 사용하지는 않지만 기본 원리는 같습니다.

빛의 색상에 따라 사람에게 주는 심리적 효과도 달라진다고 하니 생활 속 장식품에 RGB LED를 이용한 효과를 넣어보세요!

07 | 서보 모터

DIY 프로젝트에 자주 사용되는 모터는 크게 세 종류, DC 모터, 스테퍼 모터, 서보 모터로 나눌 수 있습니다.

그림 7-20 DC 모터(왼쪽), 스테퍼 모터(중간), 서보 모터(오른쪽)

DC 모터는 주변에서 가장 흔히 보게 되는 모터로 쿼드콥터, 장난감 자동차, 전동 공구 등에 사용되는 고속회전용 모터입니다.

스테퍼 모터는 모터의 회전 방향, 속도, 회전각을 제어할 수 있는 다재다능한 모터입니다. DC 모터처럼 고속으로 회전하지는 않지만, 활용성이 좋습니다. 요즘 주목 받는 3D 프린터 같은 경우에 X축, Y축, Z축 방향으로 정확히 이동하기 위해 주로 이 모터를 사용합니다.

서보 모터는 PWM 신호를 이용해서 모터 팔(arm)의 회전각을 제어할 수 있는 모터입니다. 그래서 무선조정 자동차나 비행기의 방향타를 제어하는 용도로 사용할 수 있습니다. 서보 모터는 특히 사용법도 쉽고 정확한 위치 제어가 가능하기 때문에 처음 접하는 사람도 쉽게 사용할 수 있습니다. 그중에서도 '마이크로 서보 모터'는 가격도 저렴하고 구하기도 편해서 처음 서보 모터를 다루는 사람한테 추천할 만합니다.

서보 모터를 제어할 때는 아날로그 출력, 즉 PWM 기능을 사용합니다. 아두이노에서 PWM 신호를 주면 서보 모터가 PWM 신호에 따라 팔의 회전각을 0~180' 사이에서 움직이도록 설계가 되어있습니다. PWM 핀 하나만 있으면 서보 모터의 팔을 원하는 각도로 움직일 수 있습니다.

PWM 신호를 생성하는 것도 아두이노에서 제공하는 Servo 라이브러리를 이용하면 간단히 해결됩니다. Servo 라이브러리를 사용할 경우 우리가 원하는 각도만 입력하면 알아서 PWM 신호를 생성해줍니다. 게다가 Servo 라이브러리는 아두이노 개발환경에 이미 포함되어 있어서 따로 설치할 필요도 없습니다.

이번 예제에서는 포텐셔미터를 이용해서 서보 모터의 팔 각도를 마음대로 조절할 수 있도록 만들어 볼 겁니다.

🔲 연결 방법

예제를 실습하기 위해서는 아래 부품이 필요합니다.

- 아두이노 우노 보드
- 마이크로 스텝 모터
- 포텐셔미터
- 브레드보드, 연결선

포텐셔미터는 앞선 예제에서 자주 써서 이제 연결 방법이 익숙할 겁니다. 이전에 사용했을 때처럼 아두이노 5V, A0, GND 핀을 포텐셔미터에 연결해주세요.

표 7-6 포텐셔미터 – 아두이노 연결 방법

포텐셔미터	아두이노
다리 1	5V
다리 2	A0
다리 3	GND

서보 모터는 연결방법이 표준화되어 있습니다. 서보 모터는 검은색(갈색), 빨간색, 노란색 총 선 3개를 가지고 있는데, 각각의 선을 GND, 5V, PWM 핀에 연결해주면 됩니다. 노란색 선이 PWM 신호를 받는 핀이므로 여기서는 아두이노 디지털 9번 핀에 연결하겠습니다.

표 7-7 서보 모터 – 아두이노 연결 방법

서보 모터	아두이노
검은색	GND
빨간색	5V
노란색	D9

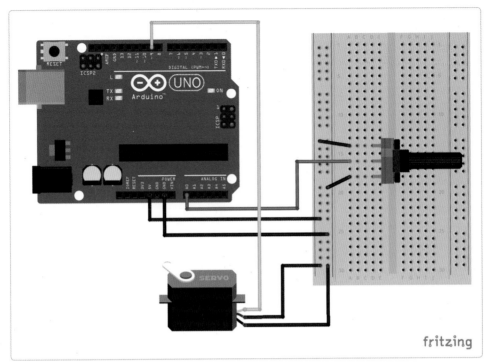

그림 7-21 *포텐셔미터, 서보 모터 연결 방법*

마이크로 서보 모터 1개는 아두이노에서 공급하는 전원으로도 충분히 동작할 수 있으므로 별도의 외부 전원을 고민할 필요는 없습니다.

스케치

포텐셔미터에 따라 움직이는 서보 모터 코드를 구현해 보겠습니다.

```
#include <Servo.h>

Servo servo;   // ❶
int servoPin = 9;

void setup() {
  servo.attach(servoPin);   // ❷
}

void loop() {
  int potValue = analogRead(A0);     // 포텐셔미터 입력
  int angle = map(potValue, 0, 1023, 0, 180);
                          // 포텐셔미터의 입력을 회전각으로 변환 ❸
  servo.write(angle);        // 서보모터 제어 ❹
  delay(100);
}
```

생각보다 간단하죠? 스케치를 하나씩 뜯어보겠습니다.

```
#include <Servo.h>

Servo servo;   // ❶
int servoPin = 9;
```

❶ 서보 모터를 쉽게 다루기 위해 Servo 라이브러리를 사용합니다. 위 코드가 Servo 라이브러리를 사용할 준비를 하는 코드입니다. 하지만 아직 servo 변수는 사용할 준비가 되지 않았습니다. setup() 초기화 함수 안에서 어떤 핀에 서보 모터가 연결되어 있는지 알려줘야 합니다.

아래 코드가 서보 모터를 초기화하는 코드입니다.

```
void setup() {
  // put your setup code here, to run once:
  servo.attach(servoPin);  // ❷
}
```

❷ servo.attach() 함수에 서보 모터가 연결된 핀 번호를 넣으면 됩니다. 만약 서보 모터 사용을 중지하고 싶다면 servo.detach() 함수를 사용하면 됩니다.

그리고 loop() 반복 함수 안에서 포텐셔미터 값을 읽은 뒤, 서보 모터의 팔 위치를 변경하면 됩니다.

```
void loop() {
  int potValue = analogRead(A0);
  int angle = map(potValue, 0, 1023, 10, 170);  // ❸
  servo.write(angle);  // ❹
  delay(100);
}
```

❸ analogRead() 함수로 값을 읽는 코드는 익숙하죠? 그런데 analogRead() 함수로 읽는 값의 범위는 0~1023인데 서보 모터를 제어할 때 입력하는 각도의 범위는 0~180입니다. 이럴 때 아두이노에서 제공하는 map() 함수가 유용하게 사용될 수 있습니다.

map() 함수는 값의 범위가 바뀔 때 입력한 값이 어떤 값으로 변환되어야 하는지 알려주는 함수입니다. 아래처럼 사용할 수 있습니다.

```
map(value, fromLow, fromHigh, toLow, toHigh)
```

value 값이 fromLow~fromHigh 범위의 값인데 toLow~toHigh 범위의 값으로 변환하고 싶다는 의미입니다. 이렇게 사용하면 map() 함수는 변환된 값을 알려줍니다.

우리는 0~1023 범위에 있는 포텐셔미터 입력 값 potValue를 0~180 사이로 바꾸고 싶습니다. 그럴 때는 아래처럼 사용하면 됩니다.

```
int angle = map(potValue, 0, 1023, 0, 180);
```

그런데 마이크로 서보 모터는 0˚, 180˚ 근처에서는 제대로 위치를 잡지 못하는 문제가 있습니다. 그래서 0~180 대신 10~170 범위를 사용하겠습니다.

```
int angle = map(potValue, 0, 1023, 10, 170);
```

❹ 이렇게 구해진 각도 angle 값을 서보 모터 제어 함수인 servo.write() 함수에 사용하면 됩니다.

```
servo.write(angle);
delay(100);
```

loop() 함수의 반복 속도가 굉장히 빠르기 때문에 delay() 함수를 사용했습니다.

🎭 테스트

스케치를 아두이노에 올려서 테스트해보세요. 포텐셔미터의 움직임을 따라 서보 모터가 똑같이 움직일 것입니다. 만약 서보 모터 여러 개를 사용한다면, 그에 맞게 포텐셔미터를 추가해서 각각을 제어할 수 있습니다. 로봇팔의 움직임을 수동으로 제어할 때 그렇게 사용하면 되겠죠.

서보 모터 3~4개를 이용해서 로봇팔을 만드는 오픈소스 프로젝트로 MeArm이라는 프로젝트가 있습니다. 제작을 위한 기구부 설계 도면과 필요 부품, 제작 매뉴얼이 아래 링크에 모두 공개되어 있습니다.

🔗 http://www.thingiverse.com/thing:360108

필요한 부품을 준비하고 레이저 커터로 설계 도면대로 프레임을 재단하면 근사한 탁상용 로봇팔을 제작할 수 있습니다!

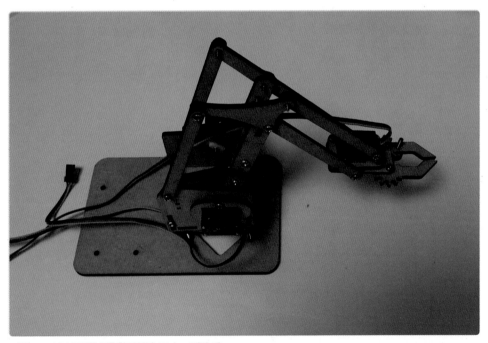

그림 7-22 *서보 모터를 이용한 로봇팔, MeArm 제작 예*

지금까지 사용한 디지털, 아날로그 입출력 제어는 비교적 간단한 센서나 모듈을 제어하는데 사용합니다. 하지만 GPS, 가속도−자이로 센서, 디스플레이와 같이 복잡한 데이터를 다루는 경우에는 이 방법만으로 제어할 수 없습니다. 모스 부호를 이용한 전신(텔레그라프)처럼 체계적인 통신 방법이 필요한데, 다행히 아두이노는 표준 통신 방법을 사용할 수 있게끔 해놨습니다.

다음 장에서는 마이크로 컨트롤러 세계에서 사용되는 대표적인 통신 방법을 실습해볼 것입니다.

센서
통신

복잡한 데이터를 다루는 센서나 모듈은 표준화된 통신 방법을 사용해서 데이터를 주고받습니다. 그동안 응용했던 디지털, 아날로그 입출력 방법만으로는 다룰 수 없는 부분입니다.

이번 장에서는 아두이노에서 사용하는 주요 통신 방법을 다룹니다.

휴대폰이 우리 주머니를 점령하기 전까지 그 자리는 일명 삐삐의 차지였습니다. 오직 상대방이 보낸 전화번호만을 표시해줬으니 지금 생각하면 참 불편한 방식이지만 사용할 당시에는 생활필수품이었죠. 삐삐의 전성시대 이후 이십여 년, 긴 시간에 걸친 변화이긴 하지만 컴퓨터가 손바닥에 들어와 인터넷까지 될 줄은 몰랐습니다. 어쨌든 이제는 스마트폰, 데이터 통신의 시대가 되었습니다.

굳이 비유하자면 앞 장까지 배웠던 디지털, 아날로그 입출력이 삐삐와 같다고 할 수 있겠습니다. 디지털, 아날로그 입출력은 제어가 간단하지만 매우 제한된 정보만을 보낼 수 있습니다. 예를 들어 GPS 수신기를 아두이노에 연결한다면 디지털, 아날로그 입력만으로 날짜, 시간, 위도, 경도 같은 복잡한 정보를 받을 수 있을까요? 설령 가능하더라도 회로 구성이 매우 복잡해지겠죠. 삐삐가 스마트폰으로 진화했듯 아두이노에서도 더 복잡한 정보를 주고받을 수 있는 통신 방법이 필요합니다.

아두이노 같은 마이크로컨트롤러에서 사용할 수 있는 표준 통신 방법은 다양하게 있습니다. 그중에서 대표적인 통신 방법에는 시리얼(Serial), I2C, SPI 통신이 있습니다. 아두이노는 자주 쓰는 이 세 가지 통신을 위한 핀들을 미리 지정해 두었습니다. 이번 장에서는 아두이노에서 사용하는 주요 통신 방법에 대해서 다루도록 하겠습니다.

> **주의** 여기서 말하는 '통신 방법'이란 이더넷, 블루투스, 와이파이 같이 완성된 장치 간의 유무선 통신 방법을 말하는 것이 아닙니다. 아두이노와 센서, 모듈을 전선으로 연결했을 때 데이터를 주고받는, 장치 내부 구성 요소 간의 통신 방법을 말합니다.

01 | 기본 통신과 온습도 센서

가장 단순한 형태의 통신 방법부터 살펴보겠습니다.

오직 디지털 핀 하나만 사용해서 많은 정보를 보내려면 어떻게 통신을 해야 할까요? 모스 부호를 이용해 정보를 보내는 전보가 유사한 예가 되겠네요. 디지털 핀을 통해서도 디지털 신호를 짧은 간격으로 보내면, 연결된 긴 데이터를 보낼 수 있습니다. 이런 방식으로 데이터를 보내는 센서는 여러 종류가 있고 데이터를 보내는 방법도 가지각색입니다. 이 중 대표적인 것이 DHT 온도, 습도 센서라 할 수 있습니다. 꼭 온습도 정보가 필요한 상황이 아니더라도 센서 연동 테스트 용도로도 자주 사용되기 때문에 사용법을 익혀두면 많은 도움이 됩니다.

그림 8-1 *DHT11 온습도 센서*

DHT 온습도 센서는 여러 종류가 있기 때문에 뒤에 붙은 숫자로 구분합니다. DHT11, DHT21, DHT22, DHT33 등이 있는데 DHT11, DHT22가 가장 많이 사용됩니다. 가장 저렴하고 아두이노 스타터 킷에 포함되기도 하는 센서가 DHT11 센서이기 때문에 이번 예제에서는 DHT11 센서를 사용하겠습니다.

DHT11 센서는 5V에서 동작하고 측정할 수 있는 온도 범위가 0~50℃±2℃, 습도 범위는 20~90% RH±5%입니다. 온습도 측정 범위와 정확도를 더 높이고 싶다면 DHT22를 선택하면 됩니다. 라이브러리가 조금 다를 뿐 사용 방법은 거의 유사합니다.

DHT11 센서는 단 하나의 핀을 이용해 온습도 정보를 보내줍니다. 데이터가 전송되는 이 핀을 아두이노 디지털 핀에 연결해서 모스 부호처럼 들어오는 정보를 받은 뒤 사용하면 됩니다. 센서에서 데이터가 전송될 때는 아래 그림처럼 총 40개의 on/off 신호 (40bit, 5byte)로 만들어져 전달됩니다.

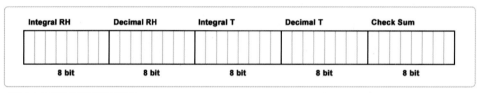

그림 8-2 *DHT11 데이터 패킷 구조*

굳이 이 신호들을 유심히 분석할 필요는 없습니다. 빠르게 전달되는 이 신호를 받아서 해석하기 위해 이미 라이브러리가 있기 때문에 온습도 값을 쉽게 얻을 수 있습니다. 다만 이런 방식으로 큰 데이터를 전송할 수 있다는 점만 기억하면 됩니다.

이번 예제에서는 DHT11 온습도 센서를 이용해 온도와 습도를 측정하고, 시리얼 통신을 이용해 PC에서 볼 수 있도록 해보겠습니다.

🖼 연결 방법

테스트를 위한 준비물은 아래와 같습니다.

- 아두이노 우노 보드
- DHT11 온습도 센서, 5KΩ 저항
- 브레드보드, 연결선

DHT11 온습도 센서 모듈을 꺼내서 살펴보세요. 아래처럼 다리가 4개 나와 있을 겁니다. 이 중 1번, 4번 핀은 전원을 공급받는 VCC(+), GND(−) 핀입니다. 그리고 데이터가 전달되는 핀은 2번 핀입니다. 3번 핀은 사용하지 않습니다.

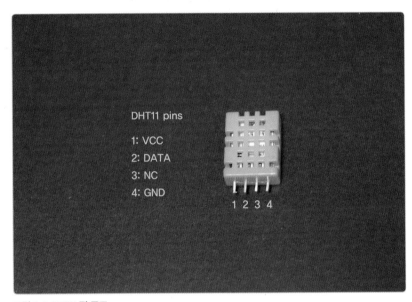

그림 8-3 *DHT11 핀 구조*

아두이노에 핀 3개를 아래 순서대로 연결하면 됩니다.

DHT11 온습도 센서	아두이노
VCC(1)	5V
DATA(2)	D2
GND(4)	GND
VCC – 5KΩ 저항 – DATA	

디지털 입력 예제에서 버튼 사용할 때 풀업 저항을 사용했었죠? 여기서도 유사하게 풀업 저항을 사용해야 합니다. VCC(1) 핀과 DATA(2) 핀 사이에 5KΩ 저항을 연결해주면 됩니다.

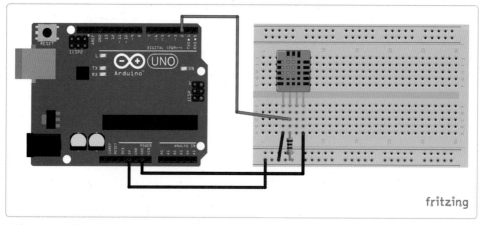

그림 8-4 *DHT11 센서 – 아두이노 연결 방법*

만약 가지고 있는 DHT11 센서가 아래 이미지처럼 보드와 결합되어 있는 형태라면, 이미 저항이 보드에 포함되어 있습니다. 따라서 저항 없이 핀 3개만 연결하면 됩니다.

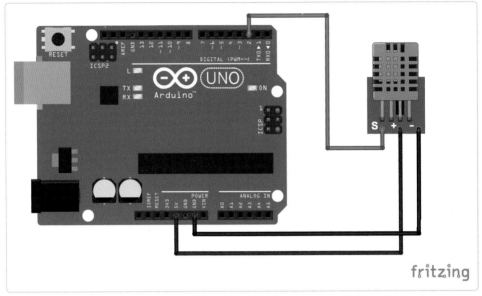

그림 8-5 *DHT11 모듈 – 아두이노 연결 방법*

🐛 스케치

DHT11 센서를 사용할 준비가 되었습니다. 이제 센서가 보내주는 데이터를 받아서 처리해 줄 라이브러리를 설치해야 합니다. 아래 경로에서 DHT11 라이브러리를 받아 설치하세요.

🔗 https://codebender.cc/library/DHT11#DHT11.cpp

스케치를 작성해 보겠습니다. 온습도를 측정해서 PC에 출력하는 예제입니다.

예제 8-1 *온습도 측정 예제(chap8_1_DHT11.ino)*

```
#include <DHT11.h>
int pin=2;            // 연결한 아두이노 디지털 핀 번호
DHT11 dht11(pin);     // ❶

void setup() {
  Serial.begin(9600);
}


void loop() {
  int err;
  float temp, humi;
  if((err=dht11.read(humi, temp))==0) {  // ❷
    Serial.print("temperature:");
    Serial.print(temp);
    Serial.print(" humidity:");
    Serial.print(humi);
    Serial.println();
  } else {
    Serial.println();
    Serial.print("Error No :");
    Serial.print(err);
    Serial.println();
  }
  delay(DHT11_RETRY_DELAY); //delay for reread
}
```

라이브러리를 사용하니 복잡한 통신 방법을 사용함에도 스케치가 깔끔합니다. 통신 관

련된 복잡한 작업을 라이브러리가 해주기 때문입니다.

❶ 아래 코드가 DHT11 라이브러리 사용을 위해 변수를 선언하고 준비하는 과정입니다.

```
#include <DHT11.h>
int pin=2;              // 연결한 아두이노 디지털 핀 번호
DHT11 dht11(pin);       // ❶
```

이 코드만으로 DHT11 온습도 센서에서 값을 읽을 준비는 끝납니다. 여기서 읽은 값을 시리얼 통신으로 보내야 하니 초기화 작업을 setup() 함수에서 해줍니다.

```
void setup() {
    Serial.begin(9600);
}
```

이미 몇 번 사용했던 코드이기 때문에 이 부분도 어렵지 않을 겁니다.

동작할 준비는 끝났으니 loop() 반복 함수에서 온습도 센서 값을 읽어 보겠습니다.

```
void loop() {
  int err;
  float temp, humi;
  if((err=dht11.read(humi, temp))==0) {  // ❷
    ......
  } else {
    ......
  }
  delay(DHT11_RETRY_DELAY); //delay for reread
}
```

온습도 센서 값은 2개의 실수로 전달됩니다. 그래서 temp, humi라는 실수형 변수를 만들었습니다. err 변수는 센서 값을 읽는 과정에서 문제가 생겼는지 확인한 결과 값을 받는 변수입니다.

❷ 아래처럼 DHT11 라이브러리 함수를 호출하면 humi, temp 변수에 값이 자동으로 담깁니다. err 결과 값도 담기게 되죠.

```
if((err=dht11.read(humi, temp))==0) {
  ……
} else {
  ……
}
```

if 조건문이 조금 복잡하죠? 이처럼 소괄호 ()가 이중으로 중복해서 사용된 경우는 가장 안쪽에 있는 소괄호부터 차례대로 해석하면 됩니다. 소괄호는 먼저 실행할 코드 영역을 지정하는 역할을 합니다.

if 조건문의 가장 안쪽 코드부터 보겠습니다.

```
err=dht11.read(humi, temp)
```

dht11.read() 함수를 이용해 humi, temp 변수에 값을 받아옵니다. 그리고 처리 상태가 어떤지 결과 코드를 err 변수에 담습니다.

이제 err 변수에 담긴 처리 상태 값에 따라 어떤 동작을 할지 판단합니다. dht11.read() 함수 부분을 빼고 보면 if 조건문은 아래처럼 동작하는 셈입니다.

```
if(err == 0) {
  ……
```

```
  } else {
    ......
  }
```

처리 결과를 알려주는 변수인 err 값이 0일 때는 정상적으로 동작하고 있다는 의미입니다. 온도와 습도 값이 제대로 들어가 있으니 출력하면 됩니다. 그런데 만약 err 값이 0이 아니라면 DHT11 센서와 통신하는데 뭔가 문제가 발생한 것입니다. 이때는 문제가 있음을 PC에 알립니다.

이제 loop() 반복 함수 안의 내용들을 이해할 수 있을 겁니다.

```
void loop() {
  int err;
  float temp, humi;
  if((err=dht11.read(humi, temp))==0) {  // ❷
    Serial.print("temperature:");
    Serial.print(temp);
    Serial.print(" humidity:");
    Serial.print(humi);
    Serial.println();
  } else {
    Serial.println();
    Serial.print("Error No :");
    Serial.print(err);
    Serial.println();
  }
  delay(DHT11_RETRY_DELAY); //delay for reread
}
```

마지막에 delay() 함수를 사용해서 온습도 센서의 값을 읽는 과정이 너무 빨리 되풀이 되지 않도록 조절해줍니다.

🖥 테스트

스케치를 올려서 온습도 센서 값이 시리얼 모니터에 표시되는지 확인하세요.

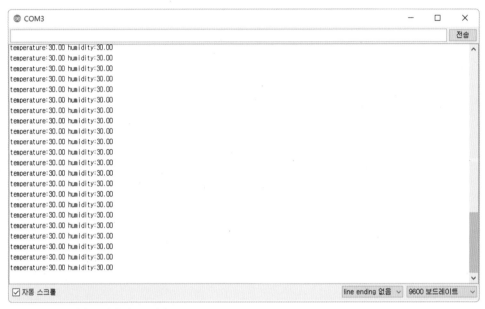

그림 8-6 *DHT11 온습도 센서 테스트 결과*

주변 환경에 대한 반응이 느리고 정확도가 떨어지긴 하지만, 사용하기도 간편하고 부품도 저렴하기 때문에 테스트용으로 정말 좋습니다. 조금 부족한 것 같은 느낌이라면 DHT22 센서를 사용해보세요. 아래 라이브러리를 사용하면 DHT22 센서도 비슷한 방법으로 사용할 수 있습니다.

🔗 http://playground.arduino.cc/Main/DHTLib

DHT11 외에도 온도, 습도를 측정해주는 센서는 많습니다. 그중 좀 특이한 온습도 센서가 있어서 가볍게 소개할까 합니다. 다음 이미지의 센서는 적외선을 이용해 온도를 측정해주는 비접촉식 적외선 온도 센서입니다.

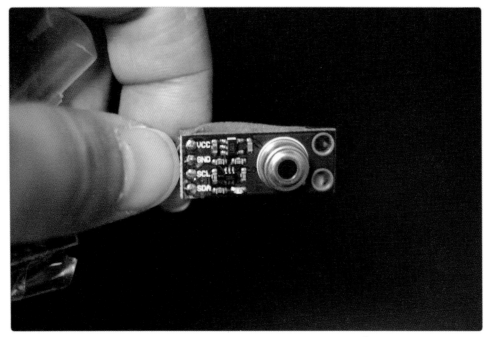

그림 8-7 *비접촉식 적외선 온도 센서*

비접촉식 적외선 온도 센서는 병원에서 귓속 체온을 잴 때 사용하는 온도계와 유사한 방식으로 동작하는 온도 센서입니다. 비접촉식인 데다 비교적 높은 정확도와 해상도를 가지고 있기 때문에 물 온도, 뜨거운 물체, 인체 온도 등을 측정할 수 있어 활용할 수 있는 범위가 굉장히 넓습니다.

02 | 시리얼 통신과 LED 제어

DHT 온습도 센서 예제는 아두이노와 센서가 통신하는 원리를 살펴보기 위한 예제였습니다. 앞에서 설명한 방법들보다는 복잡한 통신 방법을 쓰지만, 정해진 형식의 데이터를 한 방향으로만 보낸다는 점에서는 단순하기도 합니다. 하지만 일반적인 상황에서는 양방향으로 자유롭게 데이터가 오가도록 범용적인 통신 방법을 사용해야 합니다. 이번 예제에서 다룰 시리얼 통신이 바로 그런 통신 방법 중 하나입니다.

시리얼 통신은 앞에서 값을 출력하기 위해서 이미 여러 차례 사용했습니다. 아두이노가 동작하면서 PC로 데이터를 보내고 싶을 때 Serial.print(), Serial.println() 함수를 사용했죠? 바로 Serial 클래스가 시리얼 통신을 사용하기 위한 함수를 여럿 모아둔 공구함입니다.

지금까지 우리는 시리얼 통신으로 데이터를 PC로 보내기만 했지 PC에서 입력한 데이터를 받아 아두이노의 동작을 변화시키지는 않았습니다. 이번 예제에서는 시리얼 통신을 이용해 양방향으로 데이터를 주고받으면서 아두이노와 PC가 상호 연동하도록 만들어 보겠습니다. PC 대신 다른 시리얼 통신을 지원하는 센서나 모듈과 연결하는 것도 같은 방법으로 가능합니다.

시리얼 통신은 데이터를 주고받기 위해 라인 2개를 사용하는 데이터 통신 방법입니다. 이때 사용되는 2개의 라인은 데이터 송신용, 수신용이며 각각 TX, RX로 표기합니다. 아두이노 우노 보드의 디지털 0번, 1번 핀을 보면 RX, TX라고 추가적인 표시가 있습니다. 0번 RX 핀이 수신용 핀이고 1번 TX 핀이 송신용 핀입니다.

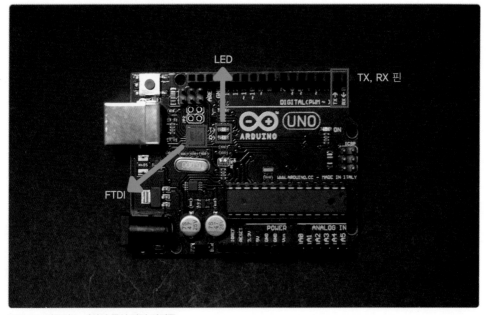

그림 8-8 *아두이노 시리얼 통신 관련 장치들*

우리가 스케치에서 Serial.print() 함수를 이용해 문자열을 전송하면 TX 핀으로 전송되고, PC에서 문자열을 전송하면 RX 핀으로 수신됩니다. 아두이노 우노 보드에서는 디지털 0번 핀과 1번 핀을 이 용도로 사용하게끔 미리 정해났기 때문에 Serial 클래스의 함수를 쓸 때 별도로 핀 번호를 지정하지는 않습니다. TX 핀, RX 핀은 시리얼 통신을 하는 장치라면 모두 가지고 있는 필수 핀임을 기억하세요.

아두이노 보드는 내부적으로 TX 핀, RX 핀이 LED와도 연결되어 있습니다. 그래서 PC와 데이터를 주고 받으면 해당하는 LED가 깜빡이는 걸 볼 수 있습니다. 사진에서 TX, RX LED로 표시된 부분을 확인하면 됩니다.

FTDI 칩

아두이노에서 시리얼 통신을 사용할 때 별다른 장치 없이 PC와 USB 포트로 연결되죠? 원래대로라면 PC와 데이터를 주고받기 위해서는 중간에 시리얼 – USB 통신 사이의 번역을 해주는 장치가필요합니다. 그런데 아두이노 우노 보드는 이 칩을 내부에 탑재하고 있습니다. 앞 사진에서 FTDI 칩이라고 표시된 칩이 바로 통신을 번역해주는 칩입니다. 덕분에 우리는 USB 케이블로 연결하는 것만으로도 PC에서도 손쉽게 아두이노와 데이터를 주고받을 수 있고, 스케치 업로드도 할 수 있습니다. 하지만 주의하세요. PC와 통신하는 중에는 TX핀과 RX 핀을 다른 용도로 사용해서는 안 됩니다.

이번 예제에서는 PC의 시리얼 모니터에서 숫자 1, 2, 3을 보내면 아두이노에 연결된 LED 3개가 on/off 전환되도록 만들어 보겠습니다. 그리고 LED 상태가 바뀔 때 바뀐 LED 상태 메시지를 PC로 보내 보겠습니다.

🔩 연결 방법

준비물은 아래와 같습니다.

- 아두이노 우노 보드

- LED, 저항(220~1KΩ) 각각 3개 이상

- 브레드보드, 연결선

시리얼 통신을 위해 특별히 준비해야 할 건 없습니다. USB 케이블로 아두이노와 PC를 연결만 하면 됩니다. LED 3개를 아두이노 디지털 4번, 5번, 6번 핀에 연결하세요.

아두이노 4번 핀 → 저항 → LED → GND

아두이노 5번 핀 → 저항 → LED → GND

아두이노 6번 핀 → 저항 → LED → GND

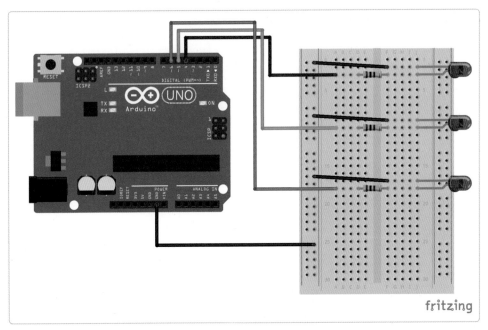

그림 8-9 *LED – 아두이노 연결 방법*

🐛 스케치

스케치를 작성해 보겠습니다.

예제 8-2 시리얼 통신 예제(chap8_2_Serial_communication.ino)

```
int led1 = LOW;

int led2 = LOW;

int led3 = LOW;


void setup() {

  Serial.begin(9600);  // ❶

  pinMode(4, OUTPUT);

  pinMode(5, OUTPUT);

  pinMode(6, OUTPUT);

}


void loop() {

  if(Serial.available()) {  // ❷

    char received = Serial.read();  // ❸

    if(received == '1') {  // ❹

      led1 = !led1;

      digitalWrite(4, led1);

      Serial.print("LED 1 = ");

      Serial.println(led1);

    } else if(received == '2') {

      led2 = !led2;

      digitalWrite(5, led2);

      Serial.print("LED 2 = ");

      Serial.println(led2);

    } else if(received == '3') {
```

```
        led3 = !led3;

        digitalWrite(6, led3);

        Serial.print("LED 3 = ");

        Serial.println(led3);

      }

    }

  }
```

PC에서 보내주는 데이터에 따라 LED 상태를 변경한 후에 유지해야 하므로 LED 상태
를 저장하는 변수 3개를 전역 변수로 만들었습니다. 그리고 LED를 off 상태로 시작하기
위해 값을 LOW로 넣었습니다.

```
boolean led1 = LOW;

boolean led2 = LOW;

boolean led3 = LOW;
```

❶ 이제 setup() 함수에서 초기화를 해줘야겠죠? 시리얼 통신을 초기화하고, 디지털
4번, 5번, 6번 핀을 OUTPUT 모드로 초기화합니다.

```
void setup() {
  Serial.begin(9600);  // ❶
  pinMode(4, OUTPUT);
  pinMode(5, OUTPUT);
  pinMode(6, OUTPUT);
}
```

❷ loop() 반복 함수에서는 시리얼 통신을 통해 데이터가 들어오는지 확인하고, 수신한 데이터에 따라 LED를 제어해야 합니다. 이때 중요한 역할을 하는 함수가 Serial. available() 함수입니다.

```
void loop() {
  if(Serial.available()) {  // ❷
    char received = Serial.read();  // ❸
    ......
  }
}
```

아두이노는 시리얼 RX 핀을 통해 데이터를 받으면 이걸 내부 저장 공간(버퍼)에 임시로 기록해둡니다. Serial.available() 함수는 저장 공간에 받아둔 데이터가 있는지 확인해서 결과가 있으면 true를 전달하는 함수입니다. 따라서 if 조건문 안에 Serial. available() 함수를 사용하면 수신받은 데이터가 있을 때 중괄호 영역이 실행됩니다.

❸ 그리고 바로 아래에 Serial.read() 함수가 등장하죠? Serial.read() 함수는 저장 공간에 받아둔 데이터 중 1바이트(byte)만 가져오는 함수입니다. 따라서 received 변수에는 수신한 데이터 1바이트가 기록됩니다. 이제 수신한 데이터를 가지고 어떤 LED를 제어할지 판단하면 됩니다.

```
if(received == '1') {
  led1 = !led1;
  digitalWrite(4, led1);
  Serial.print("LED 1 = ");
  Serial.println(led1);
} else if(received == '2') {
  led2 = !led2;
  digitalWrite(5, led2);
```

```
      Serial.print("LED 2 = ");
      Serial.println(led2);
   } else if(received == '3') {
      led3 = !led3;
      digitalWrite(6, led3);
      Serial.print("LED 3 = ");
      Serial.println(led3);
   }
```

❹ 이때 주의해야 할 점이 하나 있습니다. PC 에서 '1'을 입력한 뒤 아두이노로 전송하면 아두이노는 숫자 1을 받는 게 아니라 문자 '1'을 받습니다. 따라서 아래처럼 비교문을 작성하면 안 됩니다.

```
   if(received == 1) {
      ......
   }
```

이렇게 작성하면 1(실제로는 00000001)이라는 숫자 값과 같은지 비교합니다. 문자 '1'을 받았기 때문에 영문자나 기호를 나타내는 홑따옴표로 묶어줘서 한 글자임을 표현해야 합니다.

```
   if(received == '1') {
      ......
   }
```

이제 각 조건문 안에서 현재 LED 상태를 나타내는 변수 값을 바꿔준 뒤, `digital Write()` 함수를 이용해 LED를 제어하면 됩니다. `Serial.print()` 함수를 이용하면 시리얼 TX 핀을 통해 PC로 현재 상태를 나타내는 문자열이 전송됩니다.

```
led1 = !led1;
digitalWrite(4, led1);
Serial.print("LED 1 = ");
Serial.println(led1);
```

! 연산자

이 코드에서 연산자를 쓴 부분이 보이나요? 사소한 팁을 공유합니다. 스케치 가장 첫 부분에 int led1 = LOW;라고 선언했기 때문에 led1은 정수형 변수입니다. 그런데 led1 = !led1;처럼 true 값과 false 값을 반대로 전환하는 연산자 !가 사용되었습니다. led1 변수가 담게 되는 HIGH 값과 LOW 값도 true 값, false 값과 똑같이 아두이노 내부에서는 1과 0으로 표현합니다. 그래서 정수형 변수이지만 ! 연산자를 이용해서 HIGH 값과 LOW 값 사이에서 전환하도록 해서 코드를 더 간결하게 만들었습니다.

📷 테스트

스케치를 아두이노에 업로드한 뒤, 시리얼 모니터 창을 열어 LED를 제어할 준비를 합니다. 시리얼 모니터 창 상단에 있는 입력란에 '1', '2', '3'을 입력해서 보내면 입력한 숫자에 따라 LED가 on/off 되어야 정상입니다. 숫자를 입력할 때 '123'처럼 여러 개의 숫자를 한 번에 전송해서 동작 결과를 확인해보세요.

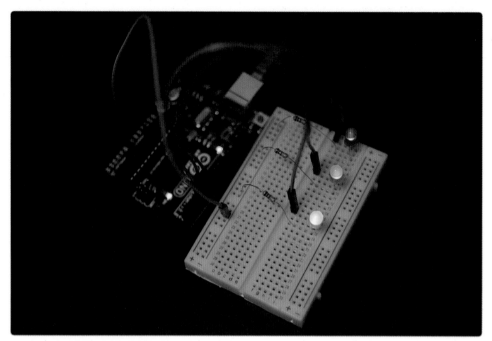

그림 8-10 *시리얼 통신 예제 실행 결과*

아두이노 개발환경의 시리얼 모니터 창과 관련된 정보 몇 가지를 덧붙입니다.

시리얼 통신에는 통신 속도(baud rate)라는 개념이 있습니다. 모스 부호를 보낼 때 얼마나 빠른 속도로 보낼지 양쪽에서 미리 합의를 해둬야 전보가 제대로 전달되겠죠? 이와 유사한 개념이 통신 속도입니다. 아두이노 스케치에서 시리얼 통신 초기화할 때 Serial.begin(9600)이라 적었는데 여기서 사용된 9600(bps)이란 숫자가 통신 속도입니다. 그러니 PC쪽 시리얼 모니터에서도 같은 값을 사용해야 합니다. 보통은 기본 9600으로 놔두고 쓰기 때문에 신경 쓰지 않아도 되지만, 통신 속도가 달라지면 문자를 송신하거나 수신할 때 깨지거나 표시되지 않기도 합니다.

그리고 한 가지 더 신경 써야 할 부분이 있습니다. 창 아래쪽에 보면 no line ending이라 선택된 스크롤 박스가 있습니다. 이건 시리얼 모니터에서 문자열을 보낼 때 끝에 줄넘김(LF, Line Feed), 커서 이동(CR, Carriage Return) 특수 문자를 붙여서 보낼 건지 결정하는 부분입니다. 이번 예제에서는 no line ending(줄 넘김 없음)으로 사용하면 됩니다.

LED를 제어하는 단순한 구조의 예제이지만, 모든 통신은 이런 단순한 예제에서 시작합니다. 보내야 할 데이터가 많아지면 점점 고려해야 할 게 많아지지만 Serial. available(), Serial.read() 함수의 쓰임새만 알면 차근차근 구현해 나갈 수 있습니다.

03 | I2C 통신과 가속도-자이로 센서

시리얼 통신은 여러 장점에도 불구하고 결정적인 단점이 하나 있습니다. 바로 1:1 통신이라는 점입니다. 아두이노는 시리얼 통신을 위해 디지털 0번과 1번 핀을 할당해놨는데, 보통 PC와 연결해서 메시지를 주고 받는 용도로 사용합니다. 다른 센서나 장치를 시리얼 통신으로 연결하는데 제한이 있을 수밖에 없습니다.

따라서 여러 가지 센서나 장치를 한 번에 연결해줄 수 있는 1:N 통신 방법이 필요합니다. 이 중 대표적인 것 중 하나가 I2C(Inter Integrated Circuit) 통신입니다. I2C 통신은 다른 말로 TWI(Two Wire Interface) 통신이라고도 부릅니다. 말 그대로 두 라인으로 통신한다는 뜻입니다. I2C 통신이 데이터를 주고받는 방법을 보면 왜 이런 이름이 붙었는지 알 수 있습니다.

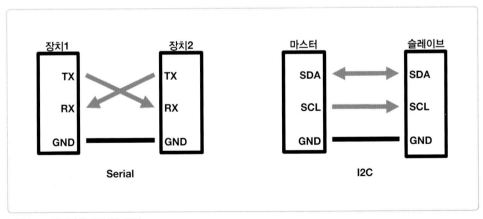

그림 8-11 *시리얼 통신과 I2C 통신*

시리얼 통신은 TX, RX 데이터 라인 2개를 꼬아서 연결해서 데이터를 주고받습니다. I2C 통신도 SDA, SCL 라인 2개를 사용하지만 사용하는 방법은 완전히 다릅니다.

음악을 연주하는 밴드에 비유한다면, 시리얼 통신은 두 명의 가수가 듀엣 곡을 부르는 것과 비슷합니다. 서로 마주 보면서 상대방의 템포에 맞춰가며 노래를 부르는 것입니다. 반면에 I2C 통신은 지휘자의 리드에 맞춰 연주하는 오케스트라에 비유할 수 있습니다.

시리얼 통신으로 연결되는 두 장치는 통신 속도(baud rate)만 서로 맞추면 자유롭게 데이터를 상대방에게 보낼 수 있기 때문에 비동기식 통신이라고 합니다. 반면에 I2C 통신은 지휘자가 지정하는 박자에 맞춰서만 데이터를 보낼 수 있기 때문에 동기식 통신이라고 합니다.

I2C 통신에서 사용하는 두 라인 중 SCL(Serial Clock, 클럭) 라인이 지휘자에 해당합니다. SCL 라인이 생성하는 클럭(박자)에 맞춰 연결된 여러 장치가 SDA 라인으로 데이터를 주고받는 방식입니다. 데이터 전송에서 클럭을 생성하는 역할이 가장 중요하기 때문에 이 작업을 담당하는 장치를 '마스터'라고 부릅니다. 보통은 아두이노가 마스터 장치가 되어서 통신을 조율하죠. 그리고 I2C로 연결된 다른 장치들은 '슬레이브'라고 합니다. 아두이노에 연결되는 센서 등이 슬레이브 역할을 합니다.

I2C 통신은 1:N 연결을 지원한다고 했죠? 그럼 어떤 식으로 2개 이상의 센서와 장치를 동시에 연결해야 할까요? 실은 간단합니다. 마스터 장치인 아두이노의 SDA 라인과 SCL 라인에 연결하고 싶은 모든 센서의 SDA 라인과 SCL 라인을 연결하면 됩니다.

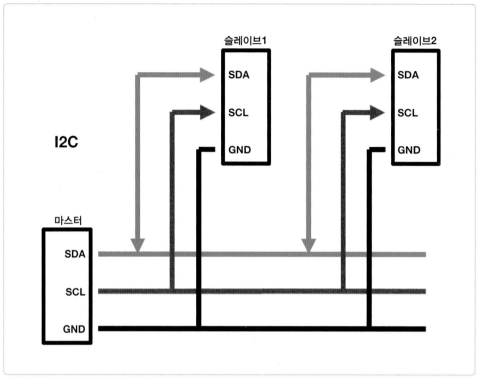

그림 8-12 *I2C 장치 연결 방법*

그런데 단 두 개의 라인으로 모든 장치가 한꺼번에 연결되면, 마스터 장치에서는 어떻게 각각의 슬레이브 장치를 구분할까요? 다행히 슬레이브 장치는 각각 고유한 주소 (address) 값을 가지고 있습니다. SDA 라인으로 데이터를 보낼 때 지금 보내는 데이터가 누구한테 가는지 맨 앞에 적어줘서, 여기에 해당하는 슬레이브 장치만 응답하도록 약속되어 있습니다.

이렇게 연결되면 물리적으로 I2C 통신을 할 준비는 끝납니다. 실제 데이터 송수신을 위해 SDA 라인과 SCL 라인, 두 라인을 제어하는 작업은 아두이노가 내장하고 있는 Wire 라이브러리에서 처리해줍니다. 대부분의 경우에는 이마저 직접 할 필요도 없습니다. 센서를 사용한다면 전용 라이브러리가 다 해주거든요. 우리는 적절하게 라이브러리를 사용하기만 하면 됩니다.

이번 예제에서는 I2C 통신을 사용하는 MPU-6050 가속도-자이로 센서를 연결해서 측정값을 읽어서 PC에 출력해보겠습니다.

휴대폰은 여러 가지 센서를 탑재하고 있어서 사용자의 움직임을 추적할 수 있습니다. GPS 센서를 이용해 위도와 경도 좌표를 측정할 수 있고 지자기 센서는 휴대폰이 가리키는 방향을 측정할 수 있게 해줍니다. 그리고 휴대폰의 회전이나 진동 같은 움직임은 가속도-자이로 센서를 이용합니다. 이런 종류의 센서들은 아두이노에서도 사용할 수 있는데, 가속도-자이로 센서의 경우 대표적인 제품이 MPU-6050 센서(GY-521 모듈)입니다. 이번 예제에서 사용해 볼 센서이기도 합니다.

MPU-6050 센서를 사용하기 전에 가속도-자이로 센서가 어떻게 동작하는지 살펴봅시다.

가속도 센서는 지구의 중력이 작용하는 크기를 XYZ 3축 방향으로 측정합니다. 그래서 MPU-6050 센서를 보면 보드에 X축과 Y축의 방향이 표시되어 있습니다(Z축은 평면에서 수직 방향). 잠깐 생각해볼까요? 가속도 센서(MPU-6050 센서)를 지면과 평행하게 유지하면 측정값이 어떻게 나올까요? 답은 X축, Y축 방향의 값은 작게 나오고 상대적으로 Z축 방향의 값만 크게 나옵니다. 왜냐하면 지면과 평행할 때 중력은 센서의 수직축(Z축) 방향으로만 작용하기 때문입니다. 추후 가속도 센서를 테스트할 때 이런 부분을 생각하면서 측정값을 확인하면 됩니다.

자이로 센서는 XYZ 3축 방향의 회전 속도를 측정해주는 센서입니다. 회전 속도를 측정하는 자이로 센서는 가만히 놔둘 경우 값의 변화가 적고 X축, Y축, Z축 방향으로 회전하는 순간 큰 값을 출력합니다. 실제로도 그런지 테스트할 때 확인해보세요.

가속도와 자이로 센서는 서로 정반대되는 성격을 가진 센서이지만, 그렇기 때문에 같이 사용할 수 있는 역설적인 관계의 센서입니다. 왜냐하면 가속도 센서는 이리저리 움직일 때 진동이나 외부에서 작용하는 힘에 영향을 많이 받아 순간 측정값이 불안정한데 원상태로 돌렸을 때 회복력이 좋습니다. 그래서 아무리 움직이더라도 다시 지면과 평행하게

두면 Z축 값만 크게 나옵니다. 반면에 자이로 센서는 움직임이 많으면 많을수록 회복력이 나빠지는 대신 순간 측정값이 정확하게 나옵니다. 가속도 센서와 자이로 센서의 특징이 서로 정반대죠? 그래서 이 두 센서를 같이 사용해서 서로 보완합니다.

이런 상호 보완을 위해서는 수학적인 처리가 필요하고 이론적으로도 복잡해지니 일단 이런 특징이 있다는 것 정도만 알아두세요. 드론처럼 자세 제어가 중요한 작업을 한다면, 이 내용을 (그리고 머리 아픈 수학 공식을) 다시 찾게 될 겁니다.

🔩 연결 방법

설명이 길었지만, MPU-6050 센서 테스트는 그리 어렵지 않습니다. 먼저 준비물을 준비합니다.

- 아두이노 우노 보드
- MPU-6050 가속도, 자이로 센서
- 연결선

센서를 아두이노에 연결부터 해보겠습니다. MPU-6050 센서를 보면 핀 8개 있는데, I2C 통신으로 측정값을 전달하기 때문에 핀 4개만 사용하면 됩니다. I2C 통신은 두 라인, SDA, SCL을 사용한다고 했죠? 전원 핀인 VCC, GND 그리고 통신용 핀인 SDA 핀, SCL 핀을 아두이노에 아래처럼 연결하면 됩니다.

MPU-6050 센서	아두이노
VCC	5V
GND	GND
SDA	A4(SDA)
SCL	A5(SCL)

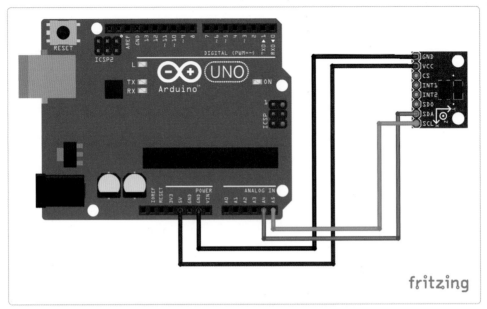

그림 8-13 *MPU-6050 센서 - 아두이노 연결 방법*

아두이노는 I2C 통신을 위해 A4(SDA) 핀, A5(SCL) 핀을 미리 할당해 뒀습니다. 할당 핀이 있으니 모든 I2C 통신 장치를 같은 방법으로 연결할 수 있습니다. 시리얼 통신과는 달리 SDA-SDA, SCL-SCL끼리 연결되는 점에 주의하세요!

🦑 스케치

MPU-6050 센서가 측정한 값을 아두이노에서 읽어 PC로 전송하도록 스케치를 만들어 보겠습니다.

```
#include "MPU6050.h"

MPU6050 mpu6050;  // ❶

#define SENSOR_READ_INTERVAL 250              // 센서 읽는 간격
unsigned long prevSensoredTime = 0;
unsigned long curSensoredTime = 0;


void setup() {
  Serial.begin(9600);
  mpu6050.begin();  // ❷
}


void loop() {
  accel_t_gyro_union accel_t_gyro;
  curSensoredTime = millis();

  // 250ms 간격으로 센서 읽기
  if(curSensoredTime - prevSensoredTime > SENSOR_READ_INTERVAL) {
    mpu6050.readFromSensor(accel_t_gyro);  // Read from sensor ❸
    prevSensoredTime = curSensoredTime;

    // Print raw accel, gyro values ❹
    Serial.print(F("accel x,y,z = "));
    Serial.print(accel_t_gyro.value.x_accel, DEC);
    Serial.print(F(", "));
    Serial.print(accel_t_gyro.value.y_accel, DEC);
```

```
        Serial.print(F(", "));

        Serial.print(accel_t_gyro.value.z_accel, DEC);

        Serial.println(F(""));


        Serial.print(F("gyro x,y,z = "));

        Serial.print(accel_t_gyro.value.x_gyro, DEC);

        Serial.print(F(", "));

        Serial.print(accel_t_gyro.value.y_gyro, DEC);

        Serial.print(F(", "));

        Serial.print(accel_t_gyro.value.z_gyro, DEC);

        Serial.println(F(""));

    }

}
```

스케치 파일이 있는 폴더에 함께 들어있는 MPU6050.h, MPU6050.cpp 파일이 센서
와 I2C 통신을 해서 값을 읽어오는 역할을 합니다. 복잡한 작업은 여기서 다 처리해주니
우리는 스케치 파일만 집중해서 보면 됩니다.

아두이노 개발환경에서 ino 파일을 열면 같은 폴더에 있는 MPU6050.h, MPU6050.
cpp 두 파일도 함께 탭으로 열립니다. 라이브러리처럼 설치하지 않더라도 같은 폴더에
넣어두고 라이브러리처럼 사용하는 것입니다. 코드에서 사용하는 방법도 라이브러리와
같습니다.

```
#include "MPU6050.h"


MPU6050 mpu6050;  // ❶


#define SENSOR_READ_INTERVAL 250            // 센서 읽는 간격
```

```
unsigned long prevSensoredTime = 0;
unsigned long curSensoredTime = 0;
```

❶ MPU6050.h 파일을 #include를 이용해서 불러왔습니다. 그리고 mpu6050 이름
으로 사용할 수 있도록 클래스 변수를 만들어 줬습니다. #define을 이용해서 SENSOR_
READ_INTERVAL을 250이란 숫자로 사용하도록 정해줬습니다. 이건 나중에 센서에서 값
을 읽어올 시간 간격으로 사용할 것입니다. 250ms 간격으로 값을 읽어오게 되므로 빠
른 속도로 PC에 데이터가 표시될 겁니다. 값을 확인하기 힘들 수 있으니 이 값을 적절히
큰 값으로 바꿔주면 보기가 쉬워집니다.

prevSensoredTime, curSensoredTime 변수는 250ms 간격으로 값을 읽기 위한 시간
관리용 변수입니다.

센서에서 값을 읽기 위한 준비가 되었으니 setup() 함수에서 초기화 작업을 합니다.

```
void setup() {
  Serial.begin(9600);
  mpu6050.begin();  // ❷
}
```

❷ PC로 값을 출력해야 하므로 시리얼 통신 초기화가 필요합니다. 그리고 mpu6050 클
래스를 초기화합니다. mpu6050.begin() 함수 안에서는 I2C 통신을 초기화하고 기타 센
서에서 값을 읽기 위해 필요한 작업이 수행됩니다. 단 코드 두 줄만으로 센서 사용을 위
한 준비는 끝납니다.

이제 loop() 반복 함수에서는 센서에서 값을 읽고 이 값을 PC로 출력을 해주면 됩니다.
단, 너무 빠르게 센서에서 값을 읽는 것을 방지하고 적당한 간격을 유지하기 위해 시간
관리를 해줍니다.

```
void loop() {
  accel_t_gyro_union accel_t_gyro;
  curSensoredTime = millis();

  // 250ms 간격으로 센서 읽기
  if(curSensoredTime - prevSensoredTime > SENSOR_READ_INTERVAL) {
    mpu6050.readFromSensor(accel_t_gyro);  // Read from sensor ❸
    prevSensoredTime = curSensoredTime;

    // Print raw accel, gyro values ❹
    Serial.print(F("accel x,y,z = "));
    Serial.print(accel_t_gyro.value.x_accel, DEC);
    Serial.print(F(", "));
    Serial.print(accel_t_gyro.value.y_accel, DEC);
    Serial.print(F(", "));
    Serial.print(accel_t_gyro.value.z_accel, DEC);
    Serial.println(F(""));

    Serial.print(F("gyro x,y,z = "));
    Serial.print(accel_t_gyro.value.x_gyro, DEC);
    Serial.print(F(", "));
    Serial.print(accel_t_gyro.value.y_gyro, DEC);
    Serial.print(F(", "));
    Serial.print(accel_t_gyro.value.z_gyro, DEC);
    Serial.println(F(""));
  }
}
```

#define 명령을 통해 미리 정해둔 SENSOR_READ_INTERVAL 간격마다 센서의 값을 읽어야 합니다. 그래서 아래와 같이 조건문을 사용했습니다. 현재 시간에서 이전에 값을 읽은 시간을 뺀 뒤, 250ms가 지났는지 비교하는 코드입니다.

```
if(curSensoredTime - prevSensoredTime > SENSOR_READ_INTERVAL) {
  mpu6050.readFromSensor(&accel_t_gyro);  // Read from sensor ❸
  prevSensoredTime = curSensoredTime;
  ……
}
```

❸ 만약 250ms가 지났다면 센서에서 값을 읽으면 됩니다. 이 작업을 수행하는 함수가 mpu6050.readFromSensor() 함수입니다. 그런데 MPU-6050 센서는 가속도 센서 값이 3개(XYZ축), 자이로 센서 값이 3개(XYZ축) 그리고 온도까지 측정해서 데이터를 보내줍니다. 측정하는 값이 너무 많아 담아오기가 버겁겠죠? 그래서 필요한 변수를 모아서 묶어둔 변수를 사용하곤 하는데 이걸 '구조체'라고 부릅니다. accel_t_gyro가 바로 센서에서 값을 한 번에 담아오기 위한 구조체로, loop() 함수가 시작할 때 미리 만들어 놓습니다.

```
accel_t_gyro_union accel_t_gyro;
```

MPU6050.h 파일에 이 구조체가 어떤 변수를 모아둔 건지 상세히 기록되어 있습니다. accel_t_gyro_union 구조체에는 가속도, 자이로 센서의 측정값뿐 아니라 온도 값도 함께 담을 수 있게 되어 있습니다. mpu6050.readFromSensor() 함수 호출할 때 구조체 변수 accel_t_gyro를 함께 넘기면 여기에 센서의 값을 알아서 담아주니 이후부터 편리하게 사용할 수 있습니다.

❹ 이제 센서 값이 PC에서 보이도록 시리얼 통신으로 출력만 하면 되겠네요.

```
// Print raw accel, gyro values ❹
Serial.print(F("accel x,y,z = "));
Serial.print(accel_t_gyro.value.x_accel, DEC);
Serial.print(F(", "));
Serial.print(accel_t_gyro.value.y_accel, DEC);
Serial.print(F(", "));
Serial.print(accel_t_gyro.value.z_accel, DEC);
Serial.println(F(""));

Serial.print(F("gyro x,y,z = "));
Serial.print(accel_t_gyro.value.x_gyro, DEC);
Serial.print(F(", "));
Serial.print(accel_t_gyro.value.y_gyro, DEC);
Serial.print(F(", "));
Serial.print(accel_t_gyro.value.z_gyro, DEC);
Serial.println(F(""));
```

작성된 스케치를 아두이노에 올리고 시리얼 모니터를 실행합니다. MPU-6050 센서가 측정한 가속도-자이로 값이 쉼 없이 출력될 것입니다.

앞서 가속도-자이로 센서의 동작 원리를 설명할 때 언급했던 테스트 방법을 사용해보세요. 지면과 평행하게 센서를 유지한 상태에서 가속도 센서의 값을 확인하고, XYZ축 방향으로 회전하면서 자이로 센서의 값을 확인해보세요.

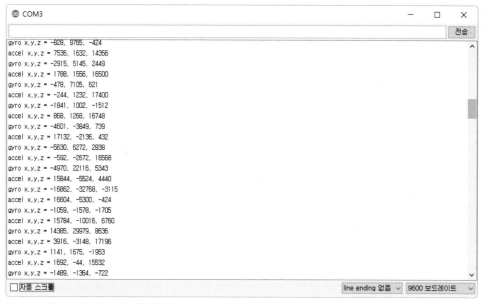

그림 8-14 *MPU-6050 센서 테스트 결과*

가속도-자이로 센서는 사람이나 물체의 움직임, 자세를 측정하는데 광범위하게 사용되는 센서입니다. 예제를 진행하면서 직접 확인했듯이 사용법만 익히면 가속도 센서 부문을 써서 간단한 기울기 측정을 쉽게 할 수 있습니다. 하지만 센서로 측정된 값을 이용해 대상의 자세나 동작을 정밀히 추적하려면 꽤 복잡한 수학적 처리를 해줘야 해서 초급자가 응용해서 사용하기엔 쉽지 않습니다. 좀 더 파고들어 보려고 한다면, '칼만 필터', '상보 필터' 키워드로 검색해서 깊이 있는 내용을 찾아서 공부하기 바랍니다.

04 | SPI 통신과 이더넷 모듈

SPI(Serial Peripheral Interface) 통신도 I2C 통신처럼 1:N 연결이 가능한 통신 방법입니다. SPI도 마스터 장치가 존재하며 마스터 장치가 클럭 신호를 만듭니다. 그리고 클럭 신호에 맞춰 연결된 장치가 데이터 라인으로 데이터를 전송합니다. 즉, SPI 통신도 I2C 통신처럼 동기식 통신 방법입니다. 같은 동기식 통신 방법이기 때문에 언뜻 SPI와 I2C 통신은 비슷해 보이지만 좀 더 자세히 살펴보면 다른 점이 많습니다.

먼저 I2C 통신이 데이터가 전달되는 라인을 하나(SDA) 사용하는데 이에 비해 SPI 통신은 두 개를 사용합니다. 마스터 장치에서 슬레이브 장치로 데이터가 나가는 라인인 MOSI(Master Out Slave In) 라인과, 반대로 마스터 장치로 데이터가 들어오는 MISO(Master In Slave Out) 라인을 사용합니다. 물론 이 두 라인으로 데이터가 전달되기 위해서는 SCK(Serial Clock) 클럭 라인의 박자에 맞춰야 합니다.

I2C 통신에서는 연결된 여러 개의 장치를 서로 구분하기 위해 주소 값을 사용했죠? 그런데 SPI에서는 물리적인 라인 하나를 사용합니다. 이 라인을 SS(Slave Select) 라인이라고 합니다. I2C는 전송할 데이터 앞에 수신자 주소를 알리는 데, SPI에서는 물리적인 신호를 줘서 신호를 받는 장치가 데이터를 수신하도록 합니다. SS 라인은 슬레이브 장치별로 하나씩 연결해야 하기 때문에 n개의 장치를 연결한다면 n개의 SS 라인이 추가됩니다.

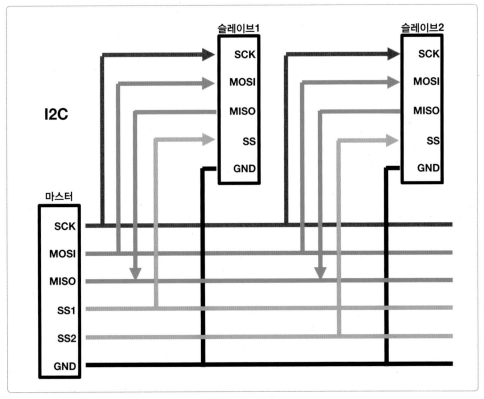

그림 8-15 *SPI 장치 연결 방법*

SPI 통신에 사용되는 MOSI, MISO, SCK, SS 라인은 아두이노 우노 보드를 기준으로 할 때 각각 D11번, D12번, D13번, D10번 핀에 할당되어 있습니다. 단, 아두이노가 마스터가 되는 경우 SS 라인은 임의로 지정할 수 있습니다.

이제 SPI 통신을 지원하는 모듈을 테스트해보겠습니다. 이번 예제에서 사용할 모듈은 이더넷 모듈입니다. 이더넷 모듈은 집에 설치된 유무선 공유기와 랜선으로 연결하면 인터넷에 접속할 수 있게 해주는 모듈입니다. 웹 서버에 접속해서 HTML 페이지나 데이터를 받아온 뒤 아두이노가 쓸 수 있게 해주기도 하고, 스스로 웹 서버처럼 동작하도록 만들 수도 있습니다.

이더넷 모듈도 종류가 상당히 많습니다. 그중 저렴한 편에 속해서 테스트 용도로 좋은 ENC28J60 이더넷 모듈을 사용하려고 합니다. 이 모듈을 이용해서 웹 사이트 접속 후 웹 페이지의 데이터를 받아오는 예제를 만들어 보겠습니다.

그림 8-16 ENC28J60 이더넷 모듈

🔲 연결 방법

이번 예제를 테스트하기 위해서는 아래 준비물이 필요합니다.

- 아두이노 우노 보드
- ENC28J60 이더넷 모듈, 랜 선
- 연결선
- 인터넷 접속이 가능한 공유기

ENC28J60 이더넷 모듈 종류별로 핀의 개수나 배치가 다릅니다. 만약 가지고 있는 이더넷 모듈의 핀 배치가 이 책의 사진과 다르다면 핀에 표기된 내용을 확인해서 정확히 연결해줘야 합니다.

아두이노에는 아래와 같은 순서로 연결하면 됩니다. SPI 통신에 사용하는 핀들을 같은 이름끼리 연결하면 됩니다.

ENC28J60 이더넷 모듈	아두이노
3.3V	3.3V
GND	GND
MISO	D12(MISO)
MOSI	D11(MOSI)
SCK	D13(SCK)
CS(SS)	D8

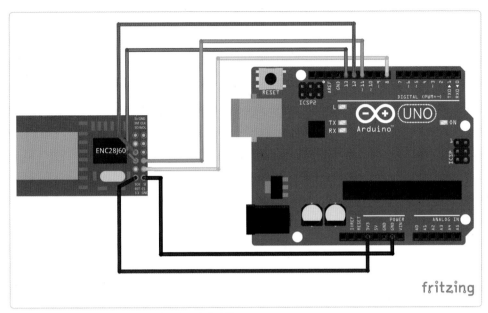

그림 8-17 *ENC28J60 이더넷 모듈 – 아두이노 연결 방법*

앞서 설명한 SPI 핀 중 SS 핀은 CS로 이더넷 모듈에 표기되어 있습니다. 곧 설치할 라이브러리에서 SS 핀은 아두이노 디지털 8번 핀을 사용하기 때문에 CS 핀을 D8번 핀으로 연결하면 됩니다.

🦎 스케치

이더넷 모듈은 복잡한 HTTP/TCP/IP 통신을 처리하기 때문에 다루기 쉽도록 라이브러리를 제공합니다. ENC28J60 이더넷 모듈의 경우는 EtherCard 라이브러리를 사용합니다. 아래 링크에서 EhterCard 라이브러리를 다운로드 받을 수 있습니다. 웹 페이지 오른쪽 위의 [Clone or download – Download ZIP] 메뉴를 선택해서 라이브러리를 다운로드 받고 설치하세요.

🔗 https://github.com/jcw/ethercard

라이브러리에는 다양한 예제가 포함되어 있습니다. 아두이노 개발환경의 메뉴에서 [파일 – 예제 – ethercard–master – webClient]를 순서대로 선택하세요. webClient는 웹 서버에 HTTP 요청을 보내서 웹 페이지(HTML 코드)를 받아오는 예제입니다.

예제 8-4 *이더넷 모듈을 이용한 HTTP 요청 예제*

```
// Demo using DHCP and DNS to perform a web client request.
// 2011-06-08 <jc@wippler.nl> http://opensource.org/licenses/mit-license.php

#include <EtherCard.h>

// ethernet interface mac address, must be unique on the LAN
static byte mymac[] = { 0x74,0x69,0x69,0x2D,0x30,0x31 };

byte Ethernet::buffer[700];
static uint32_t timer;

const char website[] PROGMEM = "www.google.com";  // ❶

// called when the client request is complete ❷
static void my_callback (byte status, word off, word len) {
  Serial.println(">>>");
  Ethernet::buffer[off+300] = 0;
  Serial.print((const char*) Ethernet::buffer + off);
  Serial.println("...");
}

void setup () {
  Serial.begin(57600);  // ❸
```

```
    Serial.println(F("\n[webClient]"));
    if (ether.begin(sizeof Ethernet::buffer, mymac) == 0)  // ❹
      Serial.println(F("Failed to access Ethernet controller"));
    if (!ether.dhcpSetup())  // ❺
      Serial.println(F("DHCP failed"));

    ether.printIp("IP:  ", ether.myip);
    ether.printIp("GW:  ", ether.gwip);
    ether.printIp("DNS: ", ether.dnsip);

    if (!ether.dnsLookup(website))  // ❻
      Serial.println("DNS failed");

    ether.printIp("SRV: ", ether.hisip);  // ❼
}


void loop () {
  ether.packetLoop(ether.packetReceive());  // ❽

  if (millis() > timer) {
    timer = millis() + 5000;
    Serial.println();
    Serial.print("<<< REQ ");
    ether.browseUrl(PSTR("/foo/"), "bar", website, my_callback);  // ❾
  }
}
```

❶ 스케치 앞 부분에 선언한 전역 변수부터 살펴보겠습니다. 유심히 봐야 할 부분은 아래 코드입니다. 문자형 변수의 배열 website를 만들고 여기에 문자열을 넣었습니다. 우리가 HTTP 요청을 보낼 서버의 URL(웹 주소)입니다. 다른 웹 서버에 접속하고 싶으면 이 부분을 바꾸면 됩니다.

```
const char website[] PROGMEM = "www.google.com";  // ❶
```

❸ setup() 초기화 함수를 보겠습니다. 시리얼 통신 초기화 코드로 시작합니다.

```
Serial.begin(57600);  // ❸
```

통신 속도를 기존과는 다르게 57600으로 지정했다는 점을 주목하세요. PC에서도 시리얼 모니터 창을 열고 통신 속도를 57600으로 똑같이 맞춰야 글자가 깨지지 않고 제대로 보입니다.

❹~❼ 이후부터 등작하는 setup() 함수의 코드는 모두 이더넷 모듈을 초기화하는 코드입니다.

ether.begin() 함수는 이더넷 모듈을 초기화시킵니다. ether.dhcpSetup() 함수는 공유기와 통신을 해서 이더넷 모듈이 사용할 IP를 받아옵니다. ether.dnsLookup() 함수는 우리가 접속할 URL이 유효한지 검사하는 함수입니다. 이상의 과정이 문제없이 수행되면 이제 웹 서버에 접속해서 웹 페이지의 HTML 코드를 받아올 수 있습니다.

loop() 반복 함수 안에서는 5초 간격으로 웹 페이지의 데이터를 가져오도록 코드가 작성되어 있습니다.

```
void loop () {
  ether.packetLoop(ether.packetReceive());  // ⑧


  if (millis() > timer) {
    timer = millis() + 5000;
    Serial.println();
    Serial.print("<<< REQ ");
    ether.browseUrl(PSTR("/foo/"), "bar", website, my_callback);  // ⑨
  }
}
```

⑧ 가장 먼저 ether.packetLoop() 함수가 호출됩니다. 이 함수는 loop() 함수가 빠르게 반복될 때 이더넷 모듈이 내부적으로 수행해야 할 일을 할 수 있도록 해줍니다. 이 부분은 loop() 함수에 넣어두기만 하면 라이브러리가 알아서 처리해줍니다.

⑨ 이후 millis() 함수를 이용해서 5초의 시간 간격을 체크합니다. 그리고 5초가 지나면 HTTP 요청을 웹 서버로 보냅니다. HTTP 요청을 보내는 함수가 ether.browseUrl() 함수입니다.

```
ether.browseUrl(PSTR("/foo/"), "bar", website, my_callback);  // ⑨
```

이 함수는 호출할 때 값 4개를 넣는데, 각각의 의미는 아래와 같습니다.

- PSTR("/foo/") : HTTP 요청 대상 파일이 있는 서버 내부 경로
- "bar" : 요청 대상 파일
- website : 웹 서버 URL
- my_callback : 요청에 대한 응답이 왔을 때 처리할 함수

예제 코드는 http://www.google.com/foo/bar에 대한 HTTP 요청을 보냅니다. 테스트를 위해 제대로 된 응답을 받을 수 있는 경로로 변경해 보겠습니다. 우리가 요청할 URL은 http://www.google.com/index.html입니다. 이 경우 코드는 아래와 같이 수정합니다.

```
ether.browseUrl(PSTR("/"), "index.html", website, my_callback);  // ➒
```

➋ HTTP 요청을 웹 서버로 전송하고 응답을 받으면 my_callback() 함수가 호출됩니다.

```
static void my_callback (byte status, word off, word len) {
  Serial.println(">>>");
  Ethernet::buffer[off+300] = 0;
  Serial.print((const char*) Ethernet::buffer + off);
  Serial.println("...");
}
```

이더넷 모듈은 요청에 대한 응답이 도착하면 buffer 배열에 담게 됩니다. 이 buffer 배열에 담긴 내용을 PC로 전달하면 시리얼 모니터로 확인할 수 있습니다.

📷 테스트

아두이노에 수정한 스케치를 업로드하고 랜선을 이용해 이더넷 모듈과 공유기를 연결하세요. 그리고 아두이노 개발환경의 시리얼 모니터를 실행해서 이더넷 모듈의 동작을 확인하세요. 정상적으로 HTTP 응답이 오면 http://www.google.com/index.html 경로에 해당하는 HTML 코드가 표시됩니다.

```
[webClient]
IP:  192.168.0.166
GW:  192.168.0.1
DNS: 168.126.63.1
SRV: 172.217.25.100

<<< REQ >>>
HTTP/1.0 302 Found
Cache-Control: private
Content-Type: text/html; charset=UTF-8
Location: http://www.google.co.kr/index.html?gfe_rd=cr&ei=Ve5DV5y4E-7d8Aen56HACw
Content-Length: 271
Date: Tue, 24 May 2016 06:01:57 GMT

<HTML><HEAD><meta http-equiv="content-type" content="text/html;charset=utf...

<<< REQ >>>
HTTP/1.0 302 Found
Cache-Control: private
Content-Type: text/html; charset=UTF-8
Location: http://www.google.co.kr/index.html?gfe_rd=cr&ei=Wu5DV6nCE_Od8AfbjJ_QAg
Content-Length: 271
Date: Tue, 24 May 2016 06:02:02 GMT

<HTML><HEAD><meta http-equiv="content-type" content="text/html;charset=utf...

<<< REQ >>>
HTTP/1.0 302 Found
```

그림 8-18 *이더넷 모듈 테스트 결과*

가장 먼저 출력되는 [webClient] 부분은 setup() 함수를 실행하면서 이더넷 모듈이 공유기와 연동된 결과입니다. IP, GW, DNS 등 공유기에서 할당 받은 네트워크 정보가 표시됩니다. 여기까지 표시된다면 아두이노-이더넷 모듈-공유기의 상호 동작은 성공한 셈입니다.

이후 loop() 함수에서 주기적으로 HTTP 요청을 보낸 결과가 표시됩니다. ⟨⟨⟨ REQ ⟩⟩⟩ 아래에 HTTP 응답으로 받은 데이터가 그대로 표시됩니다. 마지막에 HTML 코드도 표시되는 점 확인하세요.

만약 글자가 제대로 보이지 않고 깨진다면 그 이유는 대부분 시리얼 통신 속도가 맞지 않아서입니다. 아두이노 스케치에서 통신 속도를 57600으로 지정했기 때문에 시리얼 모니터에서도 똑같이 맞춰야 합니다. 오른쪽 밑에 통신 속도가 9600으로 되어 있다면 57600으로 변경하세요.

이더넷 모듈을 이용해서 원하는 웹 서버에서 데이터를 받아 봤습니다. 웹에 있는 다양한 서버와 통신함으로써 아두이노는 날씨, 주가, 뉴스 등 다양한 데이터를 가져와 사용할 수 있게 되고 수집한 데이터를 서버에 저장할 수도 있습니다. 그야말로 아두이노에 날개를 달아주는 셈입니다.

이번 예제에서 이더넷 모듈 연결에 사용한 SPI 통신을 다시 확인해보세요. 비록 스케치에서 SPI 통신을 직접 제어하지는 않았지만, SPI 통신 모듈이나 센서를 연결할 때 어떻게 하는지 정도는 기억해두면 좋습니다.

여러 예제를 통해서 아두이노의 성능을 하나하나 살펴봤습니다. 하지만 아직 아쉬운 점이 하나 남아 있죠? 화면이 없네요. 우리가 쓰는 거의 모든 것에 화면이 달려 있지만, 아두이노에는 화면이 없어서 아쉽습니다. LED 몇 개로는 표현할 수 있는 정보가 제한될 수밖에 없기 때문에 이것보다는 더 화려한 표현을 할 수 있는 화면이 있으면 좋을 것 같네요. 비록 PC 수준은 아니지만 아두이노도 이럴 때 사용할 수 있는 방법이 몇 가지 있습니다. 다음 장에서 마지막으로 사용해볼 부품이 바로 아두이노와 연결해 사용할 수 있는 대표적인 '디스플레이' 모듈 몇 가지입니다.

디스플레이

노트북이나 데스크탑 PC처럼 아두이노도 작은 컴퓨터라 볼 수 있습니다. 하지만 아두이노에는 디스플레이 장치가 달려있지 않기 때문에 사용자가 직접 선택해서 달아줘야 합니다.

이번 장에서는 아두이노에 사용할 수 있는 주요 디스플레이 모듈과 사용법을 소개합니다.

아두이노는 화면이 없기 때문에 센서를 통해 얻은 값을 모니터링하고 싶을 때는 PC에 연결해서 시리얼 모니터로 확인하는 것이 기본입니다. 하지만 이 방법에는 PC와 USB 케이블이 꼭 필요하기 때문에 불편합니다. 노트북이라도 매번 들고 다니기는 힘들겠죠. 여기에 아두이노가 수집한 정보를 바로 확인할 수 있도록 디스플레이를 달아주면 편할 것입니다.

아두이노에 사용할 수 있는 다양한 디스플레이 제품이 판매되고 있습니다. 이번 장에서는 그중 가장 활용도가 높은 디스플레이 몇 가지를 소개합니다.

01 | 16x2 캐릭터 LCD

16x2 캐릭터 LCD는 문자, 기호, 아이콘 등을 표현할 수 있고 사용법도 비교적 쉬운 디스플레이입니다. 문자 위주의 표현만 가능하고 이미지, 도형 등은 표시할 수 없지만, 쓰기에 부담이 없기 때문에 널리 사용되고 있습니다. 센서에서 읽은 정보를 문자열로 표현하고 싶을 때 가장 먼저 선택할 수 있는 디스플레이입니다.

캐릭터 LCD는 한 행에 표현할 수 있는 글자 수, 그리고 행 수에 따라 크게 16x2(16글자 2행), 20x4(20글자 4행) 두 가지로 나눌 수 있습니다. 여기서는 보다 저렴하고 구하기 쉬운 16x2 캐릭터 LCD를 기준으로 설명하려고 합니다.

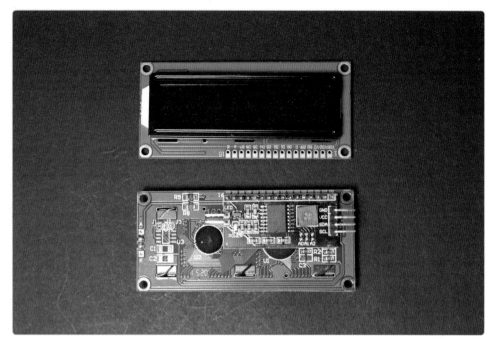

그림 9-1 *16x2 캐릭터 LCD*

캐릭터 LCD 모듈을 살펴보면 상단에 굉장히 많은 핀이 위치하고 있음을 알 수 있습니다. 물론 이 핀들을 직접 아두이노에 연결해서 제어할 수도 있지만, 그만큼 아두이노의 핀도 많이 쓰이겠죠? 그래서 편리하게 사용할 수 있도록 따로 판매되는 컨트롤러(인터페이스 보드)가 있습니다. 컨트롤러는 I2C 통신으로 아두이노에 연결되어 문자열 데이터를 받으면 캐릭터 LCD에 그대로 표현할 수 있도록 중개를 해줍니다. 컨트롤러는 마치 백팩처럼 캐릭터 LCD 모듈 뒤에 붙여 사용할 수 있도록 설계되어 있습니다.

이번 예제에서는 16x2 캐릭터 LCD와 컨트롤러를 이용해서 DHT11 온습도 센서를 이용해 측정한 데이터를 표시하도록 만들어 보겠습니다. DHT11 온습도 센서를 다루는 방법은 8장에서 다루었는데 잘 기억이 나지 않으신다면 앞 장의 내용을 참고하세요.

🔧 연결 방법

예제를 실습하기 위해서는 아래 부품이 필요합니다.

- 아두이노 우노 보드
- 16x2 캐릭터 LCD, 컨트롤러
- DHT11 온습도 센서, 5KΩ 저항
- 브레드보드, 연결선

먼저 캐릭터 LCD 모듈 뒤에 컨트롤러가 붙어 있어야 합니다. 컨트롤러는 캐릭터 LCD 모듈에 납땜된 상태로 판매되기도 하지만, 그렇지 않은 경우도 있습니다. 이런 경우 직접 납땜을 해야 합니다.

컨트롤러는 I2C 통신을 사용하기 때문에 총 4개의 핀, VCC, GND, SDA, SCL을 가지고 있습니다. VCC, GND는 전원용이므로 아두이노의 5V, GND 핀에 순서대로 연결하면 됩니다. 그리고 SDA 핀과 SCL 핀은 I2C 통신용 핀이므로 아두이노 A4번, A5번 핀에 연결하면 됩니다. 아두이노는 I2C 통신을 위해 A4(SDA) 핀, A5(SCL) 핀을 미리 할당해 뒀습니다. 모든 I2C 통신 모듈은 아두이노에 같은 방법으로 연결합니다.

표 9-1 *16x2 캐릭터 LCD – 아두이노 연결 방법*

16x2 캐릭터 LCD	아두이노 우노 보드
VCC	5V
GND	GND
SDA	A4(SDA)
SCL	A5(SCL)

단 4개의 선만 연결하면 캐릭터 LCD 사용을 위한 하드웨어 준비는 끝납니다. 온습도 측정을 위해 DHT11 온습도 센서를 아두이노에 연결해주세요. 이미 앞 장에서 다룬 내용이므로 연결 방법만 다시 소개합니다.

DHT11 온습도 센서	아두이노
VCC(1)	5V
DATA(2)	D2
GND(4)	GND
VCC – 5KΩ 저항 – DATA	

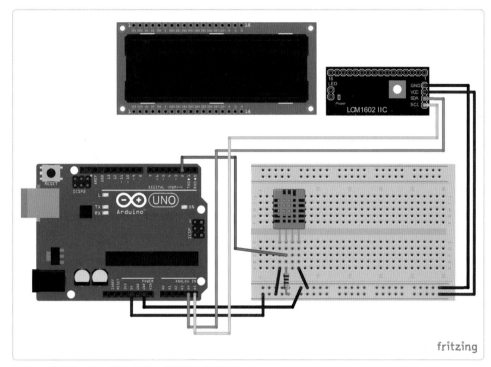

그림 9-2 *DHT11 – 16x2 캐릭터 LCD – 아두이노 연결 방법*

🦋 스케치

센서와 캐릭터 디스플레이, 아두이노의 물리적인 연결은 그다지 어렵지 않게 할 수 있을 겁니다. 하지만 동작을 테스트하기 전에 센서와 캐릭터 디스플레이를 위한 라이브러리 설치가 필요합니다. DHT11 전용 라이브러리는 이미 앞 장에서 소개했으니 여기에 캐릭터 LCD 전용 라이브러리를 추가해 보겠습니다. 라이브러리는 아래 링크에서 받을 수 있습니다.

⬡ http://goo.gl/XYg6mt

> **주의** 라이브러리 파일을 받아서 압축을 풀면 안에 2개의 폴더가 있습니다. 이 중 LiquidCrystal_
> I2C1602V1 폴더를 사용하면 됩니다. 폴더의 이름을 LiquidCrystal_I2C으로 변경하고 아
> 두이노 라이브러리 폴더에 복사해서 사용합니다. 최신 아두이노 개발환경에서는 이 라이브러
> 리가 제대로 실행되지 않는 문제가 있습니다. 이런 경우는 아두이노 개발환경 1.6.5 버전 이
> 하를 사용해서 테스트해야 합니다.

이제 온습도 센서의 값을 읽어 디스플레이에 출력하는 스케치를 작성해 보겠습니다. 앞에서 DHT11 온습도 센서를 사용할 때 사용했던 소스를 바탕으로 수정하면 이해하기 쉽겠죠?

예제 9-1 *DHT11 온습도 센서 예제*

```
#include <DHT11.h>
int pin=2;     // 연결한 아두이노 디지털 핀 번호
DHT11 dht11(pin);

void setup() {
    Serial.begin(9600);
}
```

```
void loop() {
  int err;
  float temp, humi;
  if((err=dht11.read(humi, temp))==0) {
    Serial.print("temperature:");
    Serial.print(temp);
    Serial.print(" humidity:");
    Serial.print(humi);
    Serial.println();
  } else {
    Serial.println();
    Serial.print("Error No :");
    Serial.print(err);
    Serial.println();
  }
  delay(DHT11_RETRY_DELAY); //delay for reread
}
```

DHT11 온습도 센서에서 온도와 습도 값을 읽고 시리얼 통신으로 PC에 출력하는 예제입니다. 여기에 캐릭터 LCD 라이브러리를 추가해주고, 시리얼 통신으로 출력하는 코드를 LCD 출력으로 바꿔주면 쉽게 예제를 완성할 수 있습니다.

수정을 완료하면 스케치는 다음처럼 됩니다.

```
#include <DHT11.h>
#include <Wire.h>
#include <LiquidCrystal_I2C.h>


int pin=2;    // 연결한 아두이노 디지털 핀 번호
DHT11 dht11(pin);


LiquidCrystal_I2C lcd(0x27,16,2);  // (address, column, row) ❶


void setup() {
  lcd.init();  // ❷
  lcd.backlight();
}


void loop() {
  int err;
  float temp, humi;
  if((err=dht11.read(humi, temp))==0) {
    // 온습도 출력
    lcd.clear();          // 화면 지우기 ❸
    lcd.setCursor(0, 0);   // 커서 이동 (column, row) ❹
    lcd.print("Temp = ");  // 글자 출력 ❺
    lcd.print(temp);       // 변수 출력
    lcd.setCursor(0, 1);   // 커서 이동 (column, row)
    lcd.print("Humi = ");
    lcd.print(humi);
  } else {
    // 에러 메시지 출력
```

```
        lcd.clear();
        lcd.setCursor(0, 0);    // move to (column, row)
        lcd.print("Error = ");
        lcd.print(err);
    }
    delay(DHT11_RETRY_DELAY); // delay for reread
}
```

❶ 라이브러리를 사용하기 위해서는 LiquidCrystal_I2C 라이브러리 파일을 불러온 뒤 클래스 변수를 만들어줘야 합니다. 스케치 파일 상단에 이 내용이 들어가 있습니다.

```
#include <Wire.h>
#include <LiquidCrystal_I2C.h>

int pin=2;    // 연결한 아두이노 디지털 핀 번호
DHT11 dht11(pin);

LiquidCrystal_I2C lcd(0x27,16,2);  // (address, column, row) ❶
```

라이브러리를 대표하는 클래스 변수 lcd를 만들 때는 3개의 값을 넣어야 합니다.

여기서 0x27은 어떤 슬레이브 장치와 통신할지 알려주는 I2C 통신 주소입니다. 16x2 캐릭터 LCD는 대부분 0x20이나 0x27을 사용합니다.

그리고 16과 2는 각각 한 라인에 글자가 몇 개 표현될 수 있는지, 몇 줄을 표현할 수 있는지를 나타냅니다.

setup() 초기화 함수에서 바뀐 부분을 보겠습니다.

```
void setup() {
  lcd.init();  // ❷
  lcd.backlight();
}
```

❷ lcd.init() 함수가 초기화 작업을 해줍니다. 그리고 lcd 백라이트를 켜기 위해 lcd.backlight() 함수를 호출했습니다.

loop() 반복 함수에서도 온습도 센서 값을 출력하던 시리얼 통신 함수만 바꿔주면 됩니다. 이 부분을 잘 보면 캐릭터 LCD에 문자열을 출력하는 방법을 확인할 수 있습니다.

```
void loop() {
  int err;
  float temp, humi;
  if((err=dht11.read(humi, temp))==0) {
    // 온습도 출력
    lcd.clear();         // 화면 지우기 ❸
    lcd.setCursor(0, 0); // 커서 이동 (column, row) ❹
    lcd.print("Temp = "); // 글자 출력 ❺
    lcd.print(temp);      // 변수 출력
    lcd.setCursor(0, 1); // 커서 이동 (column, row)
    lcd.print("Humi = ");
    lcd.print(humi);
  } else {
    // 에러 메시지 출력
    lcd.clear();
    lcd.setCursor(0, 0); // move to (column, row)
```

```
        lcd.print("Error = ");

        lcd.print(err);

      }

    delay(DHT11_RETRY_DELAY); // delay for reread

  }
```

❸ lcd.clear() 함수를 호출하면 캐릭터 LCD의 표시된 모든 문자를 깨끗이 지워줍니다. 그래서 온습도 센서 값을 표시하기 전에 lcd.clear() 함수부터 호출했습니다.

❹ lcd.setCursor() 함수는 커서(다음 문자가 표시될 기준점)를 지정한 위치로 옮겨주는 함수입니다. 이 함수를 호출할 때는 열과 행, 2개의 값을 넣어줘야 합니다.

❺ 커서를 원하는 위치로 옮겼다면, 이후부터는 자유롭게 lcd.print() 함수로 출력하면 됩니다. 예제처럼 따옴표를 이용해 문자열을 출력해도 되고, 변수를 넣어서 변수 값이 출력되게 해도 됩니다. 시리얼 통신에서 사용했던 Serial.print() 함수와 사용법이 매우 유사함을 알 수 있습니다.

🤖 테스트

스케치를 아두이노에 올려 동작을 확인해 보세요. 현재의 온도, 습도가 표시되지 않고 Error 문자가 표시된다면 온습도 센서의 연결이나 동작에 문제가 있는 겁니다. 만약 캐릭터 LCD에 글자가 표시되지 않는다면 캐릭터 LCD와 아두이노의 연결에 문제가 있거나 라이브러리와 아두이노 개발환경 버전 문제일 수 있습니다. 별다른 문제없이 작동한다면, 정말 간단한 온습도 측정 장치를 지금 막 완성한 겁니다!

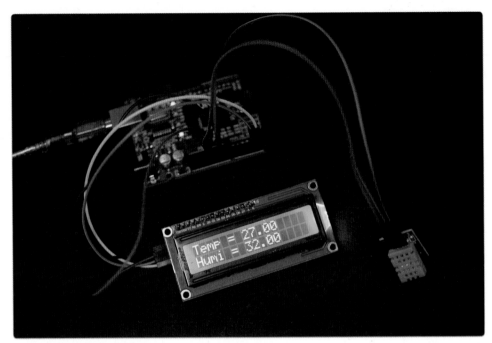

그림 9-3 *온습도 측정값 출력 결과*

우리가 흔히 사용하는 PC나 핸드폰과 비교할 때 아두이노는 무척 제한된 성능을 가지고 있습니다. 그래서 PC나 휴대폰과 같은 화려한 화면은 아두이노가 감당할 수가 없습니다. 이번 예제에서 다룬 캐릭터 LCD가 가장 부담 없이 사용할 수 있는 대안입니다. 표시할 수 있는 내용이 제한적인 만큼 제어도 단순하니까요.

그렇다고 아두이노에서 자유로운 그림 표현이 아예 불가능한 것은 아닙니다. 다음 예제에서 소개할 디스플레이는 어느 정도 아두이노 사용자의 디스플레이 갈증을 해소해 줄 수 있을 겁니다.

02 | 8x8 LED 매트릭스

길을 가다 보면 유난히 LED 픽셀이 돋보이는 전광판을 사용한 상점들이 있습니다. 비록 크기는 작지만 이런 LED 전광판과 비슷한 모듈을 아두이노에 연결해서 제어할 수 있습니다. 보통 8x8 LED 매트릭스라고 부르는 장치입니다.

그림 9-4 *8x8 LED 매트릭스*

PC나 노트북, 태블릿의 화면처럼 고도로 화소가 집적된 화면은 아니지만, 시인성도 좋고 나름의 독특한 분위기가 있으며 아두이노로 제어하기도 편리해서 종종 사용되는 디스플레이입니다. 8x8 사이즈 단위로 판매되는 모듈을 여러 개를 붙이면 전광판 같이도 만들 수 있습니다.

8x8 LED 매트릭스는 LED 홀 블럭과 구동 칩인 MAX7219 및 필요한 회로 부품들을 DIY 킷 형태로 팔기도 하고, 모두 조립된 형태로 팔기도 합니다. 사용하는 부품은 다음과 같습니다.

- PCB 보드 1개

- 5P 핀 헤더 2개

- 24P IC 소켓 1개

- MAX7219 칩 1개

- 10uF 커패시터 1개

- 0.1uF 세라믹 커패시터 1개

- 10K 저항 1개

- 8x8 홀 블럭(pitch 2.54mm) 2개

- 3mm 8x8 LED 1개

DIY 킷을 구매해서 직접 조립, 납땜을 해도 되지만 여기서는 완성된 모듈 형태로 파는 제품을 이용하도록 하겠습니다.

> 📔 **주의**   아두이노 스타터 킷에는 조립이 완료된 모듈이 있는 경우도 있지만, LED 패널만 있고 회로 구성에 필요한 구성품은 빠져있기도 합니다.

🔲 연결 방법

예제를 위한 준비물은 아래와 같습니다.

- 아두이노 우노 보드

- 8x8 LED 매트릭스 모듈

- 연결선

LED 매트릭스를 제어하는 MAX7219 칩은 SPI 통신으로 데이터를 전달받습니다. 하지만 일반적인 SPI 통신 연결 방법과 다르기 때문에 오른쪽 가이드대로 연결해야 합니다.

8x8 LED 매트릭스	아두이노
VCC	5V
GND	GND
DIN	D12(MOSI)
CS	D10(SS)
CLK	D11(SCK)

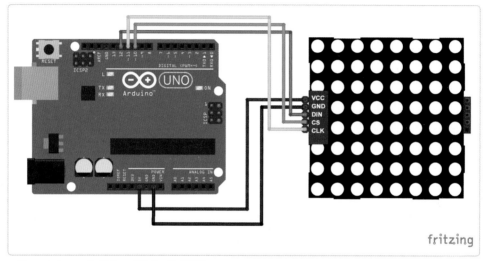

그림 9-5 *8x8 LED 매트릭스 – 아두이노 연결 방법*

LED 매트릭스의 한쪽에 있는 핀 5개를 아두이노에 연결합니다. 반대쪽에도 똑같이 핀 5개가 있는데, 여러 개의 LED 매트릭스를 연결해서 하나처럼 동작하게 하고 싶다면 반대쪽에 있는 핀 5개를 다른 LED 매트릭스에 연결하면 됩니다.

스케치

LED 매트릭스도 전용 라이브러리를 사용해서 제어할 수 있습니다. 아래 링크에서 라이브러리를 다운로드 받아 설치하세요.

🔗 https://github.com/shaai/Arduino_LED_matrix_sketch

라이브러리에 예제 스케치가 포함되어 있지만, 이해하기 어려운 코드라서 수정을 약간 했습니다. 이번에 살펴볼 스케치는 내용이 꽤 깁니다.

예제 9-3 *LED 매트릭스 테스트 예제(chap9_2_8x8LEDMatrix.ino)*

```
#include "LedControlMS.h"

#define NBR_MTX 1
LedControl lc=LedControl(12,11,10, NBR_MTX);

String displayChar = "1234567890abcdefghijklmnopqrstuvwxyz";
int stringCounter=0;
/* we always wait a bit between updates of the display */
unsigned long delaytime=300;

byte iconHeart[8]={
          B00100100,
          B01011010,
          B10000001,
          B10000001,
          B01000010,
          B00100100,
          B00011000,
          B00000000};

void setup() {
  /*
    The MAX72XX is in power-saving mode on startup,
    we have to do a wakeup call
  */
```

```
stringCounter=0;
for (int i=0; i< NBR_MTX; i++){  // ❶
  lc.shutdown(i,false);
/* Set the brightness to a medium values */
  lc.setIntensity(i,1);
/* and clear the display */
  lc.clearDisplay(i);
}


// LED 1개씩 제어 ❷
// setLed(int addr, int row, int col, boolean state)
lc.setLed(0,0,0,true);  // 0번 모듈, (0, 0) on
delay(1000);
lc.setLed(0,0,7,true);
delay(1000);
lc.setLed(0,7,0,true);
delay(1000);
lc.setLed(0,7,7,true);
delay(1000);
lc.setLed(0,0,0,false);  // 0번 모듈, (0, 0) off
delay(1000);
lc.setLed(0,0,7,false);
delay(1000);
lc.setLed(0,7,0,false);
delay(1000);
lc.setLed(0,7,7,false);
delay(5000);


// 행(세로) LED 8개 제어 ❸
```

```
lc.setRow(0,1,0x0C);   // 0번 모듈, 1 행
delay(1000);
lc.clearDisplay(0);
lc.setRow(0,1,0xC0);
delay(5000);
lc.clearDisplay(0);


// 열(가로) LED  8개 제어 ❹
lc.setColumn(0,7,iconHeart[0]);
lc.setColumn(0,6,iconHeart[1]);
lc.setColumn(0,5,iconHeart[2]);
lc.setColumn(0,4,iconHeart[3]);
lc.setColumn(0,3,iconHeart[4]);
lc.setColumn(0,2,iconHeart[5]);
lc.setColumn(0,1,iconHeart[6]);
lc.setColumn(0,0,iconHeart[7]);
delay(50000);
lc.clearDisplay(0);


// 문자열 출력 ❺
lc.writeString(0,"Hola Mundo");
delay(5000);
lc.clearAll();


// 문자 스크롤 ❻
scrollLeft('O');
delay(3000);
lc.clearAll();
scrollRight('O');
```

```
  delay(3000);

  lc.clearAll();


}



void loop() {

  char ch= displayChar[stringCounter];

  stringCounter++;

  if (stringCounter>35) stringCounter=0;

  lc.displayChar(0, lc.getCharArrayPosition(ch));  // ❼

  delay(3000);

  lc.clearAll();

  delay(200);

}



void scrollLeft(char ch){

  int pos =lc.getCharArrayPosition(ch);

  for (int scroll =0; scroll<6; scroll++) {

    for (int i=scroll; i<6;i++) {

      lc.setRow(0,i-scroll, alphabetBitmap[pos][i]);

    }

    delay(300);

    lc.clearDisplay(0);

  }

}



void scrollRight(char ch){
```

```
    int pos =lc.getCharArrayPosition(ch);
  for (int scroll =0; scroll<8; scroll++) {
     for (int i=0; i<6;i++) {
        if (scroll+i<8) lc.setRow(0, scroll+i, alphabetBitmap[pos][i]);
     }
     delay(300);
     lc.clearDisplay(0);
  }
}
```

setup() 초기화 함수부터 보겠습니다. 초기화 함수 가장 앞에 나오는 코드는 아두이노
에 연결된 LED 매트릭스를 초기화하는 코드입니다.

```
void setup() {
  /*
   The MAX72XX is in power-saving mode on startup,
   we have to do a wakeup call
   */
  stringCounter=0;
  for (int i=0; i< NBR_MTX; i++){  // ❶
    lc.shutdown(i,false);
  /* Set the brightness to a medium values */
    lc.setIntensity(i,1);
  /* and clear the display */
    lc.clearDisplay(i);
  }
  ......
```

① for 반복문을 이용해 NBR_MTX 개수만큼 초기화 작업을 합니다. 여기서 NBR_MTX는 LED 매트릭스가 몇 개 연결되어 있는지 알려주는 값입니다. 스케치 최상단에 이 값이 지정되어 있습니다. 이 예제에서는 하나의 LED 매트릭스만 사용하므로 이 값이 1입니다.

```
#define NBR_MTX 1
```

for 반복문 안에서는 초기화를 위해 lc.shutdown(), lc.setIntensity(), lc.clearDisplay() 함수를 차례대로 호출합니다. 여기서 lc.setIntensity() 함수는 디스플레이의 밝기를 설정하는 함수입니다. 두 번째 값(1)의 크기를 키우면 LED도 밝아집니다. lc.clearDisplay() 함수는 모든 LED를 끄는 역할을 합니다.

이후 setup() 함수에는 기본적인 LED 제어 방법이 나옵니다. 가장 기본이 되는 LED 하나를 제어하는 방법입니다.

```
// LED 1개씩 제어 ②
// setLed(int addr, int row, int col, boolean state)
lc.setLed(0,0,0,true);  // 0번 모듈, (0, 0) on
delay(1000);
lc.setLed(0,0,7,true);
delay(1000);
lc.setLed(0,7,0,true);
delay(1000);
lc.setLed(0,7,7,true);
delay(1000);
lc.setLed(0,0,0,false);  // 0번 모듈, (0, 0) off
delay(1000);
lc.setLed(0,0,7,false);
delay(1000);
```

```
lc.setLed(0,7,0,false);
delay(1000);
lc.setLed(0,7,7,false);
delay(5000);
```

❷ setLed() 함수를 이용해서 LED 하나씩 제어할 수 있습니다. 함수를 호출할 때 값을
네 개 넣어야 하는데, 순서대로 LED 매트릭스 주소, 열 번호, 행 번호, true/false입니
다. LED 매트릭스 주소는 아두이노에 연결된 LED 매트릭스의 물리적인 순서입니다. 아
두이노에서 가까운 모듈부터 0, 1, … 순서라 생각하면 됩니다. 행(row)과 열(column)
은 아래 이미지에 설명된 것처럼 X, Y 좌표로 볼 수 있습니다.

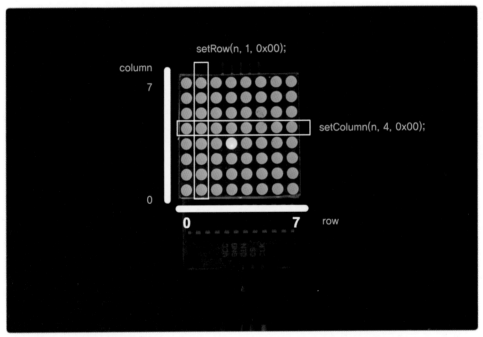

그림 9-6 *8x8 LED 매트릭스 좌표 구조*

setLed() 함수를 여러 번 반복하는 위 코드는 사각형 모서리의 LED를 차례대로 on/off
시키게 됩니다.

이어서 등장하는 아래 코드는 세로로 LED 한 줄을 한꺼번에 변경하는 코드입니다.

```
// 행(세로) LED 8개 제어 ❸
lc.setRow(0,1,0x0C);  // 0번 모듈, 1 행
delay(1000);
lc.clearDisplay(0);
lc.setRow(0,1,0xC0);
delay(5000);
lc.clearDisplay(0);
```

❸ lc.setRow() 함수를 이용해서 LED를 제어할 때 값 세 개를 넘겨줍니다. 첫 번째는 LED 매트릭스 모듈의 주소이고, 두 번째는 row 좌표입니다. 여기서는 row 좌표가 1이 사용되었기 때문에 두 번째 세로줄이 변경됩니다. 그리고 세 번째는 LED 8개의 상태를 담은 값입니다. LED 8개의 상태를 담는 데에는 1비트 데이터 8개, 즉 1바이트가 사용됩니다. 보통은 이걸 16진수로 표현해서 넘겨줍니다. 예제에서는 16진수 표현인 0x0C와 0xC0을 사용했는데 이걸 2진수로 표현하면 00001100, 11000000이 됩니다. 2진수로 표현된 모양 그대로 LED가 점등되는지 예제를 실행할 때 꼭 확인해보세요.

이후 등장하는 코드는 8x8 화면 전체를 이용해서 아이콘을 그리는 코드입니다.

```
byte iconHeart[8]={
        B00100100,
        B01011010,
        B10000001,
        B10000001,
        B01000010,
        B00100100,
        B00011000,
```

```
        B00000000};

    ……

    // 열(가로) LED  8개 제어 ❹
     lc.setColumn(0,7,iconHeart[0]);
     lc.setColumn(0,6,iconHeart[1]);
     lc.setColumn(0,5,iconHeart[2]);
     lc.setColumn(0,4,iconHeart[3]);
     lc.setColumn(0,3,iconHeart[4]);
     lc.setColumn(0,2,iconHeart[5]);
     lc.setColumn(0,1,iconHeart[6]);
     lc.setColumn(0,0,iconHeart[7]);
     delay(50000);
     lc.clearDisplay(0);
```

❹ 아이콘을 그리기 위해 8x8 화면 크기에 해당하는 8바이트 배열을 만들고 여기에 0과 1로 이미지를 그렸습니다. 스케치 상단에 있는 iconHeart[] 배열이 아이콘 이미지를 담는 배열입니다. 아이콘을 화면에 그리기 위해 가로로 한 줄씩 LED를 제어하는 lc.setColumn() 함수를 사용했습니다. iconHeart[] 배열에는 사람이 보기 편하게 맨 윗줄 데이터부터 들어가 있기 때문에 LED를 제어할 때도 윗줄부터 제어합니다.

setup() 함수의 마지막 코드는 화면에 문자열이 번갈아 출력되고 문자가 흐르는 듯한 움직임을 구현했습니다.

```
    // 문자열 출력 ❺
     lc.writeString(0,"Hola Mundo");
     delay(5000);
```

```
lc.clearAll();

// 문자 스크롤 ❻
scrollLeft('0');
delay(3000);
lc.clearAll();
scrollRight('0');
delay(3000);
lc.clearAll();
```

❺~❻ 문자열의 문자를 하나씩 시간 차이를 두고 보여주는 방법은 무척 간단합니다. lc.writeString() 함수만 호출해주면 됩니다. 이어 등장하는 scrollLeft(), scroll Right() 함수는 스케치 가장 아래에 만들어 둔 함수입니다. 글자가 움직이는 애니메이션을 구현할 때 이 함수를 참고하면 됩니다.

loop() 반복 함수에는 문자(0~9, A~Z) 하나를 화면에 출력하는 코드가 들어가 있습니다.

```
void loop() {
  char ch= displayChar[stringCounter];
  stringCounter++;
  if (stringCounter>35) stringCounter=0;
  lc.displayChar(0, lc.getCharArrayPosition(ch));  // ❼
  delay(3000);
  lc.clearAll();
  delay(200);
}
```

❼ lc.displayChar() 함수를 이용하면 간단히 문자 하나를 화면에 그릴 수 있습니다.

예제 스케치를 실행해서 화면이 어떻게 변화하는지 유심히 살펴보세요. 각 LED의 동작 과 스케치에 사용된 소스코드의 상관 관계를 어떤지 생각하면서 결과물을 이해해봅시다.

그림 9-7 *8x8 LED 매트릭스 테스트*

LED 매트릭스도 종류가 다양하게 있습니다. 컬러를 표현할 수 있는 RGB LED 매트릭 스도 있고 32x32처럼 LED가 훨씬 많이 들어간 모듈도 판매되고 있습니다. 그리고 이런 매트릭스 모듈은 예제에서 사용한 것과 유사한 방법으로 제어할 수 있습니다.

LED 매트릭스 모듈은 PC나 휴대폰, 태블릿 화면과는 비할 수 없이 해상도가 낮지만, 화면이 주는 독특한 느낌 때문에 사람들의 시선을 사로잡기는 좋습니다. 아두이노가 수 집한 센서 정보를 사용자에게 매력적으로 표현하고 싶을 때 LED 매트릭스를 고려해보 세요.

03 | I2C OLED 디스플레이

OLED 디스플레이 모듈이 본격적으로 사용되기 시작한 것은 2014년부터였던 것으로 기억합니다. 실제 제품을 보면 작은 사이즈이지만, 가로세로 128x64 픽셀이 집적되어 있어 촘촘하게 느껴지는 화면이 인상적이었습니다. 휴대용 장치를 만들 때 사용하기 딱 좋은 디스플레이라는 생각이 들었습니다.

OLED 디스플레이는 아두이노에 사용하는 디스플레이치고는 꽤 고해상도이고, 점, 선, 도형을 출력할 수 있을 뿐 아니라 영문자, 기호, 숫자, 이미지까지 표현이 가능하다는 장점이 있습니다. 아두이노가 가진 데이터를 자체 디스플레이를 이용해 그래픽으로 보여주고 싶을 때 가장 이상적인 대안이라 할 수 있습니다.

그림 9-8 *0.96인치 OLED*

OLED 디스플레이를 국내외 쇼핑몰에서 검색해보면 다양한 해상도와 화면 크기로 판매되는 걸 알 수 있습니다. 0.5인치(60x32), 0.82인치(96x39), 0.91인치(128x32), 0.96인치(128x64), 1.3인치(128x64), 2.52인치(128x64) 등이 있는데 가장 저렴하고 쉽게 구할 수 있는 것이 0.96인치입니다. 인터넷상에 공유되는 OLED 디스플레이 관련 자료도 대부분 0.96 인치 디스플레이 기준이므로 처음 사용한다면 주저하지 말고 0.96 인치로 고르세요. 1.3인치 모델도 약간 화면이 클 뿐, 가격 빼고 다른 특징은 모두 0.96 인치와 같아서 사용할 만합니다.

단, 고를 때 한가지 주의할 점이 있습니다. 0.96인치 디스플레이의 경우 해상도가 128x64 픽셀입니다. 대각선 1인치 정도의 사이즈 안에 무려 8192개의 픽셀이 모여있습니다. 이 많은 픽셀을 원하는 대로 점멸하기 위해서는 제어하는 장치가 필요하겠죠? 이 역할을 하는 것이 드라이버 칩인데 보통은 OLED 디스플레이 내부에 탑재되어 있습니다. PC에 새로운 모니터를 연결하면 여기에 맞는 드라이버 프로그램을 깔아줘야 하듯이 OLED 디스플레이도 드라이버 칩에 따라 아두이노 라이브러리가 달라집니다. 따라서 사람들이 가장 많이 사용하는, 대세 드라이버 칩을 탑재한 디스플레이를 사용하는 것이 좋습니다. 세부 사항에 SSD1306이라 명시된 제품을 고르면 됩니다.

OLED 디스플레이의 화면 제어는 드라이버 칩이 알아서 해주기 때문에 아두이노는 OLED 디스플레이로 출력하고 싶은 데이터만 전달해주면 됩니다. 그럼 OLED 디스플레이와 아두이노가 통신할 방법이 필요하겠죠? 대개의 경우 OLED 디스플레이는 I2C, SPI 통신 중 하나의 방법을 사용하게 됩니다. 통신 방법에 따른 차이는 크지 않기 때문에 연결 방법이 간단한 I2C 통신을 사용하는 모듈이 더 편리합니다.

하지만 불행히도 여기서 다루는 OLED 디스플레이로는 컬러나 농담을 표현할 수 없습니다(컬러를 지원하는 RGB OLED 디스플레이도 있긴 합니다). 내부 구조를 보면 OLED 화면을 구성하는 각 픽셀이 on/off 가능한 단색 LED와 같은 역할을 합니다. 8192개의 LED를 on/off해서 화면을 만드는 셈입니다. 여기에 각 픽셀을 제어하기 위해서 필요한 데이터는 1비트(on 또는 off)입니다. 화면 전체를 제어하기 위해서는 8192비트(=1024바이트=1킬로바이트)가 필요하므로 아두이노에겐 만만찮은 작업이 됩니다. 대부분의 작업은 라이브러리에서 알아서 해주므로 크게 신경 쓸 필요는 없지만, 아두이노가 OLED 디스플레이를 위해 꽤 많은 데이터를 처리하느라 바빠진다는 점은 알아둬야 합니다. 그만큼 다른 작업을 할 여유가 부족해지니까요.

이번 예제에서는 0.96인치(128x64) OLED 디스플레이를 테스트해보는 예제를 실행해보도록 하겠습니다. 이번 예제는 VCC, GND, SDA, SCL, 총 4개의 핀을 가진 I2C 통신 전용 SSD1306 드라이버 칩을 가진 OLED 디스플레이를 기준으로 합니다.

🔲 연결 방법

예제를 위한 준비물은 아래와 같습니다.

- 아두이노 우노
- OLED 디스플레이(0.96인치, 128x64 픽셀, I2C 통신, SSD1306 드라이버 칩)
- 연결선

I2C 통신을 사용하는 OLED를 사용하기 때문에 I2C 통신 표준 연결 방법을 따르면 됩니다.

OLED 디스플레이	아두이노
VCC	5V
GND	GND
SDA	A4(SDA)
SCL	A5(SCL)

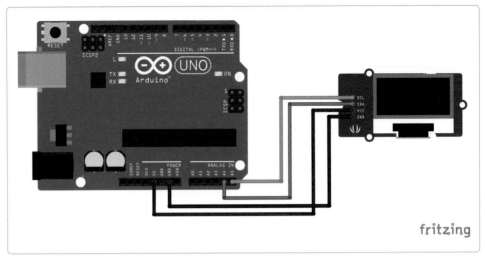

그림 9-9 *OLED 디스플레이 – 아두이노 연결 방법*

🌿 스케치

OLED 디스플레이를 사용하기 위해서는 라이브러리를 설치해야 합니다. 사용할 수 있는 라이브러리가 몇 종류 있는데 여기서는 Adafruit 회사에서 배포하는 라이브러리를 사용합니다. 아래 두 링크에서 Adafruit_GFX, Adafruit_SSD1306 라이브러리를 받아 설치하세요. Adafruit_SSD1306 라이브러리는 SSD1306 드라이버 칩과 데이터 통신을 하는데 사용되고 Adafruit_GFX 라이브러리는 화면에 도형, 이미지, 글자를 표시하기 위한 도구 셋을 포함하고 있습니다.

> 🔗 **Adafruit_GFX** : https://github.com/adafruit/Adafruit-GFX-Library
> 🔗 **Adafruit_SSD1306** : https://github.com/adafruit/Adafruit_SSD1306

이번 예제는 따로 스케치를 작성하지 않고 라이브러리에 포함된 예제를 사용하도록 하겠습니다. 아두이노 개발환경에서 [파일 – 예제 – Adafruit_SSD1306 – ssd1306 _128x64_i2c] 예제를 선택하세요. 그러면 OLED 디스플레이 테스트 예제를 불러옵니다. 업로드하기 전에 수정해야 할 부분이 있습니다. 다음 코드를 검색해서 찾아보세요.

```
display.begin(SSD1306_SWITCHCAPVCC, 0x3D);
        // initialize with the I2C addr 0x3D (for the 128x64)
```

I2C 통신은 1:N 연결이 가능한 통신입니다. 따라서 아두이노가 I2C 통신 라인으로 연결된 다양한 장치를 구분할 방법이 필요합니다. 이때 사용되는 것이 I2C 주소입니다. 위 코드에서 0x3D가 OLED 디스플레이 주소를 의미합니다. 여기서 사용하는 OLED 디스플레이는 0x3C 주소를 사용하므로 위 코드에서 주소 부분을 수정해줘야 합니다.

```
display.begin(SSD1306_SWITCHCAPVCC, 0x3C);
        // initialize with the I2C addr 0x3D (for the 128x64)
```

이제 OLED 디스플레이를 원하는 대로 제어하기 위한 기술을 하나씩 살펴보겠습니다. OLED 디스플레이 초기화 작업에 필요한 코드부터 보겠습니다.

```
#include <Adafruit_GFX.h>
#include <Adafruit_SSD1306.h>

#define OLED_RESET 4
Adafruit_SSD1306 display(OLED_RESET);
......

void setup() {
  ......
  // by default, we'll generate the high voltage
  // from the 3.3v line internally! (neat!)
  display.begin(SSD1306_SWITCHCAPVCC, 0x3C);
        // initialize with the I2C addr 0x3D (for the 128x64)
```

```
      ……
   }
```

OLED 디스플레이를 사용할 때는 위 코드를 반드시 써야 합니다. #include를 이용해 라이브러리를 스케치로 불러와서 display 이름으로 사용할 준비를 합니다. Adafruit 라이브러리에서는 디스플레이 리셋(reset)을 위한 핀을 별도로 지정하게 되어 있습니다. 일부 OLED 디스플레이에는 RESET 핀이 별도로 나와 있는 경우도 있는데 이때는 OLED_RESET으로 지정된 핀에 연결해줘야 합니다.

그리고 setup() 초기화 함수 안에서 디스플레이 초기화를 하면 됩니다. 이때 I2C 주소를 같이 넣어야 한다는 점을 주의하세요.

```
display.begin(SSD1306_SWITCHCAPVCC, 0x3C);
       // initialize with the I2C addr 0x3D (for the 128x64)
```

OLED 디스플레이에 이미지를 그리는 작업은 별도의 함수로 만들어 뒀으니 해당 함수를 분석해보면 어떻게 그리는 작업을 하는지 알 수 있습니다.

스케치에서 testdrawline() 함수를 찾아보세요. 이 함수는 화면에 대각선으로 선을 빽빽하게 그려주는 작업을 합니다. 함수의 마지막 부분을 집중해서 보겠습니다.

```
void testdrawline() {
  ……
  display.clearDisplay();
  for (int16_t i=0; i<display.height(); i+=4) {
    display.drawLine(display.width()-1, 0, 0, i, WHITE);
    display.display();
    delay(1);
```

```
  }
  for (int16_t i=0; i<display.width(); i+=4) {
    display.drawLine(display.width()-1, 0, i, display.height()-1, WHITE);
    display.display();
    delay(1);
  }
  delay(250);
}
```

Adafruit 라이브러리가 제공하는 display.xxx() 함수를 사용하면 화면에 여러 가지 형태를 그릴 수 있지만, 바로 화면에 출력되지는 않습니다. 일단은 아두이노의 기억 공간인 메모리에 그리는 작업을 먼저 해두고, 필요할 때 메모리의 내용을 OLED 디스플레이로 넘겨 출력하도록 합니다. 이때 사용되는 메모리 공간을 그래픽 버퍼라고 합니다. 즉, 우리는 그래픽 버퍼에 그리는 작업을 먼저 해두고 실제 출력은 나중에 합니다.

이런 관점에서 위 소스코드를 단순화시켜보면 아래 순서로 그리는 작업을 합니다.

```
display.clearDisplay();
display.drawLine(x1, y1, x2, y2, WHITE);
display.display();
```

display.clearDisplay() 함수는 그래픽 버퍼를 깨끗이 지우는 역할을 합니다. 화면을 지우는 셈입니다. display.drawLine() 함수는 선을 긋는 함수입니다. 선을 그을 때는 시작 좌표(x1, y1)와 끝 좌표(x2, y2), 색(WHITE)을 지정해야 합니다. 기본 배경이 검은색이므로 WHITE로 지정하면 각 픽셀이 켜지는 효과가 납니다. 반대로 BLACK으로 지정하면 해당 픽셀들을 지우는 효과가 납니다.

그래픽 버퍼를 수정했으면 실제 OLED 디스플레이 출력을 위해 display.display() 함수를 사용합니다. 이 함수를 사용하기 전까지 그래픽 버퍼에 반영된 사항은 OLED 디스플레이에는 나타나지 않습니다.

다음으로 사각형과 원을 그리는 코드도 살펴볼까요? testdrawrect(), testdrawcircle() 함수를 유심히보세요.

```c
void testdrawcircle(void) {
  for (int16_t i=0; i<display.height(); i+=2) {
    display.drawCircle(display.width()/2, display.height()/2, i, WHITE);
    display.display();
    delay(1);
  }
}
......
void testdrawrect(void) {
  for (int16_t i=0; i<display.height()/2; i+=2) {
    display.drawRect(i, i, display.width()-2*i, display.height()-2*i, WHITE);
    display.display();
    delay(1);
  }
}
```

for 반복문 안에서 사각형 또는 원을 다른 크기로 하나씩 그리고 출력하게 되어 있습니다. 그리고 이를 위해 display.drawRect() 함수와 display.drawCircle() 함수를 사용합니다. display.drawRect() 함수는 시작점 좌표와 넓이, 높이, 색 값을 넣어줘야 하고, display.drawCircle() 함수는 원의 중심 좌표와 반지름, 색을 넣어줘야 합니다. 다른 도형을 그리는 방법도 이와 유사하므로 스케치에 포함된 다른 함수도 분석해보세요.

화면에 글자를 출력하는 방법도 한번 살펴보겠습니다. setup() 함수 안에서 아래 내용을 찾아보세요.

```
// text display tests
display.setTextSize(1);
display.setTextColor(WHITE);
display.setCursor(0,0);
display.println("Hello, world!");
display.setTextColor(BLACK, WHITE); // 'inverted' text
display.println(3.141592);
display.setTextSize(2);
display.setTextColor(WHITE);
display.print("0x"); display.println(0xDEADBEEF, HEX);
display.display();
```

글자를 출력할 때 필요한 함수가 무엇인지 알 수 있습니다. display.setTextSize() 함수를 이용해 사용할 글자 크기를 지정하고, display.setTextColor() 함수로 글자의 색을 지정했습니다. display.setCursor() 함수는 글자를 표시할 좌표를 지정하는 함수로 글자의 왼쪽 위 꼭지점이 위치할 좌표입니다. 글자를 그리는 작업은 display.print(), display.println() 함수로 합니다. 앞서 도형을 그릴 때와 마찬가지로 이 작업은 그래픽 버퍼에만 반영되므로 display.display() 함수를 호출해야만 OLED 디스플레이에 출력됩니다.

예제 스케치를 아두이노에 올려 테스트해보면 마지막에 별 모양 이미지가 움직이는 애니메이션이 반복됩니다. 이 애니메이션에 해당하는 코드를 살펴보면 이미지를 표시하는 방법을 알 수 있습니다.

이미지를 표시하려면 이미지 파일이 필요하겠죠? 하지만 아두이노에는 파일을 저장할 수 없기 때문에 이미지 파일의 내용을 스케치 안에 넣어줘야 합니다. 바로 다음 코드가 별 모양 이미지를 스케치에 저장하는 부분입니다.

```
#define LOGO16_GLCD_HEIGHT 16
#define LOGO16_GLCD_WIDTH  16
static const unsigned char PROGMEM logo16_glcd_bmp[] =
{ B00000000, B11000000,
  B00000001, B11000000,
  B00000001, B11000000,
  B00000011, B11100000,
  B11110011, B11100000,
  B11111110, B11111000,
  B01111110, B11111111,
  B00110011, B10011111,
  B00011111, B11111100,
  B00001101, B01110000,
  B00011011, B10100000,
  B00111111, B11100000,
  B00111111, B11110000,
  B01111100, B11110000,
  B01110000, B01110000,
  B00000000, B00110000 };
```

logo16_glcd_bmp[]라는 배열이 하나 선언되어 있고, 이 배열 안에는 Bxxxxxxxx로 표현된 데이터가 들어가 있습니다. Bxxxxxxxx라고 적힌 부분이 1바이트(=8비트) 데이터를 비트 8개 단위로 표시하는 문법입니다. 8개의 비트가 0 또는 1 값을 어떻게 포함하고 있는지 나타냅니다. 데이터 1바이트는 화면에 표시될 픽셀 8개를 나타낼 수 있겠죠?

이런 방식으로 2열 16행을 만들면 가로x세로 = 16x16 픽셀 이미지가 만들어집니다. 약간의 거리를 두고 배열 데이터를 보면 별 모양을 대략적으로나마 볼 수 있습니다.

> **⚠ 주의** 화면에 표시할 이미지 데이터를 담은 배열은 반드시 PROGMEM이란 지시어를 붙여서 만들어야 합니다. 위 코드처럼 static const unsigned char PROGMEM logo16_glcd_bmp[] 형태가 되어야 출력이 가능합니다. 이 부분은 아두이노 메모리 관리에 관련된 문제라서 여기서 다루기는 힘든 내용입니다. 당장은 이렇게 만들어져야 한다는 점만 기억하세요.

이미지가 준비되었으니 이제 화면에 표시하는 부분을 보겠습니다. testdrawbitmap() 함수에서 아래 코드를 찾으면 됩니다.

```
while (1) {
    // draw each icon
    for (uint8_t f=0; f< NUMFLAKES; f++) {
        display.drawBitmap(icons[f][XPOS], icons[f][YPOS], bitmap, w, h, WHITE);
    }
    display.display();
    ......
}
```

이미지를 그래픽 버퍼에 그리기 위해 display.drawBitmap() 함수를 사용합니다. 이때 x, y 좌표와 이미지 데이터, 이미지 넓이(픽셀), 높이, 표시할 색을 함께 지정해줘야 합니다. 마찬가지로 OLED 디스플레이에 출력할 때는 display.display()를 사용합니다.

이미지 출력하는 방법 자체는 그리 어렵지 않습니다. 그보다는 우리가 PC에서 사용하던 이미지 파일을 1비트 정보로 표현하도록 변환하는 과정이 더 어렵습니다. 이런 작업은 사람이 직접 하기 번거로운 작업이기 때문에 자동 변환 프로그램을 사용하게 됩니다. 아래 링크에서 변환 프로그램을 다운로드 받을 수 있습니다.

🔗 http://ezcircuits.net/zbxe/24758

그림 읽기 버튼으로 이미지 파일을 불러온 뒤 [B/W 1bit]를 선택하고 [변환] 버튼을 누르면 이미지가 0/1(검은색/흰색)로 표현된 1비트 비트맵 이미지로 변환됩니다. [저장] 버튼으로 저장하면 이미지가 코드로 다시 변환되어 저장됩니다. 저장된 파일에서 코드를 복사해서 아두이노 스케치에 넣어 사용하세요. 스케치에 복사한 뒤에는 꼭 PROGMEM 키워드를 아래처럼 붙여주세요.

```
static const unsigned char PROGMEM my_bitmap[] =
```

PROGMEM은 램(RAM) 크기가 2킬로바이트에 불과한 아두이노가 큰 데이터를 읽어와 사용할 수 있도록 해주는 키워드입니다.

🧑 테스트

스케치를 아두이노에 올려 테스트해보세요. 아래 이미지처럼 점, 선, 면, 도형, 글자, 이미지, 애니메이션 등 다양한 테스트 화면을 보여줍니다.

그림 9-10 *OLED 테스트 결과*

최신 Adafruit OLED 라이브러리에서는 아래와 같은 에러 메시지가 발생하면서 업로드에 실패하는 경우가 있습니다.

```
ssd1306_128x64_i2c:54: error: #error ("Height incorrect, please fix Adafruit_
SSD1306.h!");
 #error("Height incorrect, please fix Adafruit_SSD1306.h!");
  ^
exit status 1
#error ("Height incorrect, please fix Adafruit_SSD1306.h!");
```

이 문제는 라이브러리 파일에 OLED 해상도가 128x32로 설정되어 있기 때문입니다. 라이브러리 파일에서 이 부분을 수정해줘야 합니다. 윈도우 OS의 경우 아래 라이브러리 경로에서 Adafruit_SSD1306.h 파일을 찾아 텍스트 에디터로 열어보세요.

⊙ C:₩Users₩사용자_이름₩Documents₩Arduino₩libraries₩Adafruit_SSD1306–master

⊙ C:₩Program Files (x86)₩Arduino₩libraries₩ Adafruit_SSD1306

Adafruit_SSD1306.h 파일에는 아래처럼 해상도가 설정되어 있습니다.

```
//   #define SSD1306_128_64
    #define SSD1306_128_32
```

주석 내용을 풀고 기존의 코드를 주석으로 바꾸면 설정이 바뀝니다. 128x64 해상도로 설정을 합니다.

```
#define SSD1306_128_64
//   #define SSD1306_128_32
```

이렇게 수정하면 "Height incorrect, please fix Adafruit_SSD1306.h!" 에러 메시지는 해결됩니다.

이번 OLED 디스플레이 예제는 아두이노 입문자에게는 꽤 어려운 예제입니다. 하지만 아두이노를 사용하다 보면 각종 도형, 그래프, 이미지를 그려보고 싶은 경우가 생기기 마련이고 이때 가장 유용한 모듈이 OLED 디스플레이이기 때문에 소개를 했습니다.

OLED 디스플레이는 2013년까지만 해도 해외 구매를 통해 꽤 비싸게 구해야 했지만, 이제는 10달러 미만에 쉽게 구할 수 있기 때문에 대중적인 아두이노용 디스플레이 중 하나가 되었습니다. 특히 고해상도이면서도 소형이기 때문에 휴대용 장치를 만드는데 더없이 좋은 디스플레이라고 할 수 있습니다.

그림 9-11 *OLED 디스플레이 활용 예*

Appendix
부록

01 | 아두이노 및 부품 구매 방법

아두이노 및 부품 구매 방법은 크게 국내 구매와 해외 구매로 나눌 수 있습니다.

국내 구매

빠르게 부품을 받고 사용하기 위해서는 국내 쇼핑몰에서 구매하는 것이 좋습니다. 문의, 교환, 환불 등의 절차가 쉽지만, 부품 종류가 부족하고 상대적으로 가격이 비싼 편입니다. 하지만 사람들이 자주 찾는 기본 품목은 해외 쇼핑몰과 비교해서 가격 차이가 별로 없고 구하기도 쉬워 국내 쇼핑몰을 이용하는 것이 좋습니다.

포털 검색

흔하게 사용되는 부품은 포털에서 검색으로 쉽게 찾을 수 있습니다. 가장 쉽게 부품을 구하는 방법이므로 이것저것 따지기 귀찮으신 분은 이렇게 구매해도 됩니다. 하지만 일반적으로 많이 사용하는 품목이 아닌 경우는 검색이 안 되거나, 검색되더라도 대부분 가격이 비쌉니다. 해외 구매 대비 50%~200% 이상으로 차이가 나기도 합니다. 하지만 요즘은 아두이노 관련된 제품을 찾는 사람이 많아져서 포털 검색만으로도 구매할 수 있는 품목이 많이 늘었습니다.

전문 온라인 쇼핑몰

디바이스마트(devicemart.co.kr), 엘레파츠(eleparts.co.kr), 아이씨뱅큐(icbanq.com), 메카솔루션(mechasolution.com) 등 국내 전자부품 전문 쇼핑몰도 이용할 수 있습니다. 전문 쇼핑몰이라서 품목이 카테고리에 맞게 잘 분류되어 있고 부품에 대한 정보도 풍부합니다. QnA, 받은 제품에 문제가 있을 때 처리하기 편한 것도 장점입니다. 특가로 풀리는 제품이 아닌 이상 해외 쇼핑몰에 비해 싸다고 보긴 힘들지만 구매 편리성이 높고 급하게 사용해야 할 부품이 있을 때 사용하기 좋습니다. 특히 리튬 폴리머 배터리 같은 경우는 전문 배터리 쇼핑몰을 이용해야 편합니다(iambattery.kr 등). 역시나

라즈베리 파이 같이 많이 쓰이는 품목은 해외 구매와 가격 차이가 별로 없으므로 전문 온라인 쇼핑몰을 이용하는 것이 좋습니다.

중고품, 카페 공동구매

아두이노 관련된 카페 등에서 아두이노 및 각종 부품 공동구매를 할 수도 있습니다. 전문 온라인 쇼핑몰에 비해 가격이 저렴한 편인데 품목이 많진 않습니다. 초중급자가 많이 사용하는 품목 위주이므로 아두이노 입문자에게 유용합니다. 그 외에도 중고거래 사이트에서 저렴하게 부품을 구할 수 있습니다.

해외 구매

아두이노로 자신만의 작품을 만들려면 입맛에 맞는 부품을 먼저 갖춰야 합니다. 프로젝트에 따라 다르지만, 국내에서는 구할 수 있는 부품의 범위가 제한적이고 가격이 비싸기 때문에 자연스럽게 해외 온라인 쇼핑몰을 찾게 됩니다. 단, 해외 쇼핑몰을 통해 구매하는 경우는 신경 써야 할 부분이 꽤 있습니다.

결제 자체는 해외 구매가 가능한 카드만 있으면 쉽고 편리합니다. 가장 큰 문제는 배송입니다. 2달러짜리 부품 하나를 주문해도 무료 배송을 해주는 곳들도 많지만, 도착하기까지 3주~3개월 정도가 걸립니다. 흔히들 주문한 걸 잊어버렸을 때쯤 도착한다고 합니다. 빠르게 받기 위해서 페덱스, DHL 등 특송 옵션을 선택할 수도 있는데, 추가요금이 20~40불 정도로 천차만별입니다. 특정 판매자의 경우는 특송 요금을 10~15불 안팎으로 저렴하게 해주는 곳도 있습니다. 이때 다른 자잘한 부품 함께 주문하는 것도 방법입니다.

해외 쇼핑몰에서 주문하는 경우 제품의 파손이나 결함이 있을 경우 증명하기도 힘들고 환불이나 교환이 굉장히 제한적으로 진행됩니다. 따라서 판매자 신용도를 확인하고 자신에게 필요한 제품이 맞는지 사전에 충분히 검토해야 합니다. 특히, 판매자가 제공하는 제품의 상세 스펙과 관련 자료를 꼼꼼히 확인하세요.

이베이, 알리익스프레스, 타오바오 등 일반 쇼핑몰

이베이(ebay.com)는 많이 판매되지 않는 희귀한 부품(스마트 필름, 플렉서블, 다양한 사이즈의 OLED 등)을 구할 때 유용합니다. 알리익스프레스(aliexpress.com), 타오바오(taobao.com) 등은 굉장히 저렴한 가격에 부품을 구하기에 좋습니다. 해외 배송임에도 무료 배송이 가능하지만, 시간이 오래 걸린다는 점을 감수해야 합니다. 특송을 이용해도 일주일 이상이 소요됩니다. 그리고 여기서 판매되는 제품은 상세한 매뉴얼이 제공되지 않는 경우가 많으므로 미리 다른 곳에서 정보를 얻은 다음 이용해야 합니다.

에이다프룻, 스파크펀, 시드스튜디오, DFRobot 등 전문 메이커 쇼핑몰

에이다프룻(adafruit), 스파크펀(sparkfun), 시드스튜디오(seeedstudio), DFRobot 등은 전자부품을 전문으로 취급하는 해외 쇼핑몰인데, 만들기 문화가 활성화되면서 이와 관련된 부품 유통을 전문적으로 해온 곳들이기 때문에 교육 및 Tech DIY 정보 포털 역할을 겸하고 있으며 각종 라이브러리와 예제 코드도 개발해서 공유합니다. 따라서 꼭 구매 목적이 아니더라도 좋은 정보를 얻기 위해 확인해보기 좋은 곳들입니다. 센서, 아두이노 같은 일반적인 부품을 구매할 때는 알리나 이베이에 비해 비싸므로 굳이 이용할 이유는 없지만, 특정 목적에 맞게 커스터마이즈된 보드나 모듈, 특이한 센서 등이 있으므로 필요한 부품이 있다면 구매하는 것이 좋습니다. 사용법도 상세하게 제공하므로 구매할 때 안심이 되는 부분도 있습니다. 대부분 국내 배송은 특송만 가능해서 배송비가 상당히 많이 추가됩니다.

해외에서 구매할 만한 품목

● 아두이노 보드

장기적으로 아두이노 프로젝트를 진행하려고 한다면, 원하는 아두이노를 종류별로 바로 쓸 수량에 몇 개 더 추가해서 사두길 추천합니다. 표준인 우도 보드를 제외한 다른 아두이노 종류는 워낙 국내와 가격 차가 심해서 나중에 쓸 것까지 생각해서 추가로 같이 주문하는 것이 좋습니다. 특히 아두이노 나노(Nano, 우노 보드와 호환), 프로미니(Pro mini) 보드는 3달러 안팎으로 매우 저렴합니다.

◦ 아두이노 스타터 킷

Arduino starter kit으로 검색하면 쉽게 찾을 수 있습니다. 입문자에게 가장 추천하는 품목입니다. 키트도 가격대별로 종류가 다양한데, 국내 가격의 반값 이하로 살 수 있으니 이것저것 많이 들어가 있는 것으로 주문해서 사용해보세요.

◦ 통신 모듈

블루투스(HC-06, HM-10), 와이파이(ESP8266, WiFi232), 이더넷, 지그비, RF 모듈(HC-11) 등 국내에 비해 다양한 종류를 구매할 수 있습니다. 그리고 가격도 국내와 비교할 때 차이가 큽니다. 하지만 사용하는 주파수 대역에 따라 일부 모듈은 국내 반입시 전파 인증이 필요한 경우가 있습니다. 테스트용으로 소량만 미리 수요를 예측해서 주문하세요.

◦ 각종 센서

센서를 생각날 때마다 하나하나 구매하려면 주문하기도 번거롭고 배송 기다리는 것도 좀이 쑤시는 일입니다. 본문에서도 한 번 언급했지만, '37 in 1 sensor kit' 같은 제품을 하나 구매해두면 편리합니다. 간단한 프로젝트는 이 센서들 조합만으로 구현할 수 있습니다. 이 외의 센서는 필요할 때 따로 주문하면 됩니다.

◦ 모터(서보 모터)

큰 힘을 쓸 필요가 없다면, 마이크로 서보 모터(micro servo motor)가 적당합니다. 가격도 저렴하고 (1.5달러 내외) 하나 정도는 아두이노에서 공급하는 전력만으로 구동이 가능합니다. 하지만 마이크로 서보 모터는 내부의 기어가 플라스틱이라 조금만 무리하게 힘을 줘도 기어 이가 부러집니다. 좀 더 튼튼한 모터를 원할 때는 'MG90S metal gear'로 검색해보세요. 기어가 금속 소재라 튼튼합니다. 힘을 많이 써야 한다면 'MG995'로 검색해서 구매하세요. 이 모터는 힘이 좋은 대신 외부 전원 5V를 따로 공급해야 합니다. 서보 모터를 4개 이상 한 번에 사용하는 경우에는 아두이노에서 직접 제어하기보다는 16 channel pwm module을 이용하는 것이 좋습니다.

◦ 모터(DC 모터)

종류가 워낙 다양하기 때문에 'dc motor'로 검색해서 직접 비교한 뒤 선택해야 합니다.

◦ 모터(스테퍼 모터)

스테퍼 모터는 컨트롤러 역할을 해주는 스테퍼 모터 드라이버를 함께 구매해야 합니다. A4988 STEPPER MOTOR DRIVER, EASYDRIVER STEPPER MOTOR DRIVER 등이 있으면 DIY 프로젝트 용도로 좋습니다. 테스트용으로는 test stepper motor가 있으며 아두이노 스타터 킷에 포함되어 있기도 합니다.

◉ 기타 모터

소형 진동 모터, 솔레노이드 밸브, 워터 펌프 등은 프로젝트에 따라 필요할 때 구매하세요. 국내에서 저렴하게 구하기 힘들기 때문에 해외 구매를 해야 하는 경우가 있습니다.

◉ 디스플레이

Color LCD, 16x2 character LCD, RGB LED Strip, LED Matrix, OLED 모듈이 아두이노와 함께 사용하기 좋으며 종류도 굉장히 많습니다. 이런 디스플레이 모듈은 종류별로 라이브러리와 연결 방법이 제각각이므로 사전에 어떻게 사용할지 자료 조사를 한 후에 구매해야 합니다. 디스플레이 모듈은 초급자가 바로 다루기에는 어렵습니다.

◉ 라즈베리 파이

왠지 해외에서 구해야 할 거 같기도 하지만, 라즈베리 파이만 구매할 때는 국내에서 사는 것이 좋습니다. 많이 사용되는 제품이기 때문에 가격 차이가 그리 크지 않습니다. 카메라 전용 TFT LCD, 확장 케이블 등 액세서리를 함께 구매할 때는 해외 구매가 더 저렴합니다.

◉ 브레드보드, 케이블, 저항, 커패시터, LED 등 소품

이런 자잘한 부품은 미리 갖춰두면 편합니다. 프로젝트를 한창 진행하다가 이런 기본적인 부품이 부족하면 마음이 답답해지겠죠. 케이블은 'dupont cable' 또는 'breadboard jumper cable', 'U shape jumper cable' 등으로 검색해서 찾으면 됩니다.

◉ 기타

FTDI 모듈은 몇 개 갖춰주는 것이 좋습니다. UART(Serial) 통신 지원하는 각종 모듈을 PC에 붙일 때, 아두이노 프로 미니 보드를 PC에 붙일 때 사용됩니다.

리튬폴리머(LiPo) 배터리와 LiPo charger module도 자주 사용되는 부품입니다. 휴대용 장치를 만들 때 유용합니다.

12V, 9V, 5V 등 각종 어댑터도 미리 사두면 유용합니다. 아두이노에 붙여 사용하는 모터, LED 등 다양한 제품은 동작 전압이 제각각이기 때문입니다.

GPS 모듈도 국내와 해외에서 가격 차가 꽤 나는 모듈입니다.

비컨의 경우 HM-10 같은 블루투스 모듈로 직접 만들 수도 있고 비컨용으로 판매되는 모듈 구매도 가능합니다.

상하좌우 움직임을 만들 때는 'pan and tilt servo bracket'으로 검색해서 찾으면 됩니다. 로봇 관절같이 생긴 프레임입니다. micro servo motor용과 MG995용이 있으므로 사용하는 서보 모터에 맞게 구매하면 됩니다.

전원 공급기인 power supply는 0~24V까지 원하는 전압, 전류 레벨을 출력합니다. 하나 구매해두면 전류 소비량이 많은 모듈이나 모터를 이용한 프로젝트에 굉장히 유용합니다.

02 | 아두이노 주요 함수

자주 쓰이는 주요 함수

setup()

아두이노에 전원이 들어오거나 리셋될 때 가장 먼저 실행되는 코드를 담고 있습니다. 핀 초기화와 같이 처음에 한 번 설정해놓으면 되는 작업을 담아두는 것이 일반적입니다.

반환 값	없음

loop()

setup() 함수의 실행이 끝나면 이후부터 loop() 함수가 무한 반복됩니다. 따라서 아두이노가 실행되는 동안 계속 반복할 주요 작업을 모두 여기에 담아야 합니다. setup() 함수와 loop() 함수는 아두이노 스케치의 뼈대가 됩니다.

반환 값	없음

pinMode(pin, mode)

아두이노가 가진 핀의 입출력 모드를 설정합니다. 디지털 입력과 출력 기능을 사용할 때는 반드시 사전에 pinMode() 함수를 이용해서 모드를 설정해야 합니다. 모드는 INPUT(입력 모드), OUTPUT(출력 모드), INPUT_PULLUP(풀업저항 모드) 중 하나를 선택할 수 있습니다. 아두이노의 아날로그 핀도 pinMode() 함수를 이용해 모드를 설정한 뒤 디지털 핀처럼 사용할 수 있습니다. 이때 pin 값은 아날로그 핀을 지시하는 A0~A5를 사용하면 됩니다.

pin	설정할 핀 넘버(0~13, A0~A5)
mode	설정할 모드, INPUT, OUTPUT, INPUT_PULLUP 사용 가능
반환 값	없음

digitalRead(pin)

특정 핀에 흐르는 전기를 감지해서 HIGH 또는 LOW 값으로 알려줍니다. 아두이노 우노 보드처럼 5V로 동작하는 보드인 경우 핀에 걸린 전압이 3V 이상일 때 HIGH로 판단합니다. 3.3V로 동작하는 보드의 경우에는 2V 이상일 때 HIGH로 판단합니다. 기준치 이하일 때는 LOW로 판별합니다.

pin	핀 넘버(0~13, A0~A5)
반환 값	HIGH 또는 LOW

digitalWrite(pin, value)

특정 핀에 HIGH 또는 LOW 값을 설정합니다. 따라서 해당 핀의 흐르는 전기를 on/off 할 수 있습니다. HIGH로 설정된 경우 아두이노 보드의 동작 전압(5V 또는 3.3V)에 해당하는 전기가 흐르게 됩니다.

digitalWrite() 함수는 OUTPUT 모드로 설정된 핀에 사용하는 것이 일반적입니다. 만약 해당 핀이 INPUT 모드로 설정되어 있다면 digitalWrite() 함수는 해당 핀의 풀업 저항을 활성화/비활성화 상태로 바꿀 것입니다.

pin	핀 넘버
value	HIGH 또는 LOW
반환 값	없음

analogRead(pin)

아날로그 핀으로 입력되는 전압을 감지해서 알려줍니다. 전압의 크기를 10비트 해상도(2^{10}=1024)로 구분하기 때문에 반환되는 값은 0~1023 범위 안에 있게 됩니다. analogRead( ) 함수를 쓸 때에는 사전에 pinMode( )로 모드를 설정할 필요가 없습니다.

pin	아날로그 핀 넘버(A0~A5)
반환 값	int(0 ~ 1023)

analogWrite(pin, value)

특정 핀에 PWM 출력 값을 설정합니다. PWM 출력은 설정된 값에 따라 빠르게 5V, 0V 출력을 반복하는 기능입니다. 아두이노의 PWM 기능은 8비트 해상도(2^8=256)를 가지기 때문에 0~255 범위의 값을 지정할 수 있습니다. 0이 0V, 즉 꺼진 상태를 나타내고 255가 5V, 켜진 상태를 나타냅니다.

pin	PWM 핀 넘버(3, 5, 6, 9, 10, 11)
value	int(0~255)
반환 값	없음

delay(ms)

프로그램이 지정한 시간만큼 정지합니다. 단위는 밀리초(1,000ms=1sec)입니다. 인터럽트, 타이머와 같은 특수한 기능은 동작하지만, 사용자가 작성한 코드의 진행은 delay( )에서 지정한 시간이 지날 때까지 멈춥니다.

ms	프로그램을 멈출 시간, 밀리초 단위
반환 값	없음

delayMicroseconds(us)

프로그램이 지정한 시간이 마이크로초(1,000,000us=1sec) 단위로 정지합니다.

us	프로그램을 멈출 시간, 마이크로초 단위
반환 값	없음

millis()

아두이노가 동작을 시작한 뒤 경과한 시간을 밀리초 단위로 알려줍니다. 1초에 1,000씩 증가하는 큰 숫자이기 때문에 반환되는 값은 unsigned long 형태입니다. 약 50여 일이 지나면 이 값이 unsigned long으로 표현할 수 있는 범위를 넘어서기 때문에 0부터 다시 증가하게 됩니다.

일반적으로 아두이노에서 정수형은 int를 많이 사용하지만 밀리초 단위의 시간을 담기에는 너무 작은 크기의 자료형입니다. 따라서 밀리초 단위의 시간 값을 int형 변수에 담아 사용하면 프로그램이 오동작할 수 있으므로 주의해야 합니다.

반환 값	unsigned long(아두이노가 동작하기 시작한 후 경과한 시간, 밀리초 단위)

micros()

아두이노가 시작한 뒤 경과한 시간을 마이크로초 단위로 알려줍니다. 약 70분이 지나면 이 값이 unsigned long으로 표현할 수 있는 범위를 넘어서기 때문에 0부터 다시 증가하게 됩니다.

반환 값	unsigned long(아두이노가 동작하기 시작한 후 경과한 시간, 마이크로초 단위)

```
min(x, y)
```

두 개의 숫자 x, y 중 더 작은 값을 알려줍니다. x, y는 숫자를 표현하는 어떤 데이터 타입이든 사용할 수 있습니다. 단 x, y가 들어갈 자리(파라미터)에 표현식을 적으면 안 됩니다. 예를 들어 x++ 같은 표현식을 넣는 경우 오동작할 수 있습니다.

x	첫 번째 입력 값
y	두 번째 입력 값
반환 값	더 작은 입력 값

```
max(x, y)
```

두 개의 숫자 x, y 중 더 큰 값을 알려줍니다. x, y는 숫자를 표현하는 어떤 데이터 타입이든 사용할 수 있습니다.

x	첫 번째 입력 값
y	두 번째 입력 값
반환 값	더 큰 입력 값

```
abs(x)
```

x의 절대값을 반환합니다. min( ), max( ) 함수처럼 x자리에 표현식을 써서는 안 됩니다.

x	입력 값
반환 값	|x|

constrain(x, a, b)

입력 값(x)이 a~b 범위를 넘지 않도록 수정한 값을 반환합니다.

x	입력 값
a	범위를 제한하는 낮은 값
b	범위를 제한하는 높은 값
반환 값	(a ≤ x ≤ b) 인 경우 x 반환
	(x ≤ a) 인 경우 a 반환
	(b ≤ x) 인 경우 b 반환

map(value, fromLow, fromHigh, toLow, toHigh)

입력 값 value는 fromLow~fromHigh 범위에 있는 값입니다. 이때 범위가 toLow~toHigh 구간으로 변경되었을 때 value 값이 어떻게 바뀌는지를 알려줍니다. 예를 들어 analogRead()로 읽은 값은 0~1023 범위에 존재하는 값입니다. 이 값을 analogWrite()에 사용하기 위해 0~255 범위의 값으로 변환하는 경우 map() 함수를 사용할 수 있습니다.

value	fromLow ~ fromHigh 사이의 입력 값
fromLow	입력 값이 가질 수 있는 최소 값
fromHigh	입력 값이 가질 수 있는 최대 값
toLow	변환 된 값이 가질 수 있는 최소 값
toHigh	변환 된 값이 가질 수 있는 최대 값
반환 값	toLow ~ toHigh 범위로 변환된 값

random(max), random(min, max)

설정한 범위 내에서 임의의 정수를 생성하는 함수입니다. 생성되는 값은 min 값보다 크거나 같고, max보다는 작습니다.

random( ) 함수만으로는 아두이노 시작할 때마다 다른 값을 생성하지 못합니다. randomSeed( ) 함수를 서서 난수를 생성할 수 있도록 합니다.

min	난수의 최소 값(옵션, 생략된 경우 min=0으로 간주)
max	난수의 최대 값(항상 max 값보다 작은 값이 나옴)
반환 값	long (min ≤ x 〈 max)

randomSeed(seed)

random( ) 함수만으로는 완전히 새로운 난수가 나오지 않습니다. 그래서 매번 다른 결과가 나올 수 있도록 의사 난수 발생기(Random Number Generator)라는 것을 사용합니다. randomSeed( ) 함수가 이런 역할을 하는 함수입니다. randomSeed( ) 함수를 호출할 때 seed 값을 매번 다르게 넣어주면 됩니다. 흔히 seed 값으로 아무 회로도 연결되지 않은 아날로그 핀에서 읽은 값(노이즈)을 사용하거나 millis( ) 함수의 반환 값을 사용합니다. 다음의 예제를 참고하세요.

seed	seed 값(int 또는 long형)
반환 값	없음

```
void setup(){
randomSeed(analogRead(0));     // 회로가 연결되지 않은 아날로그 핀의 불규칙한 값
randomSeed(millis());          // 또는 현재 밀리초 값
}


void loop() {
  long randNumber = random(300);        // 0~299 사이의 난수 생성
long randNumber2 = random(10, 100);   // 10~99 사이의 난수 생성
delay(50);
}
```

attachInterrupt(pin, ISR, mode)

특정 인터럽트 핀의 인터럽트 기능을 사용합니다. 인터럽트 기능이 활성화되면 지정한 디지털 핀의 입력 상태에 따라 ISR(Interrupt Service Routine) 함수가 자동으로 실행됩니다. 이때 아두이노는 처리 중이던 작업을 잠시 멈추고 ISR 함수를 실행한 뒤 복귀합니다.

pin	인터럽트 넘버(디지털 핀 넘버 아님)
ISR	인터럽트가 발생했을 때 실행할 함수
mode	인터럽트 발생 기준(LOW, CHANGE, RISING, FALLING)
반환 값	없음

detachInterrupt(pin)

특정 인터럽트 핀에 설정된 인터럽트 기능을 끕니다.

pin	인터럽트 넘버(디지털 핀 넘버 아님)
반환 값	없음

Serial 클래스

PC와 데이터를 주고받기 위해 아두이노는 시리얼 통신을 사용합니다. 이 기능을 담당하는 클래스가 Serial 클래스입니다. Serial 클래스는 아두이노 우노 보드 기준으로 0번 핀(RX, 데이터 수신용)과 1번 핀(TX, 데이터 송신용)을 사용합니다. Serial 클래스를 사용하면 PC에서 아두이노의 동작 상태를 모니터링할 수 있을 뿐 아니라 PC에서 아두이노를 제어할 수도 있습니다.

Serial 클래스는 유용한 함수를 여럿 포함하고 있습니다. 여기서는 그중 활용도가 높은 함수를 소개합니다. 더욱 상세한 내용은 아래 링크에서 참고하세요.

🔗 https://www.arduino.cc/en/Reference/Serial

Serial.begin(speed)

시리얼 통신을 초기화할 때 begin() 함수를 사용합니다. speed는 데이터 전송 속도로 시리얼 통신으로 연결된 양쪽에서 반드시 같은 값을 사용해야 합니다. 일반적으로 9600을 사용하지만 경우에 따라 다른 값을 사용할 수도 있습니다.

speed	데이터 전송 속도(baud rate)
반환 값	없음

Serial.print(val)

문자열뿐 아니라 변수에 담긴 값 등을 전송할 때 사용합니다. 단, 변수를 출력하는 경우 문자로 변환되어 전송됩니다. 예를 들어 정수형 변수 x에 3이 들어 있고 Serial.print(x)로 전송하는 경우 아스키 문자 '3'으로 변환되어 전송됩니다.

Serial.println(val) 함수도 마지막에 줄 넘김 문자를 붙여주는 점만 다르고 같은 기능을 합니다. Serial.println() 함수를 사용하면 줄 넘김이 되어 PC에서 데이터 확인하기가 편해집니다.

val	전송할 데이터
반환 값	전송한 길이

Serial.write(buf, len)

Serial.print() 함수의 주요 목적은 문자열을 상대방에게 보내는 것입니다. 하지만 경우에 따라 문자열이 아닌 데이터 그 자체를 보내야 할 경우도 있습니다. 예를 들어 가속도-자이로 센서로 읽은 값의 경우 문자열로 전송하면 길이도 길어지고 상대방이 다시 숫자로 변환해야 해서 더 번거롭습니다. 이럴 때 write() 함수를 이용해서 데이터 그 자체를 전송할 수 있습니다.

buf	데이터가 저장된 버퍼
len	전송할 데이터의 길이(1바이트 단위)
반환 값	전송한 데이터의 길이

Serial.available()

아두이노는 PC에서 시리얼 통신으로 받은 데이터를 버퍼에 저장해 둡니다. 그리고 사용자가 필요로 할 때 버퍼에서 데이터 꺼내 전달해줍니다. 따라서 시리얼 통신 버퍼에 수신된 데이터가 있는 확인하는 함수가 필요합니다. 이 역할을 하는 것이 Serial. available() 함수입니다. 보통은 Serial.available() 함수를 이용해서 수신한 데이터가 있는지 확인하고, Serial.read() 함수를 이용해 데이터를 가져오는 방식으로 사용합니다.

반환 값	버퍼에서 읽을 수 있는 데이터 길이

`Serial.read()`

시리얼 통신 버퍼에서 데이터를 1바이트 가져옵니다. 이때 read()로 읽는 값은 1바이트 데이터일 뿐, 문자열인지 숫자인지 알 수 없습니다. 어떤 데이터를 보낼지는 시리얼 통신으로 연결되는 양쪽이 미리 정해놔야 합니다. 일반적으로는 아래 예시와 같이 available() 함수와 함께 사용합니다.

반환 값	1바이트 데이터

```
void setup(){
  Serial.begin(9600);   // 시리얼 통신 초기화
}

void loop() {
  if(Serial.available()) {     // 시리얼 통신 버퍼에 수신 데이터가 있다면
    char incoming = Serial.read();    // 버퍼에서 1바이트 읽기
    Serial.print(incoming);           // 수신한 데이터를 상대방에게 다시 전송
  }
}
```

03 | 예제 스케치 다운로드

책의 본문에 사용된 예제는 모두 공유 플랫폼인 깃헙(GitHub)에 업로드되어 있습니다. 아래 링크에 접속한 후 오른쪽 위의 [Clone or download – Download ZIP] 버튼을 누르면 모든 예제를 다운로드 받을 수 있습니다. 또한 한빛미디어 웹사이트에서도 내려 받을 수 있습니다.

      https://github.com/godstale/ArduinoBasicExample
      https://www.hanbit.co.kr/exam/2478

각 장에 포함된 예제 스케치의 개별 링크는 아래와 같습니다.

2장	
chap2_2_function.ino	https://goo.gl/zynI2r
chap2_3_variable.ino	https://goo.gl/CkByct
chap2_4_array.ino	https://goo.gl/zO8ync
chap2_6_loop.ino	https://goo.gl/pheVig
chap2_9_string.ino	https://goo.gl/TBQvHi
3장	
chap3_5_SerialTest.ino	https://goo.gl/FwjJpj
4장	
chap4_1_Blink.ino	https://goo.gl/mJiVmu
chap4_2_Button.ino	https://goo.gl/sisdol
chap4_3_Button_internal_pullup.ino	https://goo.gl/zWbvNl
5장	
chap5_1_Potentiometer.ino	https://goo.gl/9oSk5c
chap5_2_LED_Dimming.ino	https://goo.gl/hFuZbH

6장

chap6_1_LED_Button_not_working.ino	https://goo.gl/W1Dfd5
chap6_2_Blink_with_millis.ino	https://goo.gl/XjC9iT
chap6_2_Blink_and_Button_Control.ino	https://goo.gl/znKSsw
chap6_3_Interrupt_basic.ino	https://goo.gl/sL7Wvc
chap6_4_Interrupt_Blink_and_Button_Control.ino	https://goo.gl/YhzT90

7장

chap7_1_Buzzer_Melody.ino	https://goo.gl/T0vzy4
pitches.h	https://goo.gl/5DelXo
chap7_1_Buzzer_SuperMario.ino	https://goo.gl/Dh1i4U
chap7_2_Motion_Detect.ino	https://goo.gl/4J93GW
chap7_2_Motion_Detect_Advanced.ino	https://goo.gl/5lrSXr
chap7_3_Ultrasonic_sensor.ino	https://goo.gl/iZ0suL
chap7_4_Joystick.ino	https://goo.gl/BQK7jJ
chap7_5_Gas_sensor.ino	https://goo.gl/aEH64d
chap7_6_RGB_LED.ino	https://goo.gl/fnaekv
chap7_7_Servo_Control.ino	https://goo.gl/H0G2au

8장

chap8_1_DHT11.ino	https://goo.gl/n7FWA3
chap8_2_Serial_communication.ino	https://goo.gl/StkKnp
chap8_3_I2C_MPU6050.ino	https://goo.gl/EuTGYc
chap8_4_SPI_Ethernet.ino	https://goo.gl/cPcC3W

9장

chap9_1_16x2CharLCD.ino	https://goo.gl/w69jbJ
chap9_2_8x8LEDMatrix.ino	https://goo.gl/mhYzEs

찾아보기

숫자

57600 · 254

#define · 163, 243

#include · 243

1:N 통신 · 235

16x2 캐릭터 LCD · 260, 304

37 in 1 sensor kit · 134, 303

8x8 LED 매트릭스 · 271

9V 사각 배터리 · 75

9V 어댑터 · 74

영문

A

A-B 타입 USB 케이블 · 22

adafruit · 288, 302

ADC · 120

analogRead · 125, 310

analogWrite · 132, 310

Arduino · 4

Arduino IDE · 5

ATmega2560 · 11

ATmega328 · 9, 10

ATmega328P · 9, 31

ATmega32U4 · 12

attachInterrupt · 149, 315

available · 231, 317

AVR · 5

B

baud rate · 234

begin · 234, 316

BISS0001 컨트롤러 · 166

Blink 예제 · 23, 100

boolean · 46

C

char · 46

CO2 농도 · 190

D

Data Types · 45

delay · 102, 136, 310

delayMicroseconds · 150, 178, 311

detachInterrupt · 315

DHT11 · 216, 261

DHT11 라이브러리 · 219

DHT22 · 216

digitalRead · 112, 309

digitalWrite · 102, 309

E

ENC28J60 · 249

EtherCard 라이브러리 · 251

F

float · 46

FTDI · 10, 84, 227, 304

G

GND · 75

GY–521 · 238

H

Hello World · 21

HIGH · 102

HTTP/TCP/IP · 251

I

I2C · 235, 286

index · 52

INPUT 모드 · 111

INPUT_PULLUP 모드 · 117

int · 35, 46

L

LED · 96

long · 46

loop · 34, 40, 79, 908

LOW · 102

M

map · 313

MAX7219 · 271

millis · 140, 311

MISO · 248

MOSK · 248

MPU–6050 · 238

MQ–135 공기질 센서 · 189

N

no line ending · 234

O

OLED · 304

OLED 디스플레이 · 285

OUTPUT 모드 · 101

P

Physical computing · 5

pinMode · 101, 308

PIR · 166

print · 87, 316

println · 50, 88

PROGMEM · 295

pulseIn · 178

PWM · 128, 204, 303

R

read · 318

return · 37

RGB LED · 194

RGB LED Strip · 203, 304

S

SCK · 248

SCL · 236

SDA · 236

Servo 라이브러리 · 204

setup · 34, 40, 79, 308

찾아보기

sparkfun · 302
SPI · 247
SS · 248
SSD1306 · 286
string · 46, 68

T

tone · 159
TWI · 235

U

unsigned int · 46
unsigned long · 46, 141
USB to UART · 84
USB 통신 칩 · 10

V

Vin · 75
void · 46

W

write · 88, 317

ㄱ

가변저항 · 170
가속도 센서 · 238
가스 센서 · 187

구조체 · 245
기본 스케치 · 32

ㄴ

내부 풀업 저항 · 115
널 · 51
논리 연산자 · 55, 56

ㄷ

대활호 · 50
데이터 타입 · 35, 45
돋보기 아이콘 · 42
동기식 통신 · 236
등호 · 36
디버깅 · 84
디스플레이 · 260
디지털 입력 · 105

ㄹ

라이브러리 · 65, 67, 80, 164
라이브러리 폴더 · 83, 190
로봇팔 · 210
리튬폴리머 · 10, 300

ㅁ

마스터 · 236
마시모 반지 · 5
마이크로컨트롤러 · 4
모션 감지 센서 · 166
모스 부호 · 215

문자열 · 55, 56

ㅂ

반복문 · 57

배열 · 50

버저 · 156

버튼 · 106

변수 · 45

브레드보드 · 76

비교 연산자 · 56

비동기식 통신 · 236

비접촉식 적외선 온도 센서 · 225

ㅅ

서보 모터 · 203, 303

세미콜론 · 36

소괄호 · 41, 54, 58

쉼표 · 51

스케치 · 14, 32

슬레이브 · 236

시리얼 · 84

시리얼 모니터 · 40, 43, 86

시리얼 통신 · 225

ㅇ

아날로그 입력 · 120, 127

아두이노 · 4

아두이노 개발환경 · 5, 14, 16

아두이노 공식 홈페이지 · 6, 16

아두이노 나노 · 9

아두이노 레오나르도 · 12

아두이노 릴리패드 · 11

아두이노 마이크로 · 12

아두이노 메가 · 10

아두이노 보드 · 302

아두이노 보드 종류 · 24

아두이노 스타터 킷 · 13

아두이노 우노 · 7, 8

아두이노 프로 · 10

아두이노 프로 마이크로 · 13

아두이노 프로 미니 · 10

아두이노의 종류 · 7

아스키 코드 · 48

알리익스프레스 · 302

알코올 센서 · 193

어댑터용 소켓 · 74

업로드 · 15, 27

오류 메시지 · 26

오픈소스 하드웨어 · 6

온습도 · 215

웹 페이지 · 252

음계 · 159

이더넷 · 249

이베이 · 302

인터럽트 · 145

인터럽트 서비스 루틴 · 146

인터럽트 콜백 · 146

인터페이스 보드 · 261

찾아보기

ㅈ

자동설치 버전 · 16

자료형 · 35

자이로 센서 · 238

전류 · 94

전압 · 94

전역 변수 · 64

전원 · 74

전자부품 전문 쇼핑몰 · 300

조건문 · 54

조이스틱 · 180

주석 · 33, 44

주소 · 237, 248, 289

줄 넘김 · 234

중괄호 · 34, 51, 55, 58

지역 변수 · 63

ㅊ

초기화 · 52

초음파 센서 · 174

출력 전압 · 98, 123, 181

ㅋ

커서 이동 · 234

컴파일 · 15, 26, 39

클래스 · 65

ㅌ

타이머 · 159

통신 속도 · 234

ㅍ

포텐셔미터 · 121, 181

포트 · 25

표준 보드 · 7

풀다운 저항 · 109

풀업 저항 · 109, 218

프로그래밍 · 30

프로세싱 · 6

플로팅 · 108

피지컬 컴퓨팅 · 5

ㅎ

함수 · 34

헤더 · 66, 164

홑따옴표 · 48, 232

당신이 알고 싶은 전자부품의 모든 것
발품은 그만 팔아도 됩니다. 『전자부품 백과사전』이 있으니까요.

『전자부품 백과사전』 시리즈는 취미공학에 필요한 핵심 전자부품을, 사용하는 데 필요한 실질적인 지식과 정보로 엮은 백과사전 행태의 책입니다. 취미공학에 필요한 핵심 전자부품은 모두 다루고 있습니다. 전자부품의 역할과 작동 원리, 사용법, 주의사항 등을 차근차근 읽어나가면서 다양한 전자부품의 세계에 푹 빠져보세요.

전자부품 백과사전 Vol. 1 : 전력 전원 및 변환
찰스 플랫 지음 / 배지은 옮김 / 548쪽 / 30,000원

전자부품 백과사전 Vol. 2 : 신호 처리
찰스 플랫 지음 / 배지은, 이하영 옮김 / 592쪽 / 32,000원

전자부품 백과사전 Vol. 3 : 감지 장치
찰스 플랫 지음 / 배지은, 이하영 옮김 / 480쪽 / 32,000원

이 책이 있으면 여러분은
☑ 어렵고 지루한 이론서를 펼치지 않아도 됩니다.
☑ 구글 검색 없이도 정보를 얻을 수 있습니다.
☑ 익숙하지 않은 해외 사이트에 들어갈 필요가 없습니다.

당신이 알고 싶은 3D 프린터의 모든 것
망설임은 이제 그만, 『3D 프린터 101』이 있으니까요.

"

바로 지금 시작하세요.

3D 프린터를 배운다는 건 무한한 가능성을 배우는 일입니다.

걱정하지 마세요.

초보자도 쉽게 배울 수 있습니다.

막막해 하지 마세요.

『3D 프린터 101』과 함께라면 가능합니다.

"

 이런 분들에게 추천합니다 ━━━━━━

☑ 3D 프린터에 대해 좀 더 자세히 알고 싶은 분
☑ 재미있을 것 같긴 한데 어떻게 시작해야 할지 막막함을 느끼시는 분
☑ 3D 프린터를 사기 전에 실전 지식을 익히고 싶으신 분
☑ 자신만의 아이템을 3D 프린터로 직접 출력해보고 싶으신 분
☑ 인터넷에 범람하는 정보의 홍수 속에서 지치신 분
☑ 한 권의 책으로 3D 프린터에 대한 모든 것을 알고 싶으신 분